KiWi
1911

Das Buch

Der erste Band der neuen dänischen Bestsellerreihe rund um das dänisch-deutsche Ermittlerduo Lykke Teit und Rudolf Lehmann. Bei einem Spaziergang im Watt machen der Lehrer Lasse und sein elfjähriger Schüler Villads im dichten Nebel einen grausamen Fund: Im festen Sand des Meeresgrundes steckt die Leiche eines Mannes. Lykke Teit und Rudi Lehmann werden mit den Ermittlungen betraut. Ihre Untersuchungen konzentrieren sich auf das kleine Dorf Melum, in dem jeder jeden kennt. Doch Lykke und Rudi ermitteln nicht nur in diesem Mordfall: Villads ist seit dem Fund der Leiche spurlos verschwunden. Es ist nicht das erste vermisste Kind im Dorf. Wer weiß was? Und konnte sich Villads wie sein Lehrer vor der einsetzenden Flut an Land retten?

Der Autor

Dennis Jürgensen, geboren 1961, ist einer der beliebtesten dänischen Kinder- und Jugendbuchautoren und hat mehr als 60 Bücher veröffentlicht. 2014 startete er mit dem ersten von sechs Bänden seiner Krimireihe um den Kriminalhauptkommissar Roland Triel, die in Dänemark verfilmt wurde. »Gezeitenmord« ist der Beginn einer neuen Reihe, die in zahlreichen Ländern erscheint.

Der Übersetzer

Ulrich Sonnenberg, geboren 1955 in Hannover, arbeitet als freier Übersetzer und Herausgeber in Frankfurt/Main. 2013 erhielt er den Übersetzerpreis des Staatlichen Dänischen Kunstrats. Er übersetzte u.a. Bücher von Hans Christian Andersen, Carsten Jensen, Karl Ove Knausgård und Jens Andersens Astrid-Lindgren-Biografie.

DENNIS JÜRGENSEN

GEZEITEN MORD

TEIT UND LEHMANN ERMITTELN

Aus dem Dänischen
von Ulrich Sonnenberg

Kiepenheuer
& Witsch

Der Verlag Kiepenheuer & Witsch hat sich zu einer nachhaltigen Buchproduktion verpflichtet. Gemeinsam mit unseren Partnern und Lieferanten setzen wir uns für eine klimaneutrale Buchproduktion ein, die den Erwerb von Klimazertifikaten zur Kompensation des CO_2-Ausstoßes einschließt. Weitere Informationen finden Sie unter www.klimaneutralerverlag.de

1. Auflage 2023

Titel der Originalausgabe: *Mand uden ansigt*

Aus dem Dänischen von Ulrich Sonnenberg

Covergestaltung: Barbara Thoben, Köln
Covermotiv: © plainpicture/Bildhuset
Gesetzt aus der Minion
Satz: Buch-Werkstatt GmbH, Bad Aibling
Druck und Bindung: GGP Media GmbH, Pößneck
ISBN 978-3-462-00537-0

Time and tide wait for no man …

– altes englisches Sprichwort

1

Der Nebel zog wie ein lautloses, leibhaftiges Monster vom Meer auf. Er hatte gesehen, wie die Front sich näherte, und gedacht, sie könnten das Festland problemlos erreichen, doch innerhalb weniger Augenblicke verschluckten weiße Leere und eisige Kälte die ausgedehnten Sandflächen. Die gezackten Konturen des Horizonts verwischten, der Deich verschwand in der Ferne.

Eigentlich hätten sie gar nicht so weit draußen im Watt sein sollen, aber der Junge hatte ständig neue, weiter entfernt liegende Gegenstände gefunden, und Lasse hatte die zahlreichen Vogelschwärme beobachtet, die sich in der riesigen Speisekammer der Natur bedienten. Es hatte allerdings auch etwas Verlockendes, auf dem Meeresgrund hinauszugehen, als könnte man bis England laufen, würden die Gezeiten es zulassen.

Und genau das taten sie nicht.

Trotz des Nebels befanden sie sich nicht in unmittelbarer Gefahr, glaubte er. Er prüfte immer den Tidenkalender, bevor er hinausging. Es dauerte noch mindestens eine Stunde, bis die Flut kam. Er war hier bestimmt hundertmal gewesen, normalerweise jedoch allein, ohne die Verantwortung für jemand anderen. Als die letzten Reste der Welt in einem grau wirbelnden Nichts verschwanden, sah er sich um und stellte fest, dass es überall gleich aussah.

»Villads!«

»Ich bin hier drüben.«

Der Junge antwortete sofort. Er klang verhältnismäßig nah, aber die Entfernung war unmöglich einzuschätzen. Er könnte zehn Meter von ihm entfernt sein, fünfundzwanzig Meter oder noch wesentlich weiter.

»Du brauchst nicht nervös zu werden«, rief er. »Es ist nur Nebel, aber wir müssen jetzt sofort zurückgehen.«

»Ich hab keine Angst. Ich bin schon mal im Nebel gewesen.«

»Bleib ruhig. Ich komme.«

»Ich bin elf Jahre alt, Lasse, keine fünf.«

Die Stimme klang nun noch weiter entfernt.

Lasse meinte, drei, vier Meter entfernt einige Seegrasbüschel erkennen zu können, das war aber auch alles. Dort endete sein Universum. Die Welt war auf einen Umkreis von maximal zehn Metern reduziert. Scheinbar. Die Seegrasbüschel verloren sich im Nebel und kamen ihm in seiner Fantasie wie sich windende Fangarme eines Wesens vor, das außerhalb seines Blickfeldes lauerte.

»Ich komme jetzt zu dir!«

Sekunden später war auch das Seegras verschwunden. Von seinen Stiefelspitzen sah er nur noch knapp einen Meter weit. Es war der dichteste Nebel, den er je erlebt hatte. Er ging über ein Feld mit Tausenden von leeren Schalen toter Scheidenmuscheln. Sie knackten wie dünnes Eis. Eine splitternde, hässliche Melodie, die alles übertönte.

»Villads?«

»-ch -ier drüben –«

Lasse blieb stehen.

»Was?«

»Ich bin hier drüben.«

»Wo? Rede mit mir!«

»Bei einem alten Eisengestell. Es ist im Sand versunken.«

Die Stimme klang noch weiter entfernt, oder bildete er es sich nur ein?

Lasse hörte ihn ein paarmal husten und stapfte von dem Muschelgürtel auf reinen Sand. Der Nebel war hier nicht ganz so dicht. Zwei große Steine warteten wie schwarze Körper darauf, überschwemmt zu werden – wie alles hier draußen. Er sah auf die Uhr. In einer Dreiviertelstunde würde er hier, wo er stand, den Boden nicht mehr berühren können. Bis zum Strand würden sie mindestens eine Viertelstunde brauchen, wenn sie rasch gingen und den direkten Weg nahmen. Es reichte nicht, sich vom Wasser zu entfernen, wenn man die Küste nicht sehen konnte. Die Priele konnten täuschen, Erhöhungen im Meeresboden umfließen und einen in die falsche Richtung dirigieren. In weiter Ferne war ein Nebelhorn zu hören, ein beinahe spöttisches Geräusch. Es konnte aus Højer kommen, vielleicht aber auch aus südlicher Richtung. Möglicherweise von der anderen Seite des Rickelsbüller Koog. Er war so gut wie vollkommen desorientiert.

»Villads?«

»Hier.«

»Was machst du denn da? Wieso antwortest du nicht?«

»Hier ist irgendetwas.«

Die Antwort kam aus einer vollkommen unerwarteten Richtung. Lasse drehte sich um.

»Du darfst nirgendwo hingehen. *Ich* komme zu *dir.*«

»Ich bleibe stehen, aber ich habe etwas gefunden. Es sieht … merkwürdig aus.«

Der Junge klang beunruhigt und gleichzeitig abgelenkt, als kämen die Worte automatisch, weil er sich auf etwas ganz anderes konzentrierte.

»Zähl laut bis hundert, damit ich dich finden kann«, forderte Lasse ihn auf. »Hast du verstanden?«

»Warte mal … also, da ist etwas im …«

Auch Lasse sah etwas, das nicht da sein sollte.

Das Meer.

Es floss in kleinen, glucksenden Rinnsalen um seine Stiefel. Das konnte nicht sein. Noch nicht. Er hielt die Hand dicht vors Gesicht und schauderte. Die Uhr ging nicht! Der Sekundenzeiger stand still. Es war ein Erbstück seines Vaters. Sie musste aufgezogen werden, was er pflichtschuldig jeden Morgen tat, auch heute, aber vielleicht hatte das Salz im Wind den Stillstand verursacht. Oder ihre Lebenszeit war vorbei.

Plötzlich hörte er einen Schrei. Lasse zuckte zusammen. Der Schrei des Jungen setzte ihn in Bewegung.

»Villads! Was ist los? Rede mit mir!«

»Beeil dich! Ich glaube, ich habe einen Toten gefunden!«

Der Junge hatte eine lebhafte Fantasie.

»Das ist nicht komisch. Du bleibst jetzt dort stehen und zählst laut! Es ist ernst, verstehst du? Wir müssen zurück, *jetzt sofort!* Die Flut kommt!«

»Es stimmt aber, Lasse! Hier liegt jemand im Sand! Beeil dich! Eins, zwei, drei, vier, fünf, sechs, sieben, acht, neun …«

Lasse spürte, wie ihm das Blut aus seinem kalten Gesicht wich. Es war kein Scherz. Es klang wie echte Angst.

»Ich komme!«, schrie er. »Zähl weiter!«

Das Kommando war überflüssig. Villads hatte bereits die vierzig erreicht und zählte mit lauter, schriller Stimme weiter. Lasse lief, so schnell er konnte. Die Furcht schien ihn über den Sand zu tragen, in dem die kleinen rinnenden Bäche immer breiter wurden und zu größeren Pfützen zusammenflossen.

»Fang von vorn an, wenn du bei hundert bist. Du darfst nicht aufhören, bevor du mich siehst!«

Er rannte wie ein Hahn, dem man den Kopf abgeschlagen hat. Das Fernglas hämmerte gegen sein Schlüsselbein. Er spürte, wie er in Panik geriet, blieb stehen und drehte sich einmal um sich selbst, wie nach einer Karussellfahrt. Der Nebel schien wie ein Lappen in seinem Gesicht zu kleben. Und je mehr das Wasser ihm zwischen die Füße rann, desto tiefer kroch die Angst ihm unter die Haut.

Villads zählte noch immer, und Lasse lief jetzt kontrollierter weiter. Plötzlich erkannte er die Konturen einer kleinen Gestalt. Erleichterung überkam ihn. Zumindest, was dieses Problem anbetraf, denn als er den Jungen deutlicher sah, bemerkte er seinen verstörten Blick. Mit einem ausgestreckten, zitternden Arm zeigte er auf etwas, als würde er nicht wagen, näher heranzugehen.

»Er hat eben etwas gesagt ... da war so ein Geräusch im Sand ... ich glaube, er lebt ...«

Angst löste Lasses Gefühl der Erleichterung ab.

»Was hast du ...?«

Villads stand hinter einem eingesunkenen Seezeichen aus abgeblättertem grünem Metall und zeigte auf eine Stelle im Sand. Um Atem ringend ging Lasse um das Hindernis herum und blickte auf ein Gesicht, das ihn vom Meeresboden aus anstarrte. Im ersten Moment glaubte er, seinen Augen nicht trauen zu können, als müsse es sich um eine Illusion handeln, eine gestrandete Qualle, von denen es hier viele gab, aber irgendetwas war falsch. Größe und Form passten, aber Farbe und Textur ähnelten keineswegs einer Qualle.

Es war schwierig, im Nebel Details zu erkennen. Lasse ging in die Hocke und beugte sich vor. Es sah wirklich aus, als würde ihn ein Gesicht aus dem Sand anstarren. Er sah die Andeutung von zwei ovalen Punkten, die Spitze einer Nase und einen Umriss, der einem halb geöffneten Mund ähnelte.

Lasse ging durch den Kopf, dass das menschliche Gehirn versucht, in abstrakten Dingen wiedererkennbare Muster zu finden, so, wie man im Sommer auf einer Wiese im Gras liegen und in den treibenden Wolken Tiere und Fantasiefiguren erkennen kann. Diese Erscheinung war jedoch so markant, dass sie sich nicht ignorieren ließ. Vorsichtig legte er die Fingerspitzen auf den Umriss und kratzte so viel Sand weg, dass sich zwei Augen, eine deutlich gebogene Nase und ein Mund mit aufgesprungenen

Lippen zeigten. Ein schrilles Seufzen stieg von dem Bild auf. Lasse schnappte nach Luft, seine Hand zuckte zurück, als wäre er gebissen worden. Er verlor das Gleichgewicht und setzte sich auf den Hintern.

»Er lebt!«, schrie Villads.

Lasse war blitzschnell wieder auf den Beinen, sein Puls raste, aber er blieb stehen.

»Beruhige dich, Villads, er ist tot. Der Meeresboden gibt Geräusche von sich, wenn man ein bisschen darin gräbt.«

Klang er überzeugt? Er hoffte es, denn er war es nicht.

Lasse ging noch einmal in die Hocke, schaltete die Taschenlampe seines Smartphones ein und richtete sie auf das Gesicht. Es handelte sich um einen Mann, der bereits einige Zeit tot war. Jetzt war er sicher. Das linke Auge war aufgerissen, das rechte nur leicht geöffnet. Die matten Häutchen über der Iris waren milchig, eingetrocknet und von einer feinen Schicht Sand bedeckt. Lasse stand auf. Villads kam langsam näher und griff nach seiner Hand. Das hatte er noch nie getan.

»Was ist passiert, was glaubst du?«

Lasse sah das Gesicht beunruhigt an. In den Nebelschwaden sah es aus, als würde es leben, doch das war eine Täuschung. Sein Verstand schrie, sie müssten sich beeilen, wenn sie nicht selbst hier draußen ihr Leben beenden wollten, aber fasziniert von dem Fund blieb er dennoch stehen.

»Glaubst du, die Flut hat ihn überrascht?««

»Ich weiß es nicht, aber wir können jedenfalls nichts für ihn tun. Wir müssen sofort zurück.«

»Er kann doch nicht hier liegen bleiben?«

Lasse war ratlos. Wenn sie den Mann ohne Markierung zurückließen, riskierten sie, dass die Unterströme das Gesicht vollkommen mit Sand bedeckten und die Polizei den Toten nie finden würde, aber bleiben konnten sie auf keinen Fall. Die Flut hatte diese Stelle bisher nicht erreicht, weil sie auf einer niedrigen Sandbank standen, die allerdings bereits von Wasser umgeben war. Kleine Wassertentakel krochen wie eifrige Finger auf sie zu.

Lasse blickte auf das Seezeichen. Es war aus Metall, mindestens vier Meter lang und hatte sich tief in den Meeresboden gebohrt. Diese Markierung würde sich nicht bewegen.

Irgendwer hustete im Nebel.

»Da kommt jemand«, flüsterte Villads.

Schritte platschten hinter dem Seezeichen. Ein Schatten wuchs aus dem Dunst, ein großer Mann. Er hatte kein Gesicht. Es verschwand in den Nebelschwaden. Wie eine Schlange wirbelte eine lange Kette durch die Luft.

»Pass auf!«, schrie Villads und sprang beiseite.

Die Glieder der Schlange zischten, bevor sie zubiss. Der Schlag traf Lasse wie ein lähmender Schuss und schleuderte ihn rücklings zu Boden.

2

Lykke erwachte vom Klingeln ihres Telefons. Ruckartig setzte sie sich im Bett auf. Sie hatte das Gefühl, an diesem Morgen schon einmal aufgestanden zu sein, aber das war offenbar ein Traum gewesen. Es war Viertel vor neun, und sie hatte den Wecker mehrmals überhört. Schon wieder.

Sie wälzte sich aus dem Bett und griff nach dem hartnäckigen Telefon auf dem Nachttisch.

»Hallo?«

»Guten Morgen. Hier ist Thomas.«

»Ja, habe ich gesehen.«

Eigentlich hatte sie ihn in den Kontakten gelöscht, das Telefon zeigte jetzt nur noch die Nummer an, die sie aber natürlich kannte.

»Wie geht's?«

»Gut.«

»Ich vermisse dich.«

Sie trat ans Fenster und ließ das Rollo mit einem Knall hochschnellen. Es nieselte.

»Was ist mit deiner Frau?«

»Das … das ist nicht dasselbe. Wir zwei sind doch etwas Besonderes …«

»Nicht jetzt, Thomas. Ich habe es eilig, und wenn ich zu spät komme, habe ich ein Problem.«

»Deine Kollegen sortieren doch ohnehin den ganzen Tag nur ihre Zehen.«

Früher hatte sie seinen Humor gemocht, bis ihr klar wurde, dass er immer wieder dieselben blöden Scherze machte.

»Wenn du so früh am Tag schon Witze reißen musst, kannst du dir dann nicht mal einen neuen ausdenken?«

»Sorry, ich … aber ich denke jeden Tag an uns.«

»Soweit ich mich erinnern kann, wolltest du die Scheidung.«

Kräftig unterstützt von deiner Mutter, fügte sie in Gedanken hinzu und ging ins Badezimmer.

»Hast du …? Hast du …?«

Er stotterte wie eine Langspielplatte, die einen Sprung hat.

Jetzt kommt gleich: Warst du dort?

»Warst du dort?«

»Nein.«

»Warum nicht?«

»Hör auf, Thomas. Wir haben das hundertmal besprochen, du gehst damit auf deine Weise um, ich auf meine. Deshalb hat es mit uns auch nicht funktioniert. Wir sind zu verschieden.«

»Daran hat es doch nicht nur gelegen.«

»*Auch* daran.«

»Hast du mich denn nie geliebt?«

Das hatte sie, aber statt zu antworten, klappte sie den Toilettendeckel hinunter und setzte sich. Sie musste pinkeln, wollte es aber nicht tun, während sie mit ihm telefonierte. Er begann mit einem seiner beiden Lieblingsthemen.

»Ich begreife nicht, wie du nicht hingehen kannst, wenn du … Bedeutet es dir denn gar nichts?«

»Es ist ein Stein. Ich habe keine Beziehung zu einem Stein.«

»Es ist ein Symbol.«

»Ach ja?«

»Dir ist es egal. Du hast nur dich und deine Arbeit im Kopf. So war es schon am *day one,* auch da …«

Lykke unterbrach ihn gereizt:

»Halt endlich die Klappe! Was bildest du dir eigentlich ein, mich anzurufen und mir Vorhaltungen zu machen? Was glaubst du, wer du bist? Nur weil du nicht einen einzigen selbstständigen Gedanken in der Birne hast und alles tust, was deine Mutter dir sagt!«

»Jetzt hör aber auf!«

»Liebend gern. Tschüs.«

Sie beendete das Gespräch, warf das Telefon auf die Waschmaschine und verbarg ihr Gesicht in den Händen.

Es klingelte zweimal, während sie unter der Dusche stand, und ein drittes Mal, als sie sich am Küchentisch eine Hose anzog, während sie ein Käsebrot hinunterschlang. Diesmal war es nicht ihr Exmann, sondern der Ermittlungsleiter Hans Odín. Hastig schluckte sie ihr Brot hinunter.

»Hallo?«

»Wo bleibst du, Teit? Du bist für den Tagesdienst eingeteilt, nicht für die Nachtschicht.«

»Entschuldigung, ich ...«

»Bist du etwa noch zu Hause?«

»Ich bin auf dem Weg.«

»Was ist los mit dir? Gehst du zu spät ins Bett? Wenn du Karriere machen willst, dann rate ich zum Erwerb eines Weckers.«

»Ich beeile mich ja.«

»Du kommst in mein Büro, sobald du ... *wenn* du irgendwann ... *solltest* du eines Tages auftauchen, hast du verstanden?«

»Ja, bis gleich.«

»Das bezweifle ich.«

Er beendete das Gespräch.

»Shit.«

Lykke schmiss das Telefon auf den Küchentisch. Es traf die Kante und fiel auf den Boden, die hintere Abdeckung sprang ab. Ihr war das Telefon schon so oft hinuntergefallen, dass das Display mit Eisblumen überzogen war.

Nach drei Jahren in der Abteilung für Gewaltkriminalität hatte sie kein eigenes Büro – das stand ihr als Kriminalassistentin nicht zu –, aber ihren eigenen Schreibtisch. Man hatte sie bei einer Reihe von Routineaufgaben eingesetzt, allerdings war sie auch bei zwei Morden an den Ermittlungen beteiligt gewesen. Nicht im Trikot des Mannschaftskapitäns, sondern eher als Wasserträgerin, aber sie war ehrgeizig und ambitioniert; Odíns Gardinenpredigt war daher eher kollegial gemeint. Er hatte sie immer wieder aufgemuntert, wenn ihre Stimmung zeitweilig auf den Boden eines pechschwarzen Schachtes gesunken war. Und er hatte sie gelobt, vor allem nach der Aufklärung des Mordes an einem Gärtner des Kongens Have.

Hans Odín war ein Alphatier, temperamentvoll und ungeduldig, im Grunde genommen aber ganz in Ordnung, ein anständiger und untadeliger Chef. Nie hätte er auf einer Weihnachtsfeier einen so plumpen Annäherungsversuch unternommen wie dieser Idiot aus der Verwaltung.

Sie griff nach ihrer Jacke, schloss die Wohnungstür ab und sprang die Treppe hinunter. Ihr Telefon piepste. Eine SMS, wider Erwarten weder von Odín noch von Thomas, der immer das letzte Wort haben musste. Sondern von BL.

> Lykke, Hilfe! Große Probleme. Kenne ein sehr hässliches Geheimnis. Konnte die Polizei nicht anrufen, hätte es aber tun sollen. Er weiß, wer ich bin. Die Schachtel ist meine Garantie. Wenn mir etwas passiert, ist sie versteckt

BL. Bjarke Laumann. Sie hatten sich im The Irish Pub kennengelernt, als sie nach einer anstrengenden Woche mit drei Freundinnen in der Stadt gewesen war. Sie war schon angetrunken, als er plötzlich an der Bar stand und ihr quer durch das Lokal voller lärmender und trinkender Gäste zuprostete. Auf dem Großbildschirm lief ein Fußballspiel, das die meisten Gäste verfolgten, trotzdem ließen sie sich nicht aus den Augen. Der Lärm und die Hitze in der Kneipe waren enorm. Als sie Drinks für ihre Freundinnen holte, wechselten sie ein paar Worte. Ihr gefielen seine Augen, und außerdem hatte sie Lust, daher nahm sie ihn mit nach Hause, was sie normalerweise nie tat. Es endete damit, dass er drei Tage bei ihr wohnte, bis sie in seinen Stiefeln mehrere Tütchen mit Koks entdeckte. Er behauptete, es sei Pulver für einen Luftentfeuchter. Daraufhin fragte sie ihn, ob er sie für dämlich halte, und zeigte ihm ihre Polizeimarke. Er wurde leichenblass und entschuldigte sich mehrfach. Bjarke Laumann war ein kräftiger Mann, muskulös, aber kein Gewalttäter. Ein kleinkrimineller Pusher mit einem Hang zum Zocken, wie sie später herausfand, aber sie mochte ihn, daher hatte sie die Angelegenheit nicht weiter verfolgt.

Das war jetzt zwei Jahre her.

»Bjarke, du Idiot«, flüsterte sie auf der leeren Treppe. »In was bist du jetzt wieder reingeraten?«

Eigentlich sollte sie emotional nicht weiter berührt sein, doch die Nachricht beunruhigte sie. Ein anderer Dealer hatte bei einem Verhör erzählt, Bjarke Laumann würde den falschen Leuten Geld schulden, daher sei er untergetaucht.

Auf der Straße fiel ihr ein, dass ihr Auto in der Werkstatt war. Also das Fahrrad. Sie ging zum Fahrradständer, wo es normalerweise stand. *Normalerweise* war das Stichwort …

3

»Viertel vor zehn!«

Hans Odín starrte ungläubig auf seine Uhr.

»Bist du nach Køge gezogen, Teit? Ich dachte, du wohnst in der Saxogade?«

»Dannebrogsgade.«

Der Ermittlungsleiter machte ein gequältes Gesicht hinter seinem Schreibtisch, der immer von Papierstapeln überquoll. Die Stapel sollten zeigen, wie beschäftigt er war, allerdings waren es alles abgeschlossene Fälle. Außerdem arbeitete er längst nicht mehr mit Papier, sondern nur noch mit dem Computer.

»Das kann doch nicht so lange dauern, auch wenn du verschlafen hast … *wieder einmal.* Bist du auf Händen hierhergelaufen?«

»Mein Wagen ist in der Werkstatt, und als ich aus der Tür kam, war mein Fahrrad verschwunden.«

»Also bist du zu Fuß gegangen?«

»Ja.«

»Wieso hast du nicht einen von diesen Scheiß-E-Scootern genommen, die überall im Weg rumstehen?«

Auch wenn es nicht so klang, respektierte Odín sie. Er hatte ihre Hartnäckigkeit gelobt, ihre Sorgfalt bei Details und dass sie nichts dem Zufall überließ. Daher war Lykke auch der Meinung, dass sie nach drei Jahren in der Abteilung bereit war, die Ermittlungen in einem Mordfall zu leiten, aber so funktionierte das System nicht. Ihr Chef war weder sexistisch noch nepotistisch – auch wenn seine beiden Söhne bei der Polizei arbeiteten –, aber Hans Odín musste die Regeln befolgen, und dies war am einfachsten, wenn er stets ein wenig mürrisch wirkte. Eigentlich schade, denn er war ein durchaus attraktiver Mann mit dichten schwarzen Haaren, doch Lykke hatte ihn nie lächeln sehen, auch nicht, als er mit einem der höchsten dänischen Orden ausgezeichnet wurde. Vermutlich konnte er lächeln, aber wahrscheinlich hatte er Angst um sein Image. Im Polizeipräsidium hielt sich das Gerücht, Odín sei ein großer *Dirty Harry*-Fan.

»Ich habe mich verspätet, weil ich die SMS eines Bekannten bekommen habe. Es klang, als handele es sich um irgendetwas Kriminelles.«

»Sicher. Sehen wir zu, dass wir weiterkommen, bevor die Sonne untergeht.«

Der Ermittlungsleiter lehnte sich auf seinem Stuhl zurück, die Hände über einem Bauch gefaltet, der preisgab: *Ich esse zu viel und bewege mich zu wenig.*

»Was weißt du über Südjütland, Teit?«

Sie hielt es für einen Witz, der den »Anschiss« entschärfen sollte.

»Eine Halbinsel, die an Deutschland anschließt, außerdem servieren sie dort Burger mit brauner Soße.«

»Noch mehr?«

»Aarhus ist die Stadt des Lächelns.«

»Was ist mit dem Wattenmeer?«

»Dort unten passiert vermutlich nicht allzu viel, abgesehen von der Schwarzen Sonne, diesem Naturphänomen der Starenschwärme.«

»Und Mord.«

»Lässt sich wahrscheinlich auch in der Gegend nicht vermeiden, aber vermutlich kümmern sich doch die Kollegen von der Polizei Südjütlands darum?«

»Nicht in diesem Fall. Darum kümmerst *du* dich.«

Er wippte auf seinem Stuhl nach vorn und reichte ihr einige Blätter Papier über den Schreibtisch. Lykke zögerte. Er raschelte ungeduldig.

»Komm schon, greif zu. Du beschwerst dich doch ständig, dass du nicht Kriminalkommissarin spielen darfst. Jetzt hast du die Chance.«

Sie nahm ihm die Papiere aus der Hand. Das erste Blatt zeigte die Kopie einer Landkarte von Südwestjütland. Ein rotes Kreuz war auf der dänisch-deutschen Grenzlinie in die Nordsee eingezeichnet. Die Position war mit zwei Zahlen für den Längen- und Breitengrad markiert. Das zweite Blatt war ein Formularvordruck mit Stempel und Unterschrift der Polizei Südjütlands.

»Warum soll ich nach Jütland fahren, wenn die örtlichen …«

»Kannst du dich an den Fall Rosa Molberg erinnern?«

»Natürlich.«

»Es war eine der größten Suchaktionen der jüngeren Vergangenheit, aber die örtliche Polizei hat sie nicht gefunden. Und jetzt haben sie erneut einen Fall, bei dem jemand verschwunden ist. Derselbe Ort oder jedenfalls in demselben Dorf. Diesmal ist es kein sechsjähriges Mädchen, sondern ein elfjähriger Junge. Die Vorgehensweise der Polizei im Molberg-Fall war so inkompetent, dass die Polizei von Südjütland dem örtlichen Ermittlungsleiter einen Förderschullehrer zur Seite stellen musste, damit sich die Dummheit nicht wiederholt. Du weißt ja, die Presse liebt so etwas. Aber darum geht es nicht, sondern um einen Mordfall, auch das noch. Im Wattenmeer wurde ein toter Mann gefunden. Lies.«

Er zeigte auf das Blatt in ihrer Hand.

Lykke las die ersten Zeilen:

ANFORDERUNGSERSUCHEN DER POLIZEI SÜDJÜTLANDS, ABTEILUNG ESBJERG, BETR. ASSISTENZ DES KOPENHAGENER POLIZEIHAUPTQUARTIERS IN VERBINDUNG MIT DEN ERMITTLUNGEN IN EINEM FALL VON GEWALTKRIMINALITÄT.

ART/ARTEN DES VERBRECHENS: Mord, gewaltsamer Überfall und Kidnapping
DATUM FUND DES TOTEN: 17. Oktober d. J.
IDENTIFIKATION DES TOTEN: nicht bestätigt
NAME DES TOTEN: Laumann, Bjarke (vermutlich, aufgrund der Papiere, die bei dem Leichnam gefunden wurden)
ERMITTLUNGSLEITUNG VOR ORT: Mogens Krogh, Polizei Esbjerg

Es stand noch mehr da, doch Lykke las nach Bjarke Laumanns Namen nicht weiter. Sie hoffte, dass man es ihr nicht anmerkte. Heute war der 19. Oktober. Die SMS war zwei Tage nach dem Tod des Mannes abgeschickt worden. Sie hatte den Notruf einer Leiche erhalten.

Odín sah sie nachdenklich an.

»Geht's dir nicht gut?«

»Nur ein wenig morgendliche Übelkeit.«

Er hob eine Augenbraue und öffnete den Mund, sagte aber

nichts. Wie die meisten Männer glaubte er, dass sie ihre Tage habe oder schwanger sei, das wusste sie. Es waren also *No-Go-*Themen.

»Bjarke Laumann war Dealer, Einbrecher, Hehler und Hochstapler. Er stammte eigentlich hier aus Kopenhagen und wurde gesucht. Im Archiv gibt es mehrere Akten über ihn. Du sollst den Mord aufklären, die örtliche Polizei konzentriert sich auf den verschwundenen Jungen. Übernimmst du den Fall, oder soll ich Lorentsen schicken?«

Lykke versteckte die Papiere hinter ihrem Rücken.

»Wann fahre ich?«

»Frag die Dänische Staatsbahn. Wie du siehst, ist die Leichenschau morgen früh um neun Uhr im Krankenhaus von Esbjerg.«

»Weißt du ...« Lykke suchte nach Worten. »Kennst du die näheren Umstände des Mordes? Wurde er erschossen oder erstochen ...?

»Ich weiß nur, was auf dem Anforderungsersuchen steht, aber selbst wenn ich dich allein losschicke, musst du nicht glauben, dass du die Ermittlungen allein leitest.«

»Ist schon klar. Die Polizei von Südjütland bestimmt, wo's langgeht.«

»Nein, das machst du, und du hast die Befugnis, Befehle zu erteilen. Also, wenn dir einer dieser Landpolypen dumm kommt, dann ruft ihr ihn zur Ordnung. Dieser Mogens Krogh kann ein ziemlich dicker Brocken sein, aber das hilft ihm diesmal nicht. *Ihr* seid die Ranghöheren. So läuft das in diesem Fall. Befehl von oben.«

Lykke stutzte.

»Was meinst du mir ›ihr‹?«

Odín sah von seinem Computer auf, als hätte er sich bereits wieder den Aufgaben des Tages zugewandt, nachdem er den Fall delegiert hatte.

»Sagte ich das nicht?«

»Nein, was immer du mir auch sagen wolltest.«

Der Ermittlungsleiter stützte die Ellenbogen auf dem Schreibtisch auf.

»Die Umstände dieses Falles sind ein wenig speziell. Der Fundort ist das rote Kreuz auf der Karte. Laumann wurde im Grenzgebiet gefunden. Das bedeutet, dass die Deutschen ihren eigenen Ermittler schicken, mit dem du zusammenarbeiten wirst. Ihr beiden übernehmt die Leitung, die örtlichen Bauernärsche haben sich nach euch zu richten, verstanden?«

»Ich kann kein Deutsch.«

»Bist du nicht zur Schule gegangen?«

»Das ist viele … jedenfalls eine ganze Weile her.«

»Inzwischen können sie da unten vermutlich auch Englisch. Schließlich wissen sie, wer den letzten Krieg gewonnen hat.«

»Bist du jemals in Deutschland in einem Museum gewesen? Die einzigen englischen Wörter sind Shop und Toilet.«

Odín griff zu seinem Mobiltelefon.

»Okay, dann rufe ich Lorentsen an.«

»Du kannst deine Mutter anrufen.« Lykke ging zur Tür. »Ich gehe jetzt nach Hause und packe. Danke, Hans.«

»Dank dir selbst. Du hast es verdient … und Lykke?«

Sie drehte sich um. Odín sah beinahe freundlich aus.

»Ja?«

»Mach mich stolz. Lös den Fall. Ich will jeden Abend eine Gutenachtgeschichte hören. Du musst mir Bericht erstatten, sodass ich verfolgen kann, wie ihr weiterkommt.«

»Verstanden.«

4

»Guten Tag, Sie müssen Lykke Teit sein. Freut mich sehr, eine Kollegin der dänischen Polizei kennenzulernen.«

Der Mann, der aus dem parkenden Wohnmobil sprang und mit ausgestreckten Armen auf sie zukam, überrumpelte die in Gedanken versunkene Lykke. Ohne großen Erfolg hatte sie im Zug versucht, ihr Schuldeutsch ein bisschen aufzufrischen, auf ihrem Smartphone hatte sie eine Tabelle mit Adjektivbeugungen aufgerufen, durch die sie allerdings auch nicht klüger geworden war. Nun hoffte sie, dass ihr deutscher Kollege ein bisschen Englisch sprach.

Der Händedruck war herzlich, fest und aufmerksam. Bei den freundlichen grauen Augen des Mannes und seinem breiten Lächeln geriet sie ins Stottern. Das passierte ihr eigentlich eher selten.

»Ich bin … jeg mener, meinen Namen sind … *ist* Lykke …«

»Das dachte ich mir. Lykke Teit. Die berühmte Kriminalkommissarin aus Kopenhagen. Wer hätte es sonst sein sollen?«, erwiderte er auf Dänisch.

Lykke wusste nicht, was sie antworten sollte. Der Mann brach in ein lautes herzliches Gelächter aus, und sie hatte das Gefühl, sich lächerlich gemacht zu haben. Dennoch musste auch sie schmunzeln.

»Entschuldige, Lykke. Wenn es mich überkommt, neige ich zu dummen Witzen. Rudolf Lehmann, Hauptkommissar der Landespolizei Schleswig-Holstein, Polizeidirektion Flensburg. Glücklicherweise spreche ich auch Dänisch, wollen wir ab jetzt dabei bleiben und uns duzen?«

»Klingt nach einer richtig guten Idee«, erwiderte sie erleichtert und schauderte trotz ihrer dicksten Winterjacke. Es wehte ein kalter Wind über den Parkplatz.

Lehmann sah auf die Uhr. »Die Leichenschau beginnt erst um neun.«

Der Kommissar zeigte auf den Campingbus, der neben dem Haupteingang des Krankenhauses von Esbjerg stand.

»Möchtest du eine Tasse Kaffee? Dann können wir uns noch rasch über den Fall austauschen, bevor wir hineingehen.«

Rudolph Lehmann war ein kräftig gebauter Mann. Durch die dunkelgrüne Jagdjacke und einen australischen Lederhut mit geflochtenem Riemen sah er ein bisschen wie ein Ranger aus, ziemlich cool. Der gepflegte grauweiße Bart trug ebenfalls dazu bei.

»Gern, Rudolph.«

»Meine Freunde nennen mich Rudi.«

Er öffnete die Tür und ließ sie einsteigen. Rudi zwängte sich hinter ihr in das Wohnmobil, das von außen vollkommen normal aussah. Innen allerdings nicht. Vorn gab es einen Tisch mit einer Bank und dem Fahrer- und Beifahrersitz, die sich drehen ließen, sodass vier Personen an dem Tisch Platz fanden. Ganz hinten sah Lykke eine einzelne Schlafkoje, der Rest jedoch war einer gewaltigen Ansammlung von Bildschirmen, Computern und anderer Technik vorbehalten, die von einem drehbaren Stuhl aus bedient werden konnte.

»Eine ziemlich gute Ausrüstung.« Lykke nahm auf der Bank Platz, während der Deutsche in einer kleinen Kochnische Kaffee aufsetzte.

»Ja, nicht wahr? Ich kann mit Polizeieinheiten auf der ganzen Welt kommunizieren. Leider gehört mir der Wagen nicht, er ist Eigentum der Polizei. Wir nutzen ihn vor allem, wenn wir im Ausland behilflich sind. Aber die Technik wird auch im Inland eingesetzt, bei Videoüberwachungen, Abhörmaßnahmen und Verkehrskontrollen.«

»Krass.«

»Es ist beinahe so, als hätte man sein eigenes Batmobil. Nur scharf schießen kann er nicht.«

Er grinste und nahm, leise vor sich hin pfeifend, zwei Becher aus dem Schrank. Lykke lächelte. Sie hatte selten einen Menschen kennengelernt, der ihr so schnell sympathisch war. Nicht dass er in irgendeiner Weise ihr Typ war. Rudi Lehmann war mindestens zwanzig Jahre älter als sie, aber die unbefangene Art des Mannes hatte etwas Entwaffnendes und erinnerte sie zusammen mit seiner physischen Präsenz an einen herzensguten, aber leider verstorbenen Onkel.

Der Kaffee wurde schwungvoll ausgeschenkt. Der Kommissar drehte den Vordersitz um und setzte sich ihr gegenüber. »Na, Lykke, der geheimnisvolle Gast des Tages ist also Bjarke Laumann?«

»Zumindest soweit ich informiert bin. Ich habe nur diese Unterlagen.«

Sie zeigte ihm die Karte und das Hilfeersuchen. Rudi Lehmann blickte mit skeptischer Miene auf die Papiere.

»Wir haben dieselben mangelhaften Informationen. Ich bin gespannt auf unsere Kontaktperson. Mogens Krogh. Ich habe gestern mit ihm telefoniert. Er klang ziemlich großspurig, aber so etwas muss hier in der Gegend nicht allzu viel heißen. Die Einheimischen können verschlossen und trotzdem in Ordnung sein. Nur dass du es weißt. Aber sonderlich entgegenkommend wirkte er nicht, fand ich. Er weigerte sich, mich am Telefon über irgendwelche Details zu informieren.«

»Du weißt also auch nicht, was ›gewaltsamer Überfall‹ und ›Kidnapping‹ zu bedeuten haben?«

»Ich habe ihn gefragt, aber er erklärte, das würde er erläutern, wenn wir uns heute sehen.«

»Das hoffe ich doch.« Sie probierte den Kaffee. »Wir sind die

Ranghöheren in diesem Fall, die örtliche Polizei hat mit uns zusammenzuarbeiten.«

»Ich habe mithilfe des Batmobils ihr internes System überprüft. Es läuft eine größere Suche nach einem elfjährigen Jungen, Villads Geertsen. Er ist seit gestern verschwunden. Das Operative Kommando der Marine, der Heimatschutz und einige Einheimische suchen ihn.«

»Wo kommt er her?«

»Aus einem Dorf namens Melum.«

Lykke richtete sich auf.

»Vor anderthalb Jahren verschwand aus diesem Ort ein sechsjähriges Mädchen. Sie wurde nie gefunden.«

Rudi zog die Brauen zusammen.

»Entführung?«

»Niemand weiß es. Sie war plötzlich fort.«

Der Kommissar pustete in seinen Kaffeebecher.

»Das hört sich nicht gut an. Na, hoffentlich sind wir klüger, wenn der Vormittag vorbei ist.«

»Das hoffe ich auch. Sollte Mogens Krogh bewusst Informationen zurückhalten, werde ich dafür sorgen, dass ihm der Arsch auf Grundeis geht.«

Rudi zeigte ihr einen erhobenen Daumen.

»Krogh erwähnte, dass Bjarke Laumann, also der Tote, kriminell war. Kennst du sein Strafregister?«

Lykke rutschte ein wenig auf der Bank herum und hoffte, nicht rot zu werden.

»Laumann war vor allem ein Einbrecher und Hehler, aber er schlug sich in Kopenhagen auch als Drogendealer durch.«

»Noch etwas?«

»Er hat mehrfach im Gefängnis gesessen, wurde aber nie wegen schwerer Straftaten und schon gar nicht wegen eines Gewaltverbrechens verurteilt. Wir haben von anderen Kriminellen erfahren, dass er untergetaucht ist, weil er im Kopenhagener Drogenmilieu Schulden hat.

»Vielleicht hat der Gläubiger ihn gefunden und kurzen Prozess gemacht?«

Lykke war sich nicht sicher, ob sie dem Kommissar die SMS zeigen sollte. Sie beschloss, damit bis nach der Leichenschau zu warten, wenn sie ihn ein bisschen besser kannte.

Rudi reckte den Kopf.

»Ah, da haben wir ja den lokalen Arm des Gesetzes.«

Durch die Frontscheibe sah sie, dass ein Streifenwagen direkt vor dem Wohnmobil hielt. Ein übergewichtiger Beamter in Uniform stieg auf der Fahrerseite aus, ein schlanker und jüngerer Kollege folgte auf der Beifahrerseite. Der Fahrer drückte die Mütze auf seine dünnen Haare, blickte unzufrieden auf den Campingbus, zeigte auf das Nummernschild und sagte irgendetwas zu seinem Kollegen. Der zog sein Telefon heraus. Die beiden Männer verschwanden in der Eingangshalle des Krankenhauses.

»Ich glaube, er meldet jetzt den Einmarsch der Deutschen«, verkündete Rudi mit einem Blitzen in den Augen. »Wollen wir los und uns an dem Spaß beteiligen?«

5

Lykke hatte sich darauf eingestellt, dass Bjarke Laumanns Leiche kein schöner Anblick sein würde, aber es überraschte sie doch, wie er auf dem Obduktionstisch aussah.

Normalerweise nehmen die Mediziner die ersten Untersuchungen eines Toten am Fundort vor, doch das war in diesem Fall nicht möglich gewesen. Deshalb hatten die Kriminaltechniker das Zweitbeste getan und den Körper mit geradezu archäologischer Vorsicht aus dem Watt gegraben und zur gründlichen Analyse ins Krankenhaus von Esbjerg gebracht.

Ein unangenehmes Gefühl hatte Lykke bereits in dem langen Tunnel zur Rechtsmedizinischen Abteilung überkommen. Aus unerklärlichen Gründen waren die Gänge zu diesen Räumen des Todes immer mit Brechreiz erregenden Farben gestrichen, wurden von flimmernden Neonröhren erleuchtet und rochen nach Desinfektionsmitteln. Eine Mischung, bei der sich ihr der Magen umdrehte. Lykke bereute das Brötchen auf dem Esbjerger Bahnhof und den bitteren Kaffee im Wohnmobil. Es machte die Sache auch nicht besser, dass sie mitten in der Nacht aufgestanden war, um am Kopenhagener Hauptbahnhof den frühen Zug nach Esbjerg zu erreichen. Ihrem Magen tat es nicht gut, aus seinem üblichen Tagesrhythmus gerissen zu werden.

Lykke hatte schon früher tote Menschen an Tatorten gesehen, und sie hatte auch bereits an mehreren Obduktionen teilgenommen, doch bei dem Geruch nach Formalin überkam sie jedes Mal wieder ein klaustrophobisches Gefühl. Er drang in die Luftröhre ein und quetschte die Lungen zusammen. So erging es ihr, seit sie als Neunzehnjährige den zweitschwersten Schritt ihres Lebens getan hatte, als sie ihren Vater nach einem verhängnisvollen Verkehrsunfall identifizieren musste.

Sie versuchte, diese Gedanken zu verdrängen. Die beiden Beamten der örtlichen Polizei gingen ein Stück vor ihnen. Die Schritte hallten in dem kahlen Gang wider. Der größere Beamte hustete, das Echo dröhnte zwischen den Wänden. Der kleinere und breitere Polizist sah sich ein paarmal um, sagte etwas zu seinem Kollegen, der nickte und hustete noch einmal, dann beschleunigten sie ihre Schritte.

»Die Eingeborenen sind unruhig und behalten uns im Auge«, flüsterte Rudi Lehmann. »Halt die Glasperlen bereit und lass sie die Führung übernehmen. Wir tun so, als würden sie bestimmen, dann wird's einfacher. Denk dran, es ist für uns ein Auswärtsspiel.«

Lykke schluckte.

Die Beamten verschwanden durch eine offene Tür, die zum Sektionsaal 2 führte. Als sie eintraten, warteten die Polizisten zusammen mit einem Mann mit zurückgekämmtem Haar, der einen Kittel und eine Brille mit dicken Gläsern trug. In dem fensterlosen Raum stank es intensiv nach Formalin, obwohl eine Entlüftungsanlage leise an der Decke summte. Lykke versuchte, ausschließlich durch die Nase zu atmen. Ihren deutschen Kollegen schien der Geruch offensichtlich nicht zu stören, er grüßte den übergewichtigen Beamten, der sich auf der entgegengesetzten Seite des Obduktionstisches »verschanzte«. Über dem Körper auf dem Tisch lag ein weißes Tuch.

»Mojn, die Herren. Ich vermute, die Leichenschau von Bjarke Laumann findet hier statt. Mein Name ist Rudolph Lehmann, ich bin Hauptkommissar der Landespolizei Schleswig-Holstein, Polizeidirektion Flensburg. Das ist meine Kollegin aus Kopenhagen.«

»Lykke Teit vom Kopenhagener Polizeipräsidium.«

Sie grüßte in die Runde und besonders das feiste Alphatier, bei dem es sich nur um den Ermittlungsleiter Mogens Krogh handeln konnte, vor dem Odín sie gewarnt hatte. Unwilliger Gesichtsausdruck, stechender Blick. Er grüßte mürrisch zurück, als hätte er einen Käfer verschluckt. Der jüngere Beamte, ein schlanker dunkelhaariger Bursche, der nicht schlecht aussah, war hingegen sehr freundlich.

»Jannick Johansen, Polizeiassistent.«

Der Rechtsmediziner Kresten Osmann war ebenfalls ausgesprochen freundlich und hatte einen überraschend herzlichen Händedruck in Anbetracht seiner Profession.

»So, dann sind wir wohl vollzählig«, sagte er und zog mit einem lauten Knall seine Gummihandschuhe an. Lykke schauderte innerlich. »Ich werde damit beginnen …«

»Einen Augenblick, Kresten«, unterbrach ihn Krogh. »Ich will nicht kleinlich sein, aber wollen wir unseren Kollegen nicht die Möglichkeit geben, sich zu legitimieren? Die Presse ist scharf auf den Fall, wir können hier also kein nicht autorisiertes Personal gebrauchen.«

Der Rechtsmediziner sah aus, als hätte er sich verhört. Es war eine Kombination aus Beleidigung und Machtdemonstration, denn wie sollten zwei nicht autorisierte Personen pünktlich zu einer bestimmten Leichenschau erscheinen, von der nur die Polizei Kenntnis hatte? Rudi reagierte mit einem gutmütigen Lächeln.

Er zog seinen Dienstausweis heraus, Lykke tat das Gleiche. Mogens Krogh nahm die Ausweise entgegen. Vor allem Rudolph Lehmanns Legitimation wurde eingehend studiert, obwohl die Informationen und das Foto offensichtlich stimmten. Für Lykke war die peinliche Vorstellung eine willkommene innere Flucht aus dem Sektionssaal.

Krogh gab die Ausweise mit gleichgültiger Miene an Jannick Johansen weiter, der ihnen die Identitätsbescheinigungen zurückgab, ohne selbst darauf zu schauen. Er lächelte Lykke entschuldigend an.

»Dann ist das auch erledigt«, sagte Kresten Osmann ungeduldig und griff nach dem Rand des Tuchs, als ihn Rudi unterbrach.

»Ich möchte wirklich nicht den Paragrafenreiter spielen, aber sollten sich nicht alle Anwesenden ausweisen?«

Die freundliche Stimme war mit einer dünnen Schicht Permafrost überzogen. Der Blick war eiskalt und auf Krogh geheftet. Verschwunden war der nette, freundliche Kriminalkommissar, der Lykke so herzlich empfangen hatte. Rudolph Lehmann ließ sich offensichtlich nicht gern herumschubsen, und schon gar nicht von einem südjütländischen Landpolypen und lokalen Hinterwäldler.

Mogens Kroghs Gesichtsfarbe veränderte sich. Jannick Johansen hingegen zog bereitwillig seinen Dienstausweis hervor und reichte ihn Lykke, der sich die Zehen krümmten. Die Übelkeit war vergessen. Es wurde totenstill im Sektionssaal, während die beiden leitenden Polizisten sich gegenseitig anstarrten. Sie gab dem Polizeiassistenten seinen Ausweis mit einem kleinen Lächeln zurück, während Krogh in den Taschen seiner Jacke und seiner Hose kramte, als würde ihn irgendetwas furchtbar jucken. Rudi sah ihn abwartend an. Krogh räusperte sich. Mit einer schleppenden, ziemlich dünnen Stimme erklärte er:

»Ich versichere, dass ich der Ermittlungsleiter Mogens Krogh *bin.* Das kann mein Kollege hier bestätigen, nicht wahr, Jannick?«

»Was? Ja, natürlich. Mogens Krogh ist Mogens Krogh.«

Allerdings wurde diese Behauptung noch immer nicht durch einen schriftlichen Beweis bestätigt. Rudi sah den Mann weiter auffordernd an. Lykke warf dem Rechtsmediziner einen Seitenblick zu. Er verhielt sich neutral, aber sie ahnte, dass er sich tief in seinem Inneren amüsierte.

»Der guten Ordnung halber«, fügte Rudi hinzu.

Kroghs Gesichtsfarbe wechselte von bleich zu rot.

»Wenn Sie darauf bestehen, dann müssen Sie warten. Ich habe meinen Ausweis nicht bei mir. Er liegt im Büro.«

Jannick Johansen entfuhr ein spontanes Grunzen. Er räusperte sich. Lykke sah zur Decke. Es war die Standardprozedur und für jeden Beamten der dänischen Polizei gesetzlich vorgeschrieben, dass er seinen Dienstausweis im Dienst immer bei sich zu tragen hatte. Sämtliche Anwesenden im Raum wussten es, Mogens Kroghs Bumerang war ihm selbst in den Nacken geflogen.

»Mir reicht die Bestätigung Ihres Kollegen«, erklärte Rudi. Er wandte sich an Kresten Osmann.

»Von mir aus können wir mit der Leichenschau beginnen.«

6

Lykke schluckte und drückte den Rücken durch, als Kresten Osmann das Tuch entfernte und der Körper sich im scharfen Obduktionslicht zeigte. Sie hatte gedacht, sie würde Bjarke Laumann auf der Stelle wiedererkennen, aber dies hier konnte irgendein jüngerer Mann sein. Sie verdrängte ihr Unbehagen und konzentrierte sich darauf, welche Fakten sich von dem Erscheinungsbild der Leiche ableiten ließen.

Sie glich einer Sandskulptur, einem Golem, aber tatsächlich verbarg sich unter dem Sand ein toter Mensch. Ein Mann, mit dem sie gelacht und gegessen hatte, den sie charmant gefunden und mit dem sie geschlafen hatte.

Es gab keinen Zweifel, dass Bjarke Laumanns letzte Augenblicke qualvoll gewesen sein mussten. Er war vollständig bekleidet. Der Kopf und der Rest des Körpers waren mit einer grauen Schicht aus Millionen Sandkörnern überzogen. Das Haar war mittelblond gewesen, hatte aber jetzt die Farbe eines Greises. Das Gesicht war in verzerrten Krämpfen erstarrt, mit eingefallenen Augen und einem offenen Mund voller Sand. Er bedeckte die Zunge und den sichtbaren Teil der Zähne.

»Also, was können wir aus diesem Albtraum schlussfolgern?«, wollte Rudi wissen. »Kennen wir, um damit zu beginnen, mit Sicherheit die Identität des Toten? Lykke, du hast Bjarke Laumann mehrfach in Kopenhagen verhört, oder?«

Sie riss sich von dem sandigen Grauen los.

»Ich glaube schon, dass er es ist«, hörte sie ihre eigene tonlose Stimme. »Es würde helfen, wenn ich sein Gesicht besser sehen könnte. Können Sie den Sand wegwischen?«

Der Rechtsmediziner ging ans Ende des Obduktionstisches, an dem es ein tiefes Spülbecken mit dazugehörigem Duschkopf gab.

»Sicher. Ich muss ihn vor der Obduktion ohnehin säubern und die Kleidung entfernen.«

Osmann drehte das Wasser auf und hielt den Duschkopf über den Kopf der Leiche. Schweigend sahen sie zu, wie der Sand fortgespült wurde und das bleiche Gesicht darunter freigab. Es entstand eine Art Illusion von Leben, als der Strahl auf die Lippen traf und sie vibrieren ließ, als wollte der Leichnam etwas sagen. Der Mund füllte sich mit Wasser, das den Sand herausspülte, die Zähne wurden sauber. Als der ganze Kopf sandfrei war, war Lykke sich bereits sicher, aber dennoch suchte sie auf ihrem Telefon nach einem Polizeifoto aus dem Archiv.

»Es *ist* Bjarke Laumann.«

Sie zeigte den anderen das Display.

»Was können Sie uns über ihn erzählen?«, fragte Mogens Krogh.

»Er ist ein alter Bekannter der Kopenhagener Polizei, verurteilt wegen Drogenhandels, Hehlerei und Einbruchs. Wir haben eine längere Akte über ihn, aber es gibt keinerlei Beweise, dass er in Gewaltverbrechen verwickelt war.«

»Der Name wird durch eine Versichertenkarte bestätigt, die in seiner Tasche steckte, als er uns gebracht wurde«, warf Kresten Osmann ein und nahm eine versiegelte Tüte der Polizei aus einer Schale. »Bjarke Laumann und eine Adresse in Kopenha…«

Mogens Krogh riss ihm die Tüte aus der Hand. Er studierte die Karte und reichte die Tüte weiter an seinen Assistenten.

»Mach weiter, Kresten.«

Rudi warf Lykke einen Blick zu, sagte aber nichts. Der Rechtsmediziner räusperte sich sichtlich irritiert.

»Die Umstände sind ungewöhnlich. Es musste schnell gehen, um den Körper vor der nächsten Flut zu bergen. Frank Joven, der Chef der Kriminaltechnik, und seine Männer haben die Fundstelle des Leichnams draußen im Watt und die Details der Bergung natürlich fotografiert. Ich werde Ihnen einen Link mit einem Passwort für die Homepage des Instituts zur Verfügung stellen. Im Anschluss an diese Leichenschau werde ich den Rest des Körpers vom Sand befreien und die Obduktion vornehmen. Wie deutlich sichtbar ist, gibt es eine größere Verletzung am Hinterkopf, die von einer unbekannten Schlagwaffe herrührt. Daran ist er vermutlich nicht gestorben, aber er wurde bewusstlos geschlagen.«

»Erzählst du mir gerade, dass er lebendig begraben wurde?«, fragte Krogh mit gerunzelter Stirn.

»Es sieht alles danach aus, aber ich warte mit meinen endgültigen Schlussfolgerungen bis zum Abschluss der Obduktion. Er könnte einen Herzinfarkt oder eine Gehirnblutung bekommen haben, was ich für ihn hoffe.«

»Wer hat die Leiche gefunden?«, wollte Rudi wissen.

»Zwei Personen«, antwortete Mogens Krogh.

Lykke wartete darauf, dass er weiterredete, aber der widerwillige Kommissar starrte auf den Leichnam.

»Könnten Sie das ausführen?«

Krogh zog mit einem abweisenden Gesichtsausdruck seine Hose hoch.

»Der Mann ist ein achtundzwanzigjähriger Lehrer, der in Melum wohnt. Er heißt Lasse Espersen. Er hatte einen seiner Schüler, Villads Geertsen, auf der Wattwanderung dabei. Sie wurden von der Flut überrascht, nachdem sie die Leiche gefunden hatten. Der Lehrer wurde festgenommen.«

»Aus welchem Grund?«

»Verdacht auf eine mögliche Entführung.«

»Entführung? Von wem?«

Krogh seufzte, als würde er mit einem retardierten Kind sprechen.

»Von Villads Geertsen. Er ist verschwunden, okay? Seit vorgestern suchen wir ihn. Ich dachte, man hätte Sie gebrieft?«

»Eigentlich war es so gedacht, dass Sie uns auf den neuesten Stand bringen«, erwiderte Rudi. »Darf ich um einen etwas genaueren Bericht bitten?«

»Das Operative Kommando der Marine sucht Villads zusammen mit dem ganzen Dorf und anderen Privatleuten«, erklärte Jannick Johansen eifrig. »Hunderte von Kindern und Erwachsenen haben Scheunen, Keller, leere Gebäude, Wälder, Dünen und Felder durchsucht. Es erinnert an den Fall Rosa Molberg, sie verschwand …«

Jannick hielt inne, sein Vorgesetzter hatte ihm einen grimmigen Blick zugeworfen.

»Ich verstehe nicht ganz«, wandte sich Lykke an die beiden Beamten. »Der Tote wurde von dem Lehrer und seinem Schüler gefunden. Warum wird der Lehrer jetzt verdächtigt, den Schüler entführt zu haben?«

»Lasse Espersen hat erklärt, er sei von einem unbekannten Mann bewusstlos geschlagen worden«, antwortete Jannick Johansen. »Als er wieder zu sich kam, waren der Junge und der Mann verschwunden. Wir sind der Meinung, dass es eigenartig klingt, deshalb haben wir ihn verhaftet, bis alles geklärt ist. Es ist zu seinem eigenen Schutz. Die Menschen in Melum sind ziemlich aufgebracht.«

Mogens Krogh sah noch unwilliger aus, wenn dies überhaupt möglich war.

»Können wir bitte eins nach dem anderen besprechen? Im Moment geht's hier um die Obduktion, briefen kann ich Sie später.«

»Die eigentliche Obduktion braucht Zeit«, erklärte der Rechtsmediziner. »Und ich ziehe es gewöhnlich vor, dabei allein zu sein. Das Wichtigste war, die Identität des Toten festzustellen.«

Kresten Osmann sah aus, als würde er die Anwesenheit von Mogens Krogh gern auf ein absolutes Minimum beschränken, und Krogh schien mindestens ebenso gern den Raum verlassen zu wollen.

»Wir überlassen dich jetzt deiner Arbeit. Ich erwarte den Bericht spätestens morgen ...«

»Augenblick«, unterbrach ihn Rudi. »Es gibt da ein paar Fakten, aus denen wir bereits hier und jetzt schlussfolgern können.«

Mogens Krogh glotzte, als hätte ihm der Deutsche auf die Uniform gespuckt.

»Was?«

»Dieser Mann wog mindestens fünfundachtzig Kilo, als er starb. Nach dem, was ich der Landkarte und den mangelhaften Informationen, die wir bekommen haben, entnehmen konnte, wurde Laumann mindestens einen Kilometer draußen im Watt gefunden. Das bedeutet mehreres.«

Er sah Lykke an, die ebenfalls ihre Überlegungen anstellte.

»Gab es Reifenspuren in der Nähe der Leiche, als sie ausgegraben wurde?«, fragte sie.

»Nein.«

»In der Zwischenzeit war Flut«, erklärte Jannick Johansen. »Die Spuren wären verwischt, wenn es sie gegeben hätte.«

Lykke nickte.

»Guter Punkt, Jannick.«

Krogh warf ihr einen scheelen Blick zu.

»Entweder wurde Bjarke Laumann zum Fundort gefahren, oder er ist selbst dorthin gegangen, freiwillig oder unter Zwang«, fuhr sie fort. »Sonst hätte ihn der Täter tragen oder ziehen müssen – immerhin ein Gewicht von achtzig, neunzig Kilo – über einen Kilometer durch den Sand und ohne dass er dabei von Zeugen beobachtet wurde. Das erscheint mir recht unwahrscheinlich.«

»Die Leiche könnte während der Flut mit einem Boot dorthin gebracht und im Meer versenkt worden sein«, schlug Krogh vor.

»Das ist nicht unmöglich, aber dann hätte der Täter riskiert, dass der Tote abgetrieben wird«, widersprach Rudi. »Und der Täter hätte später noch einmal hinausgehen müssen, um den Körper einzugraben. Das konnte er bei Flut nicht.«

»Die Unterströmungen haben ihn mit Sand bedeckt.«

»Als er gefunden wurde, war er so tief eingegraben, dass so etwas kaum vorstellbar ist, soweit ich es verstanden habe.«

»Warum wählt jemand überhaupt ein so schwieriges Versteck?« Lykke stellte die Frage in den Raum. »Warum hat der Täter die Leiche nicht in einem Wald oder einer Düne vergraben?«

»Ich glaube, weil es draußen im Watt zu einem Streit kam. Es war für den Täter am einfachsten, sein Opfer dort zu verstecken. Er hat die Leiche nur nicht tief genug vergraben.«

»Danke, Rudi. Das war genau meine Pointe.«

Mogens Krogh biss sich beinahe die Zunge ab.

»*All right,* diese Möglichkeit werde ich in meine Überlegungen einfließen lassen.«

Kresten Osmann klatschte ungeduldig mit den Gummihandschuhen auf seine Schürze.

»Könnten Sie den Stand der Ermittlungen bitte woanders diskutieren? Ich würde gern mit meinem Teil der Arbeit beginnen.«

»Ich gebe Ihnen meine Mailadresse, dann können Sie mir die Ergebnisse zusenden«, sagte Rudi.

Der Kommissar suchte in seinen Taschen, während Mogens Krogh und sein Assistent den Sektionssaal verließen. Rudi wollte offensichtlich Zeit gewinnen, Lykke wartete. Sobald die beiden Beamten verschwunden waren, sah Rudi Osmann vertraulich an.

»Wie lange arbeiten Sie mit diesem Mann schon zusammen?«

»Viel zu lange. Er glüht vor Wut, weil seine Vorgesetzten ihm auf die Finger schauen. Wenn Sie einen guten Rat haben wollen, dann behandeln Sie ihn wie ein faules Ei.«

»Schmeißt man das nicht weg?«, warf Lykke ein.

Die Schritte der Beamten im Gang wurden leiser.

»Mogens Krogh ist im Großen und Ganzen recht tüchtig, aber den Fall Rosa Molberg hat er vollkommen falsch angepackt«, erklärte Osmann. »Ich glaube, er hatte zu Hause Probleme. Bei seiner Frau wurde Brustkrebs diagnostiziert, außerdem hat er einen Sohn, der mit dem Leben nicht zurechtkommt.«

»Was lief bei dem Molberg-Fall schief?«, erkundigte sich Lykke.

»Alles Mögliche. Falsche Dispositionen, Spuren, die vernichtet wurden, Zeugen, die verschwanden, ohne ihren Namen angegeben zu haben, und eine gelöschte Videoüberwachung. Die Polizeiführung forderte einen Kopf, und in der Presse wurde Krogh als inkompetent vorgeführt, aber er kam mit einer Verwarnung davon. Es quält ihn wie ein Albtraum, dass er das kleine Mädchen nicht gefunden hat. Er hat auch eine Tochter. Allerdings muss man auch sagen, dass er nie ein sonderlich einfacher Mann war.«

»Danke für Ihren Rat, Doktor«, verabschiedete sich Rudi. »Hier ist meine Karte. Jetzt lassen wir Sie in Ruhe arbeiten.«

Sie gingen auf die Tür zu.

»Wenn Sie Lasse Espersens Aussagen zu dem Fall hören wollen, er ist noch immer im Krankenhaus. Er hat eine ziemlich üble Verletzung bei dem Überfall davongetragen. Jemand hat ihn angegriffen, und das war kein Kind.«

»Er ist hier im Krankenhaus?«

Osmann wies mit einem Gummizeigefinger zur Decke.

»Im vierten Stock.«

7

»Endlich«, schnaufte Rudi, als sie den letzten Treppenabsatz zu Fuß erreichten, da der Fahrstuhl eine Störung hatte. »Der vierte Stock fühlt sich an wie der achte. Ich muss mich mehr bewegen.«

Lykke hatte kein Problem, allerdings joggte sie auch.

»Da drüben muss es sein.«

Ein Polizeibeamter blickte aus dem Fenster, die Hände in den Hosentaschen. Als sie auf ihn zugingen, kam er ihnen entgegen.

»Mojn«, grüßte Rudi. »Wir würden gern mit Lasse Espersen sprechen.«

Der Beamte sah sie freundlich, aber bestimmt an.

»Das ist leider nicht möglich. Die Presse hat keinen Zutritt.«

»Damit bin ich sehr einverstanden.« Rudi hielt ihm seinen Dienstausweis hin. »Lehmann, Polizei Flensburg.«

Auch Lykke zückte ihren Ausweis.

»Teit, Polizei Kopenhagen.«

»Flensburg«, fragte der Polizist und stutzte. »Ich dachte, das liegt in Deutschland?«

»Ja, wir haben es euch 1864 weggenommen, aber in *der* Wunde will ich jetzt nicht wühlen. Wir repräsentieren die dänische und die deutsche Polizei nach einem Hilfeersuchen von Mogens Krogh. Den kennen Sie sicher«

Der Beamte sah ihn ungläubig an.

»Natürlich kenne ich ihn, aber nicht als jemanden, der um Hilfe von außen bittet.«

»Das ist auch nur passiert, weil jemand, der auf einer höheren Gehaltsstufe steht, ihm den Arm auf den Rücken gedreht hat. Die Leiche im Watt lag zufällig genau auf der Grenze. Daher arbeiten die dänische und die deutsche Polizei bei den Ermittlungen zusammen.«

»Tja, derjenige, der sie gefunden hat, liegt dort drinnen, aber er hat sehr schlechte Laune. Nur damit Sie gewarnt sind.«

Rudi und Lykke betraten das Krankenzimmer, in dem ein einzelnes Bett und ein kleiner Schreibtisch standen. Der Patient war aufgestanden und saß an einem Notebook. Sein Kopf war zur Hälfte unter einem gewaltigen Verband verborgen, der wie ein schiefer Turban aussah. Nur das rechte Auge war sichtbar. Es blickte böse über den Bildschirmrand.

»Und da kommt die nächste Truppe. Wen habe ich jetzt ermordet? John F. Kennedy? Julius Cäsar?«

»Sie haben hoffentlich niemanden ermordet«, erwiderte Rudi in einem freundlichen Tonfall und trat näher.

Lykke schloss die Tür und stellte sie vor.

»Haben sie nun also doch Profis angefordert, was?« Lasse Espersen verschränkte die Arme. »Gut, Sie können dem dicken Amateur mit der Schweinefresse erzählen, dass ich vollkommen unschuldig bin. *Ich* bin hier das Opfer, zusammen mit dem Toten im Sand. Oder glauben Sie, ich hätte mir das hier selbst beigebracht?«

Er löste die Hälfte seines Verbands und zog ihn zur Seite. Die gesamte linke Seite seines Gesichts war feuerrot, von der Schläfe bis zum Kinn zog sich eine lange gezackte Wunde über die Wange, die mit zahlreichen Stichen genäht war. Es sah aus, als hätte jemand das Gesicht mit einer Motorsäge durchpflügt.

»Oh, das sieht hässlich aus«, sagte Lykke. »Wie ist es passiert?«

Lasse Espersen klebte den Verband wieder zu. In seinem nicht bandagierten Auge zeigte sich ein Ausdruck von Angst.

»Sagen Sie mir erst, ob es etwas Neues von Villads gibt. Wurde er gefunden?«

»Leider haben wir keine Informationen über diesen Teil der

Ermittlungen«, beantwortete Lykke seine Frage. »Wir sind erst heute Morgen angekommen, aber soweit wir verstanden haben, wird noch intensiv nach ihm gesucht.«

Der Lehrer ließ die Schultern hängen und stieß ein leises Stöhnen aus.

»Dann gibt es zumindest noch Hoffnung. Ich zermartere mir den Kopf, was mit ihm passiert sein könnte.« Er beugte sich vor, seine Stimme klang einigermaßen verzweifelt. »Ich habe Angst, dass der Psychopath, der mich niedergeschlagen hat, ihn umgebracht haben könnte. Vielleicht ist Villads aber auch entkommen und versteckt sich nun verängstigt irgendwo.«

»Wären Sie so nett und erzählen uns von Anfang an, was passiert ist?«, bat Rudi.

Lasse Espersen beruhigte sich wieder. Er schüttelte den Kopf.

»Laut Herrn Mogens Krogh hat mein Lieblingsschüler Villads Geertsen mir die Hälfte des Gesichts aufgerissen, als ich ihn ermordete. Jedenfalls hat er es angedeutet. So etwas habe ich noch nie erlebt. Ich bin vollkommen unschuldig, es ist ein Irrtum. Der wahre Täter läuft da draußen frei herum, ein riesiger Kerl, der mit einer Kette auf mich losging, die mich direkt im Gesicht traf. Es ist ein Wunder, dass ich nicht ein Auge oder einige Zähne verloren habe. Und dann kommt dieser feiste Idiot und behauptet, ein elfjähriger Junge hätte mich gekratzt und mir diese Wunde beigebracht, weil ich keine Zeugen für meine Erklärung habe. Er ist absolut inkompetent. Ich hatte doch die Verantwortung für Villads. Die ganze Zeit denke ich an ihn und seine armen Eltern, und dann muss ich mir diesen Mist anhören. Der sogenannte Ermittlungsleiter müsste gefeuert und zur Kartoffelernte geschickt werden. Er müsste …«

»Beruhigen Sie sich«, unterbrach ihn Rudi. »Wir sind nicht gekommen, um Ihnen Vorwürfe zu machen oder ein Geständnis aus Ihnen herauszupressen. Wir sind hier, um den Fall zu untersuchen und aufzuklären.«

»Wir haben großes Interesse daran, Ihre Erklärung zu hören«, ergänzte Lykke. »Für den Anfang unserer Ermittlungen über den Mord an Bjarke Laumann ist es äußerst wichtig, und natürlich hoffen wir auch Villads zu finden.«

»Bjarke Laumann? Ist das der Name des Mannes im Watt?«

»Ja.«

Der Lehrer entspannte sich.

»Okay. Sie klingen wie vernünftige Menschen. Bitte setzen Sie sich.«

Lykke nahm einen Stuhl, während Rudi sich auf einen Hocker setzte.

»Entschuldigen Sie mein Aufbrausen, aber das hier ist ein Albtraum im wachen Zustand. Ich weiß mir keinen Rat mehr. Die Leute verdächtigen offenbar mich, den armen Villads und diesen Bjarke Laumann ermordet zu haben. Ich bin froh, dass meine Verlobte derzeit in Afrika ist. Ich habe ihr nicht erzählt, was passiert ist. Sonst macht sie sich noch Sorgen und kommt nach Hause. Wir wollen im Sommer heiraten. Hoffe ich. Ich weiß nicht, wie ich aussehen werde, wenn die Wunde irgendwann verheilt ist. Die Ärzte sagen, es werden bestimmt ein oder zwei plastische Operationen nötig sein.«

»Können Sie uns erzählen, an was Sie sich erinnern?«, forderte Lykke ihn auf. »Sie dürfen gern von so vielen Details wie möglich berichten. Je mehr Informationen wir bekommen, desto besser.«

Der junge Lehrer korrigierte ein wenig den Sitz des Verbands.

»Wir sind hinunter zum Saltvandsøen an der Grenze gefahren und haben dort geparkt. Es war Ebbe und noch lange bis zur Flut, daher liefen wir weit hinaus, weil die Wattvögel sich dort draußen versorgen, wenn die Flächen offen liegen. Ich bin ein begeisterter Birder … also Vogelbeobachter, und Villads ist ebenfalls sehr naturinteressiert. Er grub nach Sandwürmern, fotografierte Strandgut und spielte mit Taschenkrebsen. Wir sind oft gemeinsam unterwegs, natürlich immer mit der Zustimmung seiner Eltern. Er ist ein guter Junge und ein fleißiger Schüler, und er war einer der Ersten, die mich begrüßt haben, als ich hierhergezogen bin. Es ist nämlich nicht gerade leicht für einen Kopenhagener wie mich, in eine kleine dörfliche Gemeinschaft wie Melum zu kommen, aber ich habe mich rasch in der Schule eingewöhnt. Ich bin wegen Anni hierhergekommen, meiner Verlobten, sie wurde in Melum geboren und ist dort aufgewachsen.

Na ja, wir waren ziemlich weit draußen im Watt, zu weit, wie ich feststellen musste. Und dann wurden wir von dem schnellsten und dichtesten Nebel überrascht, den ich je erlebt habe. Das war an und für sich schon unangenehm. Ich hatte Wattvögel gezählt, Villads war weitergegangen. Plötzlich war er im Nebel verschwunden, aber ich konnte ihn ausfindig machen. Er rief, er hätte etwas gefunden. Ich war überzeugt, ich wüsste, wann die Flut einsetzen würde, aber plötzlich kam das Wasser. Ich stellte fest, dass meine Uhr stehen geblieben war.

Als ich zu dem Jungen kam, stand er bei dem Leichnam. Das Einzige, was man sehen konnte, war ein Gesicht, es zeichnete sich unter dem Sand ab. Villads wollte den Toten ausgraben, aber dazu hatten wir keine Zeit. Ein altes Seezeichen lag in der Nähe der Leiche, und ich dachte, das ist ein gutes Erkennungszeichen für die Polizei. Plötzlich flüsterte Villads: ›Da kommt jemand.‹

Ich hörte Schritte. Als ich mich umdrehte, sah ich einen großen Schatten, der aus dem Nebel kam. Eine Person ohne Gesicht. Villads schrie. Ich hörte ein metallisches Rasseln und bekam einen lähmenden Schlag ins Gesicht.

Das Letzte, woran ich mich erinnern kann, bevor ich wieder zu mir kam, ist, dass mir Salzwasser in Mund und Nase lief. Es brannte fürchterlich. Mein Gesicht blutete in Strömen. Ich konnte nicht sehen, wie schlimm die Verletzung war, sondern spürte nur, dass es sich um eine lange offene Wunde handelte. Ich machte mir einen Verband aus meinem Halstuch und einer Küchenrolle, die ich im Rucksack hatte. Ich war von der Flut durchnässt, die bereits die Sandbank überspülte, wo die Leiche lag. Vor Kälte zitternd hielt ich verzweifelt Ausschau nach Villads und dem Angreifer, aber es war niemand mehr da. Der Nebel war noch immer sehr dicht. Ich wankte durch das eiskalte Meer auf die Küste zu. Glücklicherweise habe ich immer einen Kompass im Rucksack, sonst hätte ich mich bestimmt verirrt und nicht überlebt. Mein Telefon war verschwunden, entweder habe ich es verloren, oder der Angreifer hat es mitgenommen.

Die Strömung war heftig, sie riss an meinen Unterschenkeln, meine Gummistiefel liefen voll Wasser, sie waren schwer wie Blei. Außerdem wurde es dunkel. Glücklicherweise fand ich zurück zum Strand und lief zum nächsten Wohnhaus. Ein freundlicher Bauer schlug Alarm, während seine Frau mich, so gut es ging, verband, bevor der Krankenwagen kam. Und jetzt sitze ich hier und habe Angst, dass die Tür aufgeht und jemand mir erzählt, man habe Villads' Leiche gefunden …«

Die Stimme des Lehrers brach.

»Ich dachte, deshalb wären Sie gekommen.«

Er kämpfte mit den Tränen und stand auf, um zum Fenster zu gehen. Dort blieb er mit dem Rücken zu ihnen stehen.

»Ist Ihnen an dem Angreifer irgendetwas aufgefallen?«, erkundigte sich Lykke. »Hat er etwas gesagt?«

»Kein Wort. Es war nur ein Schatten in dunkler Kleidung. Er schien groß zu sein. Ich weiß, dass Nebel die Proportionen verzerrt, aber er kam mir groß und breitschultrig vor. Und ich habe das Geräusch der Kette gehört. Sie war lang. Er griff sofort damit an.«

»Und sein Gesicht haben Sie nicht gesehen?«, fragte Rudi nach. »Hatte er eine Mütze auf? Haare? Oder eine Glatze?«

Der Lehrer schüttelte den Kopf, dann drehte er sich abrupt um. »Warten Sie mal. Er hat gehustet. Natürlich, das stimmt. Ich habe den Husten im Nebel gehört. Ich dachte, es sei Villads, und er hat wohl gedacht, ich sei es. Aber wenn ich genauer darüber nachdenke, klang es wie das Husten eines Erwachsenen. Allerdings hatte ich nur im Kopf, dass wir uns beeilen mussten, um zur Küste zurückzukommen.«

»Husten. Das ist immerhin eine winzige Spur«, sagte Lykke. »War es ein besonderer Husten? Ist Ihnen etwas daran aufgefallen? Klang es wie Tabakhusten zum Beispiel?«

»Nein … eher klebrig, wie bei einer Erkältung.«

»Was ist mit dem Jungen?«, fragte der Kommissar. »Was hatte er an?«

Lasse Espersen dachte nach. »Einen dunkelblauen Parka mit Kapuze, eine schwarze Jeans, Gummistiefel und Fäustlinge.«

»Hatte er irgendetwas dabei?«

»Sein Telefon und einen Rucksack. In der Notaufnahme habe ich der Polizei Villads' Telefonnummer gegeben. Seither habe ich nichts gehört.«

»Wollen Sie Ihrer Aussage noch irgendetwas hinzufügen?«, erkundigte sich Lykke.

»Ich glaube, der Täter hat uns beobachtet und den Nebel ausgenutzt. Es schien, als ob …«

»Als ob was?«, wollte Rudi wissen.

»Er benahm sich wie ein Raubtier, das seine Beute gesucht und endlich gefunden hat. Ich musste um jeden Preis ausgeschaltet werden. Er zögerte nicht eine Sekunde.«

»Eine allerletzte Frage: Haben Sie jemals Rosa Molberg oder ihre Schwester unterrichtet?«

Der Lehrer sah einigermaßen verblüfft aus.

»Warum fragen Sie das?«

»Ich bin neugierig. So sind wir Polizisten.«

»Äh, ja, ich war ein paarmal als Aushilfslehrer in Rosas Klasse.«

»Ich habe auf dem Weg hierher Ihren Namen in unserem Archiv gesucht«, sagte Lykke. »Da steht etwas …«

Lasse Espersen zuckte entschuldigend die Achseln.

»Wenn Sie das acht Jahre alte Urteil mit Bewährung für Fahren unter Alkoholeinfluss und den Besitz von drei Gramm Hasch bei einem AC/DC-Konzert meinen, dann ja. Ich war jung, dumm und leicht zu beeinflussen.«

»Das geht in Ordnung. Ich wollte Sie nur testen.«

»Heute bin ich Abstinenzler, Kaffee und Tee sind die stärksten Getränke, die ich zu mir nehme.«

»Ich wünschte, ich könnte dasselbe sagen«, murmelte Rudi Lehmann.

8

»Was hältst du von seiner Geschichte?«, fragte Lykke, als sie die Treppe hinuntergingen.

Rudi zuckte die Achseln.

»Wie es aussieht, macht er sich wirklich Sorgen um den Jungen. Außerdem sehe ich kein Motiv. Warum sollte er seinen Schüler umbringen?«

»Möglicherweise sind sie Bjarke Laumann im Watt begegnet«, schlug Lykke vor. »Vielleicht hatte *er* die Kette.«

»Du hast doch gesagt, dass er nie wegen Gewaltkriminalität verurteilt wurde. Warum sollte er einen beliebigen Menschen angreifen?«

Wieder dachte sie an die kryptische SMS, aber noch immer war sie der Meinung, es sei zu früh, ihren Kollegen einzuweihen.

»Okay, spielen wir es spaßeshalber einmal durch: Lasse Espersen und sein Schüler sind allein draußen im Watt, als der Nebel kommt. Sie begegnen Bjarke Laumann. Es fällt mir zwar schwer, mir vorzustellen, was ein Kopenhagener Pusher mitten im Wattenmeer zu suchen hat, aber vielleicht war es ja irgendetwas Illegales. Ist das vorstellbar?«

»Alles ist denkbar.«

»Der Lehrer und der Junge sind also Zeugen von … irgendetwas. Zwischen den beiden Männern kommt es zu einer Schlägerei. Laumann hat eine Kette, mit der er Espersen schlägt, der Lehrer entreißt sie ihm und schlägt Laumann damit auf den Hinterkopf. Laumann fällt um, der Lehrer gerät in Panik. Es gibt jetzt einen toten Mann und einen Zeugen … Nein, das funktioniert nicht. Dann hätte der schwer verletzte Espersen Laumann vergraben und etwas mit dem Jungen anstellen müssen, um sich dann zur Küste zu schleppen, bevor die Flut ihn völlig überspült, die ja schon eingesetzt hatte. Das ist schlichtweg nicht möglich.«

Rudi lachte amüsiert.

»Ich gebe dir einen Punkt für die fantasievollste Theorie, die ich seit Langem gehört habe, Lykke. Selbst Mogens Krogh würde sie ablehnen. Und ich gebe dir noch einen Punkt, weil du alle Szenarien durchspielst. Bleib dabei.«

Sie lächelte.

»Ich habe heute Nacht nicht viel geschlafen. So viel zu meiner Entschuldigung. Wir müssen also davon ausgehen, dass der Huster existiert und dem Lehrer die Verletzung zugefügt hat, aber *warum* hat er ihn angegriffen?«

Rudi blieb auf dem Treppenabsatz zum vierten Stock stehen,

als ihm eine ältere Dame mit Stock entgegenkam. Er machte ihr Platz, bevor sie weitergingen.

»Die logischste Schlussfolgerung ist, dass der Huster auch der Täter ist. Er hat Laumann eingegraben und ist zurückgekommen, um zu überprüfen, ob er den Toten richtig vergraben hat. Es war reiner Zufall, dass der Junge ihn fand, aber da hatte der Huster keine andere Wahl und schlug zu. Im buchstäblichen Sinn. Es könnte jemand sein, der nahe der Grenze wohnt.«

»Hätte der Täter die Leiche nicht einfach woanders hinbringen können?«

»Dafür war es zu spät. Laut Espersen kam die Flut mit voller Kraft, und bei der nächsten Ebbe hätte die Polizei dagestanden, wenn er nichts unternommen hätte.«

»Und Villads? Was ist mit ihm?«

»Vielleicht hat der Huster den Jungen mitgenommen, ihn irgendwo umgebracht und so versucht, den Verdacht auf Espersen zu lenken, was ihm ja auch gelungen ist.«

»Irgendetwas stimmt daran nicht.«

»Vieles stimmt daran nicht«, korrigierte sie Rudi Lehmann. »Deshalb haben sie ja Experten angefordert. Jetzt sind wir dran.«

Sie hatten den Ausgang erreicht.

»Mir gefällt die Idee, dass es sich um einen Einheimischen handelt«, sagte Lykke. »Jemand, der das Wattenmeer kennt und weiß, dass sich bei Flut die Bodenverhältnisse ändern. Dass die Unterströme den Sand aufwirbeln und etwas von der Leiche freilegen können. Der Täter wusste um dieses Risiko und ging daher ins Watt, um es zu überprüfen.«

»Es ist trotzdem ein merkwürdiger Ort, um eine Leiche loszuwerden.«

»Es ist sicherer als an Land, wo Tiere sie finden können oder jemand sieht, dass gegraben wurde. Hier verwischt das Meer die Spuren.«

»Aber auch dort herrscht doch Betrieb. Angler graben Sandwürmer aus, Leute gehen auf Austernsuche.«

»Und manche graben Leichen ein.«

»Verdammt!«, stieß Rudi aus, als sie zum Wohnmobil kamen.

Lykke sah den gelben Zettel, der unter dem Scheibenwischer steckte und im Wind flatterte. Sie sah sich auf dem Platz nach einem Parkwächter um. Rudi riss den Strafzettel ab und sah ihn sich an.

»Tausendzwanzig Kronen! Das ist Straßenraub! Wie viel ist das in Euro?«

Hinter ihnen hustete jemand. Mogens Krogh und sein Assistent schlenderten heran. Der Ermittlungsleiter zeigte zum ersten Mal ein kleines Lächeln beim Anblick seines deutschen Kollegen. Jannick Johansen grüßte Lykke kollegial.

»Wir sehen uns später.«

Sie nickte ihm kurz zu. Die einheimischen Beamten setzten sich in den Streifenwagen und fuhren davon. Wo der Camper stand, parkten noch andere Autos. Lykke kontrollierte zwei in der Nähe stehende Wagen und kam zurück. Rudi schäumte noch immer.

»Der schwarze Volvo und der Toyota dahinter standen schon da, als wir Kaffee tranken. Ich bin sicher, dass sie keine Strafzettel bekommen haben.«

Der Kommissar dachte nach.

»Krogh zeigte auf mein Nummernschild und sagte irgendetwas zu dem dünnen Bengel, als sie kamen. Herr Johansen hat direkt danach jemanden angerufen. Das werden sie büßen. Krogh wird diesen gelben Zettel fressen, wenn die Arbeit beendet ist.«

»*Falls* wir den Fall abschließen«, erwiderte sie und zog den Reißverschluss ihrer Jacke zu. »Ich glaube, das wird keine leichte Aufgabe. Ein Deutscher und eine Kopenhagenerin auf einem Auswärtsspiel *hier.*«

Ein eiskalter Wind fegte über den Parkplatz. Sie schüttelte sich und hüpfte ein paar Mal auf der Stelle.

»Wenn doch bloß Sommer wäre. Es geht bei Gegenwind bergan, Rudi.«

Er knüllte den Strafzettel mit einer hitzigen Bewegung zusammen.

»Bergan bei Gegenwind bin ich am besten.«

9

»Heißt der Ort, wo wir hinmüssen, Melum?«

»Ja«, sagte Lykke.

»Klingt aufregend«, murmelte Rudi und gab den Namen in sein Navi ein.

Lykke hatte ihr Telefon in der Hand.

»Könnte sein, dass du überrascht wirst. Ich habe gerade ein paar interessante Artikel gefunden.«

»Klingt spannend.«

»Soll ich sie dir vorlesen?«

Rudi ließ den Motor an.

»Ja, danke, ich liebe es, wenn man mir vorliest. Meine Oma las mir immer vor, wenn ich einschlafen sollte.«

»Dies hier hätte sie dir kaum vorgelesen.«

Während das Wohnmobil auf die Ausfahrt zufuhr, vergrößerte Lykke den Text auf dem Display.

»Der Artikel steht auf der Homepage der Wochenzeitung von Ribe und wurde von einem Steffen Ørby geschrieben. Die Überschrift lautet: *Wohnt der Teufel in Melum?*

Erneut hat sich ein unheimlicher Vorfall ereignet, der den kleinen Küstenort Melum zwischen Ribe und Esbjerg ins Licht der Ermittlungen der Polizei rücken lässt.

Ein Lehrer und sein Schüler fanden bei einer Wanderung im Wattenmeer die Leiche eines vergrabenen Mannes, dessen Identität der Redaktion derzeit noch unbekannt ist. Polizei und Rettungskräfte konnten den Toten nur unter schwierigen Umständen bergen, sie mussten bis zur nächsten Ebbe warten, um ihn auszugraben. Journalisten und neugierige Einheimische konnten nur aus der Entfernung zusehen, als die Spurensicherung hinter großen Schutzschirmen arbeitete. Wir haben die Polizei von Esbjerg um eine Stellungnahme zu dem Geschehen gebeten, bei dem es sich möglicherweise um Mord handelt, doch bisher war es nicht möglich, von dem Polizeibeamten Mogens Krogh konkrete Details zu erfahren. Er hat lediglich erklärt, der Fall sei kompliziert und werde als Tötungsdelikt behandelt.

Die beiden Finder stammen aus Melum.

Eine anonyme Quelle erklärte gegenüber der Wochenzeitung, die tote Person hätte ebenfalls in Melum gelebt. Die Redaktion arbeitet mit Hochdruck daran, die Identität des Betreffenden zu ermitteln. Sobald wir mehr wissen, werden wir diese Seite aktualisieren.

Krogh freut sich bestimmt riesig darüber, als ›Polizeibeamter‹ bezeichnet zu werden.«

Rudi lächelte.

»Die Wege der Journalisten sind unergründlich.«

Lykke las den Artikel weiter vor, der jetzt noch einmal den Fall Rosa Molberg zusammenfasste. Das Mädchen war sechs Jahre alt gewesen, als es vor anderthalb Jahren Ende Juni verschwunden war.

Einiges deutete darauf hin, dass es sich um ein Sexualverbrechen gehandelt hatte. Dr. med. Theodor Stamfeldt, ein Experte für Pädophilie, hatte die Theorie der Polizei in den Medien unterstützt. »In den Fällen, in denen kleine Mädchen und Jungen in Dänemark spurlos verschwinden – und das kommt glücklicherweise selten vor – und Unfälle oder familiäre und religiöse Ursachen ausgeschlossen werden können, wurden die Kinder nahezu immer mit sexuellen Absichten entführt und anschließend ermordet. Dies belegen leider unsere Erfahrungen«, hatte er erklärt.

Lykke hatte von Stamfeldt gelesen, der den Behörden bei einer Reihe von Pädophiliefällen geholfen hatte und unter anderem durch seine Dissertation über den kannibalistischen Kindesmörder Peik Gravesen bekannt geworden war, der zu Beginn der 2010er-Jahre in Nordjütland sein Unwesen trieb. Sie unterbrach ihre Lektüre, um über die flache Landschaft zu blicken, durch die sie fuhren. Hoffentlich hatte Gravesen nichts mit diesem Fall zu tun.

»Steht noch mehr da?«, fragte Rudi.

»Ja. Laut einem Einwohner von Melum, der anonym bleiben möchte, ist Melum schon immer ein verschlossener und ungastlicher Ort gewesen. Man muss offenbar hier aufgewachsen oder Südjütländer sein, wenn man sich Hoffnungen machen will, von der dörflichen Gemeinschaft akzeptiert zu werden. Sie haben eine Einwohnerin interviewt. ›Die Leute sind nicht böse‹, sagt sie, ›aber keiner will in irgendetwas hineingezogen werden, die meisten Leute haben mit ihren eigenen Angelegenheiten genug zu tun.‹ Auch sie will anonym bleiben. Sie wird Frau X genannt.«

»Charmant. Das muss die Ehefrau von Herrn Y sein. Geht's noch weiter?«

Lykke scrollte die Seite hinunter. »›In Melum kennt jeder jeden‹, sagt Frau X. ›Es geht darum, anständig zu bleiben. Ein Mann wurde beschuldigt, seine Frau vergiftet zu haben, um sie zu beerben. Es endete damit, dass er sich in der Garage erhängt hat. Ein anderer hat über ein paar Schwarzmarkthändler geklatscht, ihm wurde die Scheune niedergebrannt. Landwirtschaftliche Maschinen im Wert von drei Millionen Kronen wurden zerstört.‹«

Sie scrollte weiter.

»Offenbar lebt auch ein Spanner in der Stadt.«

»Das klingt, als würde Melum in Transsylvanien und nicht in Südjütland liegen.«

Lykke steckte ihr Telefon wieder ein.

Das Wohnmobil fuhr auf der Hauptstraße 24 in südliche Richtung, flache Felder breiteten sich zwischen den kleineren Provinzorten aus, die sich wie Perlen am geraden Band der Straße entlangzogen.

»Rosa Molbergs Verschwinden hat in den Medien enormes Aufsehen erregt«, erzählte Lykke. »Ich habe einiges darüber gelesen, aber soweit ich weiß, war die Kopenhagener Polizei nie in den Fall involviert. Ich hatte ganz vergessen, dass es in Melum passiert ist.«

»Was ist mit eurem famosen ...? Wie heißt das noch ...?«

Rudi schnipste mit den Fingern, während er die Landstraße im Auge behielt und den Wagen mit einer Hand lenkte.

»Unit One, die Spezialisten ... das Mobile Einsatzteam! Wäre der Fall nichts für sie gewesen?«

»Zum großen Ärger vieler Polizisten wurde das Mobile Einsatzteam 2002 aufgelöst. Ich habe immer die Ansicht vertreten, dass es falsch war, die Truppe nach Hause zu schicken. Die Kollegen vor Ort mögen durchaus tüchtig sein, aber apropos Krogh und Co – es gibt ein paar üble Beispiele, wie in Mordfällen agiert wurde. Das Mobile Einsatzteam hatte einfach die größere Kompetenz und erheblich mehr Erfahrung, weil es sich ausschließlich mit Mord und anderen Gewaltverbrechen befasst hat. Es heißt, die Gruppe soll wiederbelebt werden.«

Rudi kicherte. Lykke sah ihn verwundert an.

»Was ist?«

»Das sind wir! Ein mobiles Mini-Einsatzteam von zwei Personen. Die Umstände in diesem Fall sind so speziell, dass sie gezwungen waren, eine Zusammenarbeit zwischen Dänemark und Deutschland ins Leben zu rufen. Wir sind so etwas wie Pioniere, Lykke. Wenn wir unsere Arbeit ordentlich erledigen, wird dieses Unternehmen vielleicht zum Zünglein an der Waage, dank dem das dänische Mobile Einsatzteam wieder aufgebaut wird.«

Aus dieser Perspektive hatte sie ihren Einsatz noch gar nicht betrachtet. Eine freudige Erregung breitete sich in ihrem Körper aus, gepaart mit fachlichem Stolz darüber, dass sie ausgewählt worden war. Hatte Odín im Polizeipräsidium von Kopenhagen so weitreichende Überlegungen angestellt? Er konnte durchaus ein schlauer Fuchs sein, und er hatte sich schon häufiger sehr engagiert für die Wiedereinführung des Mobilen Einsatzteams ausgesprochen.

»Wir müssen alles daransetzen, diesen Fall aufzuklären, Rudi.«

Der Deutsche runzelte die Stirn in gespieltem Ärger.

»Aber natürlich. Ordnung muss sein«, erwiderte er auf Deutsch.

»Wir können nicht nach Hause fahren, ohne den oder die Täter gefasst zu haben.«

»Die Einwohner von Melum sind laut diesem Artikel nicht sonderlich kooperativ. Wir werden auf Verschlossenheit, Misstrauen und Lügen stoßen, aber bestimmt auch auf eine Menge Klatsch und Tratsch, der uns nützlich sein kann. Wenn ein Erz-Kopenhagener wie Bjarke Laumann in ein Haus im Dorf zieht, dann hat es sicher nur ein paar Stunden gedauert, bis ganz Melum davon erfahren hat. Man wird ihn im Auge behalten haben, auch wenn er sich hinter seinen Gardinen versteckt hat. Und hin und wieder hat er schließlich das Haus verlassen müssen, zum Beispiel um einzukaufen. Es könnte sein, dass er unangenehm aufgefallen ist oder jemand ihn auf dem Kieker hatte. War er der provozierende Typ?«

»Er hatte keine Angst, seine Meinung zu sagen.«

»Das kann in einer geschlossenen Dorfgemeinschaft schon genug sein.«

»Wenn er von jemandem aus Melum umgebracht wurde, muss mehr dahinterstecken«, widersprach Lykke. »Es kommt mir seltsam vor, dass er auffällig geworden sein oder sich mit den Einheimischen angelegt haben soll, zumal er doch dorthin gezogen ist, um das Gegenteil zu erreichen: Er wollte unterm Radar bleiben. Bjarke war kriminell, aber er war nicht dumm.«

»Vielleicht waren es tatsächlich Leute von außerhalb.«

Lykke überlegte.

»Soweit ich die Kopenhagener Unterwelt kenne, wird gewöhnlich eine Pistole oder ein Messer benutzt. Warum macht sich jemand die Mühe und schleppt sein Opfer hinaus ins Watt? Ist es weit von Melum bis zum Fundort an der Grenze?«

»Fünfundfünfzig Kilometer Luftlinie. Melum liegt in der Nähe von Esbjerg. Ich habe es auf einer Karte ausgemessen, nachdem ich die Koordinaten erhielt.«

»Ist es denkbar, dass Bjarke freiwillig dorthin gelaufen ist?«

»So, wie du ihn beschrieben hast, klingt es jedenfalls nicht so, als sei er an Ornithologie interessiert gewesen.«

»Er könnte sich mit jemandem an dieser einsamen Stelle verabredet haben, und dann ging es schief.«

»Hm, nicht auszuschließen.«

Der Kommissar überholte einen gewaltig großen Traktor, dessen Riesenräder zwei meterbreite Dreckstreifen auf dem Asphalt hinterließen. Sie fuhren weiter auf der schnurgeraden Landstraße.

»Wie sieht es mit der Übernachtung aus?«, erkundigte sich Lykke. »Wir brauchen eine Basis.«

»Was ist mit dem Hotel Ritz?«

Sie schmunzelte.

»Ich bezweifle, dass es in Melum ein Ritz gibt, aber der Gasthof hat das ganze Jahr über geöffnet. Ich hab's überprüft. Dort können wir sicher Zimmer mit Halbpension bekommen.«

»Das wird unsere Basis. Und hinterher sollten wir uns ansehen, wo Bjarke Laumann sich versteckt hielt.«

»Einverstanden. Ich rufe Krogh an und erkundige mich nach der Adresse. Die Kollegen sind vermutlich schon dort gewesen.«

»Sie könnten etwas übersehen haben«, meinte Rudi. »Eigentlich unmöglich, aber man kann nie wissen.«

»Offenbar ist in das Haus eingebrochen worden«, berichtete sie nach dem Telefonat. »Kroghs Leute haben es abgesperrt, aber wir dürfen es uns gern ansehen.«

»Oh, ich fühle mich geehrt«, erwiderte Rudi grinsend.

Nach einer weiteren Viertelstunde zeichnete sich ein dunkler Gürtel am Horizont ab. Eine Reihe schwarzer Tannen erstreckte sich unter dem trostlosen grauen Herbsthimmel. Im Camper war es warm, aber wenn Lykke auf die vom Wind zerzausten Felder blickte, spürte sie beinahe die Kälte der Nordsee. Sie lag hinter den Dünen mit struppigem Strandhafer und stechendem Sanddorn verborgen.

Das Wohnmobil fuhr an einem Fünfzig-Kilometer-Schild vorbei. Nach einer Ladung Schrot hatte es mindestens zehn Löcher, offensichtlich hatte jemand das Bedürfnis gehabt, das Schild entsprechend zu dekorieren.

Kurz darauf kam das Ortsschild Melum. Unbeschädigt.

Dunkel und ungastlich breitete sich zu beiden Seiten der Straße Wald aus. Lykke versuchte, zwischen die Stämme zu blicken. Die Wolken hingen dicht am Himmel. Eine drückende Atmosphäre schien sich bereits mit den ersten Gebäuden um sie zu legen. Hier stand kein Willkommenskomitee, und doch gab es hier jemanden, der ihre Ankunft bemerkte. Tief verborgen zwischen den Tannen, in einer der dunkelsten Ecken, folgte ein Paar aufmerksame Augen dem Wagen. Fremde kamen ins Dorf, und das war nie ein gutes Zeichen.

10

Der Gasthof Melum Kro lag am südlichen Ortsrand, sodass die beiden Polizisten automatisch die Gelegenheit für ein bisschen Sightseeing hatten. Viel zu sehen gab es allerdings nicht. Das Dorf hatte eine durchgehende Hauptstraße, an der ein Brugsen-Supermarkt, ein Bäcker und ein schmuddeliges Etablissement mit dem Namen Freddys Bar lagen.

In der Mitte des Ortes gab es einen kleinen Kreisel. Rechts führte eine kleine Straße zur Kirche und einigen kleinen Landarbeiterhäuschen, aus denen das Dorf überwiegend bestand. Abgeblätterte Fassaden und vernachlässigte Dächer prägten das Bild. Auf der linken Seite standen einige größere und gepflegtere Häuser am Waldrand.

»Hier ist mehr los, als ich erwartet habe«, sagte Lykke, als Rudi das Wohnmobil in den Kreisel manövrierte. »Es sind doch ziemlich viele Menschen auf der Straße.«

»Vermutlich suchen sie nach dem Jungen«, antwortete er, als sie an einer kleinen Gruppe grauhaariger Männer vor dem Supermarkt vorbeifuhren. Einige von ihnen hielten ein Dosenbier in der Hand. »Das wird das Einsatzteam D sein.«

Der Gasthof lag abseits vom Dorf, an der Grenze zu einem Waldstück.

Rudi bog auf einen großen mit Kies bestreuten Platz, den hohe alte Eichen umgaben. Der Gasthof hatte zwei Stockwerke, kleine abgerundete Fenster und ein schweres Reetdach. In den Fenstern auf der rechten Seite des Erdgeschosses brannte Licht, in dem grauen Herbstlicht sah es gemütlich aus.

Ein schwarzer Labrador erhob sich auf der Treppe und kam langsam auf das Wohnmobil zu. Rudi parkte und stieg aus, Lykke blieb sitzen und schien irgendetwas in ihrer Tasche zu suchen. Schwanzwedelnd lief der Hund auf den Kommissar zu. Er kraulte ihn ein wenig hinter den Ohren, damit war der Hund zufrieden und verschwand hinter einer Ecke. Lykke stieg ebenfalls aus, als Rudi die nach Kompost riechende Luft einsog.

»Wie friedlich es hier ist. Mit ein bisschen Schnee könnte man hier direkt Weihnachten feiern.«

»Bis dahin haben wir den Fall hoffentlich geklärt.«

»Das Personal wird sicherlich herausfinden, wer wir sind, aber ich denke, wir sollten zunächst einmal so tun, als seien wir im Urlaub.«

»Einverstanden, und dem Wagenpark nach zu urteilen, wird es auch kein Problem geben, zwei Zimmer zu bekommen.«

Auf dem Parkplatz standen drei Autos.

»Wir brauchen nur eins.«

»Äh …?«

Er lachte, als er Lykkes skeptischen Gesichtsausdruck sah.

»Nur die Ruhe, Frau Kollegin, ich stehe nicht auf der #MeToo-Liste. Ich schlafe im Wohnmobil. Meine Vorgesetzten sehen es gern, wenn ich der Polizei Spesen erspare. Geh'n wir rein.«

Die Rezeption bestand aus einem kleinen, niedrigen Vorzimmer, in dem zwei Sessel mit hoher Rückenlehne standen, die mit abgenutztem rotem Samt bezogen waren. An den Wänden hingen kleine Aquarelle, die Südjütlands großartige Natur zeigten, und gemütliche Wandleuchten, die Lykke an das Heim ihrer Großmutter erinnerten.

Gegenüber vom Eingang gab es einen kurzen Tresen, auf dem ein Ständer mit Postkarten und Broschüren und eine Vase mit getrocknetem Heidekraut standen. Dahinter erschien ein gewaltiger Bursche mit aufgekrempelten Ärmeln, der seine Pranken flach auf den Tresen legte. Es sah aus, als hätte er sie erwartet. Rudi Lehmann gehörte nicht zu den Kleinsten, aber im Vergleich mit diesem Mann ähnelte er fast einem Zwerg.

»Mojn und willkommen in Melum«, sagte der Mann mit einem Bass, der von ganz unten aus den schiefen Bodendielen zu kommen schien.

Lykke gefiel Rudis Idee vom »Paar im Urlaub«, daher blieb sie dicht bei ihrem deutschen Kollegen stehen; sie hoffte, auf diese Weise ein paar Tage diskret ermitteln zu können.

»Mojn, Mojn«, grüßte Rudi zurück. »Gemütlicher Ort. Gibt es ein freies Zimmer für ein paar Tage oder im glücklichsten Fall eine Woche?«

Der Gastwirt zuckte lächelnd die Achseln.

»Es ist kaum etwas belegt. Abgesehen von Nummer 2 und Nummer 9 haben Sie die freie Wahl unter allen elf Zimmern. Die Hochsaison ist für dieses Jahr beendet, und die Geschichte mit dem Mord an dem Kopenhagener und dem verschwundenen Jungen macht es auch nicht leichter. Melums schlechter Ruf ist nicht gerade hilfreich. Es ist nicht gut fürs Geschäft, aber wir hoffen, dass die Unterstützung von außerhalb dazu führt, die Fälle rasch aufzuklären. Mit der Polizei hier ist bei Gott kein Staat zu machen. Nehmen Sie nur die Geschichte mit der kleinen Rosa, dem armen Kind. Es ist jetzt mehr als ein Jahr her, aber ihre Leiche wurde noch immer nicht gefunden. Oder der Mörder. Haben Sie schon irgendeinen Verdacht in dem neuen Fall, oder ist es zu früh, danach zu fragen?«

Lykke und Rudi versuchten, ihre Gesichtszüge beieinanderzuhalten.

»Wieso glauben Sie, dass wir von der Polizei sind?«, fragte Lykke.

Der Wirt lachte schallend auf, es klang in dem Vorzimmer wie ein Donnergrollen, war aber durchaus freundlich gemeint. Er hob eine riesige Pranke.

»Ich bin bestimmt kein Hellseher, aber zehn Minuten bevor Sie auf den Hof gefahren sind, erhielt ich einen anonymen Anruf. Ich sollte behaupten, sämtliche Zimmer seien bis Ende des Monats belegt. Das ist ja an und für sich schon eine merkwürdige Bitte, aber die Stimme verriet mir auch, dass ein paar fremde Polizisten, ›eine Mieze aus Kopenhagen und ein Preuße aus Flensburg‹ – das waren seine, nicht meine Worte –, kämen, ›um in dem Mord an dem Kerl im Watt herumzuschnüffeln‹. Jetzt können wir natürlich so tun, als wüsste ich nicht, wer mich da angerufen hat, aber man kommt doch ins Grübeln, und als ich sah, wie ein Wohnmobil mit deutschem Kennzeichen auf den Hof fuhr, und ich Ihren hübschen Kopenhagener Akzent hörte, meine Dame, fiel mir das Raten nicht schwer.«

Rudi zeigte ihm einen erhobenen Daumen.

»Dann lassen Sie uns das Spiel fortsetzen und so tun, als hätten wir auch nicht erraten, wer Sie da angerufen hat. Freuen wir uns darüber, dass Sie freie Zimmer haben. Wir brauchen nur eins für meine Kollegin, ich schlafe im Wohnmobil, bezahle aber natürlich fürs Parken und das Frühstück. Ich heiße Rudolph Lehmann, meine Freunde nennen mich Rudi. Ich bin Kriminalkommissar bei der Flensburger Polizei. Lykke ist meine Kollegin aus Kopenhagen.«

»Lykke Teit, Kriminalassistentin der Abteilung für Gewaltkriminalität im Polizeipräsidium Kopenhagen.«

»Mir ein Vergnügen. Preben Skovsen.«

Er hustete einmal in die Armbeuge, streckte eine Hand von

der Größe einer Kohlenschaufel aus und begrüßte sie mit einem weichen, herzlichen Händedruck.

»Möglicherweise haben Sie gehört, dass Melum kein sehr gastfreundlicher Ort ist, aber es ist besser als sein Ruf. Es liegt vor allem an der Geschichte mit Rosa Molberg. Viele von uns sind es leid und würden den Fall gern aufgeklärt sehen. Aber Mogens Krogh ist ein Clown. Ich hatte schon früher Probleme mit ihm. Er spielt gern Sherlock Holmes, aber wir werden ihn nicht los, weil wir zum Polizeibezirk Esbjerg gehören. Die anderen Beamten sind ganz okay, und die meisten Einwohner von Melum sind auch in Ordnung, auch wenn sie manchmal etwas verschlossen zu sein scheinen. Wenn Sie mit irgendjemandem Probleme haben, sagen Sie es mir, und wenn ich die Angelegenheit nicht regeln kann, dann rufe ich meine Frau. Sie ist größer als ich.«

Wieder lachte der Wirt und wandte sich dem Schlüsselbrett zu.

»Wir finden schon ein schönes Zimmer mit Rabatt für Sie, Lykke. Sie bekommen das Zimmer direkt über der Rezeption. Die Nummer 1 … genau wie in *Psycho.*«

Er zwinkerte ihr zu. Lykke schrieb sich ein, Rudi schloss sich an.

»Das Frühstück ist im Preis inbegriffen und wird von sieben bis zehn serviert. Die Küche ist von neunzehn bis zweiundzwanzig Uhr geöffnet. Wir produzieren hier keine Kunst auf dem Teller wie in den Großstädten, sondern dänische Gerichte, von denen man auch satt wird; braune Soße ist der wichtigste Bestandteil. Sie können direkt vor dem Haus parken, Rudi. Der Parkplatz kostet nichts, und frühstücken können Sie gern gegen einen symbolischen Betrag.«

»Vielen Dank, sehr freundlich.«

Er gab Lykke den Schlüssel und die Visitenkarte des Gasthofes.

»Sie sind gut informiert«, sagte sie. »Glauben Sie, dass der Tote kriminell war?«

»Das behaupten die Buschtrommeln. Selbstverständlich kann

es falsch sein, aber er hing ständig mit den schwarzen Schafen des Ortes herum. Mit Soldaten-Charlie und Tina, die es bei den Männern nicht so genau nimmt. Sie standen oft am Brugsen und tranken oder feierten nächtelang in Charlies Haus. Zum Glück hören wir den Lärm und die Musik hier nicht.«

Lykke steckte den Schlüssel in die Tasche.

»Möchten Sie für heute Abend einen Tisch reservieren?«, fragte Preben Skovsen hoffnungsvoll. »Normalerweise kommt immer eine kleine Gruppe von Melums Junggesellen und Witwern, um das günstige Tagesgericht zu essen. Wir haben außerdem noch zwei Ehepaare, die in Nummer 2 und Nummer 9 wohnen.«

»Was ist denn heute das Tagesgericht?«

»Falscher Hase.«

»Wow, das habe ich nicht mehr gegessen, seit ich Kind war!«, rief Lykke. »Ich bin dabei.«

»Ein Tisch für zwei Personen«, stimmte Rudi ihr zu. »Und es gibt keinen Grund, den anderen Gästen zu erzählen, wer wir sind. Das verschafft uns bessere Arbeitsbedingungen.«

Preben Skovsen legte mit feierlicher Miene eine Hand aufs Herz. »Mein Mund ist mit sieben Siegeln verschlossen.«

11

Der Hund lag mitten auf dem Boden, als Lykke aus ihrem Zimmer kam. Sie hatte mit Rudi verabredet, sich eine Viertelstunde später zu treffen, um sofort mit den Ermittlungen zu beginnen.

An der Rezeption war niemand, nur der Hund. Es war ein gewöhnlicher Durchschnittslabrador, der aussah, als könne er keiner Fliege etwas zuleide tun, aber sie wusste genau, wozu solch ein Biest fähig war. Tief in ihrem Herzen zeigte es sich als ein haariges schwarzes Monster mit scharfen Zähnen, boshaften Augen und einem unberechenbaren Killerinstinkt.

Als sie den Fuß auf die unterste Stufe setzte, erhob sich das Tier, ohne den Blick von ihr abzuwenden. Lykke erstarrte. Umklammerte das Treppengeländer und spürte das Gewicht ihrer Tasche an der Schulter, als wäre sie eine überflüssige Bürde, wenn sie fliehen wollte.

Der Hund wedelte nicht mit dem Schwanz. Wenn Hunde sich so verhielten, bedeutete es, dass sie aufmerksam und möglicherweise feindlich gesonnen waren.

Rasch verdrängte sie den Gedanken als idiotisch. Es ergab keinen Sinn. Natürlich hatte der Gasthof keinen Killerhund an der Rezeption liegen. Das wäre wirklich *bad for business.*

Sie konnte ruhig weitergehen, er würde ihr nichts tun.

Lykke blieb auf der Treppenstufe stehen. Der Hund starrte sie wachsam an, bewegte sich aber auch nicht. Sie belauerten einander wie zwei unversöhnliche Kombattanten. Lykkes Brust hob und senkte sich in heftigen Zuckungen. Kalter Schweiß brach aus. Der Puls hämmerte ihr hart in den Ohren. Die Atmung des Hundes schien sich mit ihren eigenen Atemzügen zu einem Kokon von verhaltener Aggression zu synchronisieren. Es war ganz still im Haus, dann klapperte jemand in der angrenzenden Küche mit Töpfen und Pfannen. Der Lärm durchbrach ihre Trance.

Sie setzte den Fuß auf den Boden. Der Hund kam auf sie zu. Er wedelte mit dem Schwanz, aber davon ließ sie sich nicht täuschen. Es war zu spät, auf die Treppe zu flüchten. Er würde sie einholen, also tat sie das Nächstbeste und lief in die Ecke, in der ein niedriger Tisch bei den beiden rot gepolsterten Sesseln stand. Der Hund blieb stehen und sah ihr nach. Sie verschanzte sich hinter dem ersten Sessel, der nun zwischen ihr und dem Ungeheuer stand. Dann bemerkte sie Rudi an der Tür. Verwunderung spiegelte sich in seinem Gesicht. Er ging auf den Hund zu, der nun seine Aufmerksamkeit dem Kommissar zuwandte, als der ihn streichelte.

»Na, bist du gut untergebracht?«

Lykke stand noch immer hinter dem Sessel und hatte das Gefühl, sich dumm und kindisch zu benehmen.

»Ja, das Zimmer ist schön.«

»Ich denke, dann sollten wir wie vereinbart mit der Untersuchung von Laumanns Haus anfangen.«

»Einverstanden.«

Sie ging um den zweiten Sessel und das Tischchen herum und rückwärts auf die offene Haustür zu, sodass sie fast über die Stufe stolperte. Der Hund richtete seine Aufmerksamkeit nun wieder auf sie. Er wollte zu ihr laufen, aber Rudi hielt ihn am Halsband fest.

»Super. Wenn du draußen wartest, gehe ich gerade noch mal aufs Häuschen.« Er grinste. »Ich weiß, so heißt das nicht, aber ich finde, es klingt so lustig.«

Lykke trat rückwärts aus der Tür und schloss sie hastig.

»Möchtest du darüber reden?«

»Worüber?«

»Über dein Verhältnis zu Hunden.«

»Nein.«

»Na gut. Ich frage ja nur. Ich kann nämlich ein guter Zuhörer sein.«

Sie standen auf dem Hof. Lykke hielt ihr Telefon in der Hand.

»Ich habe Bjarke Laumanns Adresse gegoogelt. Es ist nur achthundert Meter von hier entfernt.«

Sie vergrößerte die Karte.

»Hier ist der Gasthof und dort das Haus. Wir müssen durch den Wald und dann die zweite Seitenstraße links. Wir können hinlaufen. Ich habe auch den Namen des Vermieters. Ein Børge

Nielsen. Er wohnt in der Nähe der Kirche. Ihn besuchen wir danach. Klingt das nach einem Plan?«

»Ja, ausgezeichnet.«

Sie gingen auf der Straße durch das kleine Waldstück, das den Gasthof vom Rest des Dorfes trennte. Hohe Tannen wuchsen so dicht auf beiden Seiten, dass die unteren zwei Drittel welk waren und eine braune Wildnis bildeten. Die Straße verlief direkt geradeaus. Ein kleiner Lastwagen mit einer offenen Ladefläche, auf der Kartoffelsäcke lagen, fuhr an ihnen vorbei. Der Fahrer erhob eine Hand zum Gruß.

»Sieh mal an, die Eingeborenen sind doch gar nicht so schlimm, wie man uns weismachen wollte.«

Sie gingen weiter. Lykke blickte sich um, sie wollte sehen, ob der Hund ihnen folgte. Es war nicht der Fall.

Rudi Lehmann ging, vor sich hin pfeifend, ein paar Meter vor ihr. Lykke legte den Kopf in den Nacken. Schwere graue Wolken trieben wie Schollen in einem vereisten Fluss über den Himmel. Es würde nicht regnen, aber der Wind hatte die Wipfel der Tannen erfasst und ließ sie hin und her schwojen. Sie fragte sich, ob die Bäume an jenem Tag auch so geschwankt hatten.

Rudi riss sie aus ihren Gedanken.

»Lykke?«

Ihr wurde bewusst, dass sie stehen geblieben war und in den Himmel schaute. Er sah sie aufmerksam an.

»Irgendetwas Interessantes?«

»Äh, nein, nichts.«

»Bist du müde?«

»Meine Kondition ist okay.«

»Wenn ich das doch auch von mir behaupten könnte.«

Der Wald wurde von älteren Häusern mit Gärten abgelöst, die teilweise sehr gepflegt aussahen. Andere ähnelten reinen Müllhalden.

»Das ist der Klitvej. Wir müssen zur Hausnummer 12.«

Sie bogen links ab und begegneten auf dem gegenüberliegenden Bürgersteig einer Frau. Sie blickte ihnen neugierig nach. In der Hausnummer 8 lugte jemand hinter einer Gardine hervor.

Kurz darauf standen sie vor Nummer 12, einem grauen Bungalow mit einem Zaun, dessen Farbe abgeblättert war. Einige Stangen fehlten, andere hingen schief. Im Garten wuchs hohes Gras, die Beete waren überwuchert.

»Hoffentlich hat Laumann keine allzu hohe Miete zahlen müssen«, bemerkte Rudi.

»Vielleicht sieht's innen ja besser aus. Unsere neuen Freunde sind bereits hier gewesen.«

Ein schlaffer Streifen des rot-weißen Absperrbandes der Polizei flatterte vor der Haustür. Davor lag eine abgetretene Kokosmatte, der Briefkasten quoll über von halbnassen Reklameprospekten. Darunter stand ein Topf mit einer verwelkten Pflanze.

»Ich wette, der Schlüssel liegt unter der Matte.« Der Kommissar hob sie an. Zwei Asseln huschten davon.

»Der Schlüssel liegt unter dem Topf«, sagte Lykke

Rudi stellte den Topf beiseite und hob den Schlüssel auf.

»Gut, dass wir nicht gewettet haben.«

Er entfernte das Plastikband und wollte den Schlüssel ins Schloss stecken, als sie bemerkten, dass das provisorische Schloss aufgebrochen war. Rudi tippte gegen die Tür. Die Angeln kreischten wie eine getretene Katze, als die Tür langsam aufschwang. Etwas Schweres fiel krachend zu Boden, dann war im Haus das Geräusch davonlaufender Füße zu hören.

12

Hin und wieder hatte es den Anschein, als sei Rudi Lehmann phlegmatisch und langsam, doch Lykke erlebte nun, dass sich auch eine aktivere Seite in ihm verbarg. Er reagierte sofort.

»Du sicherst die Haustür, ich nehme die Rückseite!«

Er rannte am Haus entlang und verschwand um eine Ecke, während Lykke in den kleinen Flur lief. Der Inhalt einer umgeworfenen Kommode hatte sich über den Boden ergossen. Auf der rechten Seite des Flurs gab es eine Küche, die bessere Tage gesehen hatte. Sämtliche Schranktüren standen offen, die meisten Schubladen waren herausgezogen. Geschirr, Lebensmittel und andere Dinge lagen durcheinander auf dem Küchentisch.

Die linke Tür führte in ein winkelförmiges Wohnzimmer, in dem ein Sofa mit aufgeschnittenen Polstern stand; zwei Bilder waren von der Wand gerissen worden und lagen mit zerbrochenem Glas auf dem Boden, etwas weiter hinten gab es eine Essecke, in der der Inhalt einer großen Anrichte ebenfalls auf dem Fußboden verstreut lag.

Lykke lief durch das Wohnzimmer. Die Terrassentür zu einem wild wuchernden Garten hinter dem Haus stand offen. Das Grundstück endete an einer hohen Hecke mit einem offenen Tor, an dem sie gerade noch Rudis Rücken sah, bevor er nach rechts lief. Lykke sprang drei Stufen hinunter ins Gras und lief zu dem Tor. Hinter den Gärten stieß sie auf einen gewundenen Weg, an dem sich ein Bach schlängelte. Auf der gegenüberliegenden Seite lag ein offenes Gelände mit dichten Brombeerbüschen und einer Reihe kleiner Hütten.

Sie konnte Rudi nicht sehen, lief ihm aber hinterher und erreichte bald schon die ersten Dünen, hinter denen das Meer weiß schäumte. Dazwischen ein Gürtel von Unterholz und großen Hagebuttenbüschen. Der Weg traf auf einen Querweg, der parallel zum Meer verlief und sich an mehreren Stellen in sandige Seitenwege gabelte – es gab einfach zu viele Wahlmöglichkeiten.

Lykke blieb stehen und horchte, hörte aber nur den Wind, das Meer und ein paar schreiende Möwen. Sie ging eine Hecke entlang, die das letzte Grundstück begrenzte, und kam zu einem Durchgang zum Klitvej. Auf der anderen Seite führte der Weg zum Strand. Sie ging zurück zum Haus.

Zehn Minuten später kam Rudi zurück, allein, schnaufend und schwitzend. Lykke stand im Wohnzimmer und fotografierte das Chaos.

»Mein Gott, ich bin in miserabler Form, aber der Kerl lief auch verdammt schnell!«

»Vielleicht war es ja eine Kombination von beidem«, erwiderte sie mit einem kleinen Lächeln.

Der Kommissar ließ sich auf einen Stuhl fallen, nahm den Hut ab und wischte sich die Stirn ab.

»Bist du sicher, dass es ein Mann war?«

Rudi Lehmann war kupferrot im Gesicht. Er sah sie mit einem unzufriedenen Gesichtsausdruck an.

»Okay, ich bin nicht mehr der Jüngste und fett, aber ich kann noch immer eine Frau einholen. Wenn meine Frau nicht zuhört, darf ich so etwas ruhig sagen.«

»Vielleicht sollten wir es auf eine Probe ankommen lassen?«

»Hm, nein, heute nicht mehr … ich brauche jetzt einen Schluck Wasser.«

Er ging in die Küche, drehte den Hahn auf und kam mit einem großen Glas Wasser zurück, das er gierig austrank.

»Wer hat Interesse daran, ein Haus zu durchwühlen, in das bereits eingebrochen wurde, und wonach hat der Dieb gesucht?«

Darüber hatte Lykke eine ziemlich klare Vorstellung, aber es bedeutete, dass sie Rudi Lehmann ins Vertrauen ziehen musste. Jetzt war der richtige Zeitpunkt gekommen.

»Ich glaube, ich weiß es.«

»Aha? Ich bin ganz Ohr.«

»Zuerst muss ich dir etwas erzählen, Rudi. Dann musst du entscheiden, ob es von Bedeutung ist.«

Er sah sie überrascht an.

»Ich hatte schon früher Kontakt zu Bjarke Laumann, allerdings nur sehr kurze Zeit.«

»In Verbindung mit einem Fall?«

»Privat.«

Er zog die Augenbrauen hoch.

»Du meinst, *engen* Kontakt?«

»Intimen Kontakt, aber das war ein One-Night-Stand. Beinahe jedenfalls. Irgendwelche Gefühle sind hier nicht im Spiel. Es ist ein unglückliches Zusammenspiel von Zufällen.«

Der Kommissar leerte sein Glas, stellte es auf den Tisch und verschränkte die Arme.

»Erzähl.«

Lykke berichtete von ihrer Affäre mit Bjarke Laumann und dass er drei Tage bei ihr gewohnt hatte, bis sie das Kokain in seinen Stiefeln entdeckt und ihn hinausgeworfen hatte.

»Stell dir meine Situation vor, als mein Chef mir die Akte mit seinem Namen über den Schreibtisch reichte. Endlich darf ich in einem Mordfall die Ermittlungen leiten, und dann ist es ausgerechnet ein Mann, den ich gekannt habe.«

»Das ist in der Tat ein unglückseliger Zufall.« Rudi kratzte sich am Bart, als würde er über eventuelle Konsequenzen nachdenken.

Lykke probierte es mit einem gewagten Zug.

»Wenn du der Meinung bist, dass ich befangen bin, werde ich mich natürlich aus den Ermittlungen zurückziehen. Ich rufe meinen Chef an und bitte ihn, jemand anderen zu schicken.«

Rudi sah sie mit einem unergründlichen Gesichtsausdruck an, doch sie sah das Lächeln in seinen Augenwinkeln.

»Und wonach hat der Dieb deiner Meinung nach gesucht?«

Sie zog ihr Telefon heraus, rief Laumanns SMS auf und ließ ihn lesen.

»Diese SMS habe ich gestern Morgen bekommen, ungefähr anderthalb Tage nach seinem Tod.«

Der Kommissar tippte nachdenklich mit dem Zeigefinger gegen sein Glas.

»Entweder hat jemand anderes die SMS verschickt, oder sie hat sich im Cyberspace verirrt. Ich bekomme hin und wieder auch verspätete Nachrichten.«

»Das habe ich mir auch gedacht.«

»Wenn wir von der zweiten Möglichkeit ausgehen, dann handelt es sich um einen klaren Notruf. Warum hat er die SMS an dich geschickt, wenn ihr doch Schluss gemacht habt?«

»Er hat ein paarmal angerufen und versucht, gutes Wetter zu machen. Es tat ihm leid, er hat sich entschuldigt, dass er nicht mit offenen Karten gespielt hat. Er sagte, er vermisse mich. Er wollte die Verbindung wieder aufleben lassen, was für mich selbstverständlich vollkommen unmöglich war. Das habe ich ihm auch ganz eindeutig zu verstehen gegeben, aber ich glaube, er brauchte mich als professionelle Rettungsleine, weil er verzweifelt war.«

Rudi gab ihr das Telefon zurück.

»Der Text deutet an, dass er einen Punkt erreicht hatte, wo er nicht mehr weiterkam. Es ist eine beunruhigende Nachricht, voller Angst. Und sie bricht mitten im Satz ab. Es sieht so aus, als wäre er beim Schreiben unterbrochen worden.«

»So interpretiere ich es auch.«

»Weißt du etwas über die Schachtel?«

»Ich habe keine Ahnung, aber ich glaube, der Täter hat danach gesucht und gehofft, sie hier im Haus zu finden.«

Wieder sah der Kommissar sie nachdenklich an.

»Ich habe dir jetzt die ganze Wahrheit erzählt, Rudi. Es gibt keine weiteren Überraschungen.«

Lehmanns intelligenter Blick aus seinen grauen Augen lag auf ihr. Das Lächeln war geblieben.

»Nun ist also eine mysteriöse Schachtel im Spiel. Interessant. Das könnte das Mordmotiv sein.«

»Ich glaube, der Einbrecher kommt aus dem Dorf«, erklärte Lykke. »Es ist jemand, der die Umgebung gut kennt, da er dir entkam, obwohl du ein Sprinter bist.«

Er zeigte mit dem Finger auf sie.

»*Point taken.* Ich habe ihn nur zweimal ganz kurz gesehen.«

»Ihn? Bist du ganz sicher, dass es keine Frau war?«

»Es sah aus wie ein Mann.«

»Woran erkennst du das?«

»Er hatte keine Hüften.«

»Jeder hat Hüften.«

»Du weißt, was ich meine.«

»Beschreibung?«

»Dunkel gekleidet. Eng sitzendes Sportzeug. Mütze. Handschuhe. Schlank. Mittlere Größe.«

»Das ist schwer.«

»Ich habe ihn beim Laufen nur wenige Sekunden gesehen. Wenn es jemand aus dem Dorf ist, warum kommt er dann erst jetzt und am helllichten Tag? Im Oktober ist es hier nach siebzehn Uhr doch garantiert dunkel und ausgestorben.«

»Vielleicht war es seine erste Gelegenheit. Für Melum-Verhältnisse sind viele Menschen auf den Beinen, die nach dem verschwundenen Jungen suchen, und der Täter will unter keinen Umständen gesehen werden. Ich glaube, er hat es tagsüber versucht, weil er entweder verzweifelt ist oder es eilig hat.«

»Aber unser Jogger hat gesehen, dass hier bereits ungebetene Gäste gewesen sind«, überlegte Rudi weiter. »Glaubst du, er ist wiedergekommen, oder hat jemand anderes den ersten Einbruch begangen?«

»Wenn Letzteres der Fall ist, wird die Sache jedenfalls noch komplizierter.«

13

Der Tag ging zur Neige, und der elfjährige Villads Geertsen war inzwischen über zwei Tage verschwunden.

Eine nervöse Spannung lag über dem Dorf. Sie hing wie ein Virus zwischen den Hecken und Häusern und gebar Unheil verkündende Ahnungen und Ängste, dass noch ein Kind verschwunden sein könnte und nie wieder gesehen würde.

Das frischgebackene Team Teit und Lehmann ging vom Klitvej zum Elternhaus des verschwundenen Jungen, nachdem es die Polizei von Esbjerg über den zweiten Einbruch in dem Bungalow informiert hatte. Auf dem Weg begegneten sie Grüppchen von Einwohnern, Kindern und Erwachsenen, die sich an der Suche beteiligt hatten und nun nach Melum zurückgekehrt waren. Sie standen beieinander und unterhielten sich. Es waren vor allem Elternpaare, aber auch ältere Leute, einige mit Hunden, andere mit Ferngläsern und Wanderstiefeln. Alle trugen dicke Winterjacken und warme Kleidung. Der eine oder andere meinte, der Junge stünde möglicherweise unter Schock und sei zurück ins

Dorf gekommen. Vielleicht verstecke er sich irgendwo in Melum oder der Umgebung.

Auf der Hauptstraße sahen sie Autos voller Suchtrupps. Ein Streifenwagen fuhr an ihnen vorbei. Lykke konnte nicht erkennen, ob Mogens Krogh oder sein Assistent am Steuer saß.

Der verschwundene Junge wohnte in einem weiß gestrichenen zweistöckigen Haus in der Nähe des Kreisels. Ein Militärhubschrauber flog dröhnend über den Wald und verschwand in Richtung Meer, als sie an der Haustür klingelten. Im Carport stand ein Golf, dahinter der Streifenwagen, den sie gerade gesehen hatten.

Eine dunkelhaarige Frau, die Mitte dreißig sein mochte, öffnete mit verweintem Gesicht. Sie sah aus wie jemand, der mehrere Tage nicht geschlafen hatte. Ihr Blick flackerte zwischen den Gesichtern der Polizisten hin und her und drückte eine fragende Mischung aus Schreck, Hoffnung und Verzweiflung aus, als die beiden ihre Ausweise zeigten.

»Maria Geertsen?«, fragte Rudi.

»Ja.«

»Rudolph Lehmann, Polizei Flensburg.«

»Lykke Teit, Polizei Kopenhagen. Dürfen wir einen Moment hineinkommen, Frau Geertsen?«

»Haben Sie ihn gefunden? Sagen Sie es mir bitte sofort, wenn Sie Villads gefunden haben. Ich ertrage es nicht mehr. Ist er tot? Sagen Sie um Gottes willen nicht, dass er tot ist!«

»Wir gehören nicht zu den Suchtrupps, die nach Ihrem Sohn suchen«, erklärte Rudi. »Wir helfen der Polizei von Esbjerg im Fall des toten Mannes im Wattenmeer. In diesem Zusammenhang haben wir ein paar Fragen zu Villads und seinem Lehrer.«

Die Frau ließ die angespannten Schultern fallen.

»Ja, ja, natürlich. Kommen Sie herein. Mein Mann und unser jüngster Sohn helfen bei der Suche. Ich wollte mitgehen, aber ich war die ganze Nacht über wach. Ich bin so müde, dass ich mich kaum auf den Beinen halten kann.«

Im Wohnzimmer stand eine uniformierte Beamtin, die sich als Sara Graugård vorstellte, Polizeiassistentin bei der Polizei von Esbjerg. Eine etwas robust gebaute, aber attraktive schwarzhaarige Frau mit roten Wangen und hübschen braunen Augen.

»Mogens ... Krogh hat uns über Sie informiert«, sagte sie mit einem entschuldigenden Lächeln, das andeutete, dass er nicht gerade wohlwollend über sie gesprochen hatte.

»Ja, wir sind die schrecklichen Aliens«, entgegnete Rudi.

»Wir versuchen, uns ein Bild von den Ereignissen zu machen, als Villads und sein Lehrer den toten Mann im Watt fanden«, erklärte Lykke Frau Geertsen. »Lasse Espersens Erklärung haben wir bereits gehört. Wir hoffen, dass Sie uns mit weiteren Details helfen können.«

»Wie denn? Ich war doch nicht dabei.«

Die Frau sah aus, als wäre sie nicht richtig anwesend.

»Wir würden gern etwas über die Verabredung und Villads' Beziehung zu seinem Lehrer hören«, fuhr Lykke fort.

Die Mutter runzelte die Stirn.

»Beziehung? Was meinen Sie? Sie glauben doch nicht etwa, Lasse hätte etwas mit ...? Ich weiß genau, es gibt eine Menge Gerüchte, aber so ist das immer in Melum. Die Leute klatschen, ohne auch nur die geringste Ahnung zu haben. Lasse Espersen ist ein vernünftiger junger Mann, und ich weigere mich zu glauben, dass er Villads irgendetwas angetan hat.«

»Wir verdächtigen ihn nicht«, beruhigte Rudi sie. »Lasse Espersen wurde selbst Opfer eines Überfalls. Jemand hat ihm mit einer Kette ins Gesicht geschlagen, sodass er ohnmächtig wurde. Daher kann er uns nicht erzählen, was passiert ist. Als er wieder zu sich kam, waren Villads und der Mann verschwunden.«

Maria Geertsens Augen füllten sich mit Tränen.

»Das habe ich auch gehört. Eine Kette! Der arme Kerl. Ist er schwer verletzt?«

»Die Ärzte sagen, er wird wieder gesund«, sagte Lykke. »Aber es war ein ziemlich brutaler Angriff.«

Maria Geertsen setzte sich auf einen Stuhl.

»Was wollen Sie wissen?«

»Hat Villads zum ersten Mal eine Wattwanderung mit seinem Lehrer unternommen?«, begann Rudi Lehmann.

Die Unterlippe der Mutter zitterte.

»Nein, sie waren schon häufiger miteinander unterwegs. Sie haben im Regnskov-Zoo in Randers Vögel beobachtet und waren im Koldinghus. Lasse Espersen ist der einzige Erwachsene außerhalb der Familie, dem wir vertrauen. Nach den Ereignissen im vergangenen Jahr ist kein unbeaufsichtigtes Kind in Melum mehr sicher, aber alle kennen Lasse. Es gibt verschiedene Gerüchte über die Lehrer an der Schule, aber wir haben nie ein böses Wort über ihn gehört. Alle mögen ihn. Bei den Kindern ist er beliebt, und die Eltern vertrauen ihm.«

»Wir glauben, Villads und Lasse hatten das Pech, das Resultat eines Verbrechens zu finden«, sagte Rudi. »Und zwar zu einem Zeitpunkt, als der Täter noch in der Nähe war.«

Frau Geertsen erschrak.

»Mein Mann hat gehört, dass es sich bei dem Toten um diesen Zugezogenen handelt. Den Kopenhagener, der Børge Nielsens Haus am Klitvej gemietet hat.«

»Er hieß Bjarke Laumann«, erklärte Lykke und zog ihr Telefon aus der Tasche. »Er geriet regelmäßig mit dem Gesetz in Konflikt.«

Sie zeigte Maria Geertsen Laumanns Polizeifoto. Die Frau nickte.

»Er hat häufig vor dem Supermarkt gestanden und Bier getrunken, mit diesem Kerl, der die Narbe an der Nase hat, und dieser Nu…, seiner Freundin. Eine sehr zweifelhafte Gesellschaft, wenn Sie mich fragen. Manchmal haben sie die ganze Nacht über gefeiert.«

»Wissen Sie, wie die beiden anderen heißen?«

»Charlie Simonsen und Tina Fromm«, antwortete Sara Graugård. »Es sind alte Bekannte. Wir mussten schon häufiger wegen häuslicher Gewalt und nächtlicher Ruhestörung eingreifen. Sie wohnen in dem Haus neben der Bäckerei. Das führt zu Konflikten, denn der Bäcker geht früh zu Bett und steht um zwei Uhr morgens auf. Simonsen und Fromm sind Frührentner. Er ist ein ehemaliger Soldat mit PTSD, er war in Sarajevo stationiert. Tina Fromm ist in einem Kinderheim aufgewachsen. Sie prostituiert sich, wenn sie Geld brauchen. Eine traurige Geschichte löst die nächste ab. Ein paarmal sind sie bei Diebstählen im Supermarkt erwischt worden und haben dort Hausverbot. Außerdem haben sich Charlie Simonsen und Bjarke Laumann vor einem Monat bei Freddys mit einigen anderen Gästen geprügelt. Wir mussten sie zur Beruhigung in die Ausnüchterungszelle stecken.«

»Interessant«, meinte Rudi. »Wurden die beiden im Zusammenhang mit Laumanns Tod verhört?«

»Nein. Ich habe auch schon daran gedacht, aber mein Chef meinte, das sei nicht nötig.«

»Wir werden mit ihnen reden«, murmelte Rudi vor sich hin.

»Hilft das etwa, Villads zu finden?«, fragte seine Mutter. »Lasse kennt die beiden auch. Ganz Melum weiß, was für ein Abschaum das ist. Wenn Charlie Simonsen Lasse überfallen hat, hätte Lasse ihn doch wohl erkannt?«

»Lasse Espersen konnte das Gesicht des Mannes, der ihn überfiel, wegen des dichten Nebels nicht sehen«, erwiderte der Kommissar.

»Durch ihre Bekanntschaft mit Bjarke Laumann könnten die beiden ein wichtiges Verbindungsglied sein«, fügte Lykke hinzu.

Maria Geertsen legte eine Hand auf den Mund, als wäre ihr plötzlich etwas klar geworden.

»Frau Geertsen, was ist?«

»Dieser Kopenhagener. Rosa Molberg verschwand letztes Jahr wenige Tage nach der Sommersonnenwende. Ich kann mich so deutlich daran erinnern, weil Rosa mit meinem Jüngsten und einigen anderen Kindern am Abend des Mittsommerfestes am Strand gespielt hat. Wir haben ein Dorffest gefeiert und gemeinsam gesungen. Viele Einwohner Melums haben daran teilgenommen. Der Kopenhagener und diese beiden, Charlie und Tina, waren auch dabei. Sie waren betrunken und alberten mit den Kindern herum. Rosa und zwei andere kleine Mädchen spielten mit dem Kopenhagener Fangen. Bjarke, so hieß er doch, oder? Er schien sehr interessiert an ihnen zu sein, vor allem an Rosa, sie war aber auch ein niedliches kleines Mädchen. Es war auffällig. Der erste Fremde, der seit Jahren nach Melum zieht, und kurz darauf verschwindet ein Kind. Das kann kein Zufall gewesen sein. Ich glaube, er hatte etwas mit Rosas Tod zu tun.«

Lykke hatte diese Möglichkeit ebenfalls widerwillig in Betracht gezogen. Bjarke Laumann hatte in der kurzen Zeit, die sie zusammen waren, nur gewöhnliche sexuelle Wünsche geäußert und keinerlei auffällige Bemerkungen gemacht, aber ausschließen ließ sich diese Möglichkeit natürlich nicht – schließlich hatte sie ihn ja nicht näher kennengelernt. Niemand outete sich, tief im Inneren pädophile Neigungen zu haben, aber noch immer war sie bereit, einen hohen Betrag dagegen zu wetten.

»Wir wissen nicht, ob Rosa tot ist«, wandte Rudi ein. »Aber natürlich müssen wir es einkalkulieren.«

»Zumindest im Zusammenhang mit Villads Verschwinden kann Bjarke Laumann als Täter ausgeschlossen werden«, ergänzte Lykke.

Seine Mutter schlug den Blick nieder.

»Es ist ein Albtraum. Wann wache ich nur daraus auf?«

»Eine letzte Frage noch«, sagte Rudi. »Hatte Villads ein Handy dabei?»«

»Ja, und natürlich haben wir schon hundertmal versucht, ihn anzurufen, aber niemand nimmt den Anruf an.«

»Es war nicht möglich, es aufzuspüren«, warf Sara Graugård ein. »Der letzte Anruf am Vormittag galt einem Freund, also entweder ist es kaputt, ausgeschaltet, oder es hat keinen Strom mehr.«

»Kann ich die Nummer bekommen?«, bat Rudi.

»Können Sie es aufspüren?«, fragte die Mutter hoffnungsvoll.

»Mir stehen ein paar technische Möglichkeiten zur Verfügung, aber erwarten Sie nicht zu viel. Wunder kann ich nicht vollbringen.«

Maria Geertsen schrieb die Nummer auf einen Zettel.

»Ich bleibe hier bei Maria, bis ihr Mann nach Hause kommt«, teilte Sara Graugård mit. »Hier ist meine Nummer. Rufen Sie an, wenn Sie Hilfe brauchen. Wir ziehen an einem Strang.«

Eine mehr oder weniger deutliche Andeutung, dass nicht alle einheimischen Polizisten etwas gegen sie hatten.

14

Rudi Lehmann und Lykke Teit versuchten, sowohl den Vermieter Børge Nielsen als auch Charlie Simonsen und Tina Fromm zu sprechen, doch es war niemand zu Hause. Bei dem berüchtigten Pärchen stapelte sich im Vorgarten der Schrott, darunter ein Kühlschrank ohne Tür, zwei Fahrradrahmen und ein halber Volkswagen. Es sah so aus, als hätte die Idee der Mülltrennung Melum noch nicht erreicht.

Das Haus ließ Laumanns Bungalow am Klitvej wie eine Villa am vornehmen Küstenstreifen von Kopenhagen aussehen; Lykke freute sich, dass sie dieses Haus nicht betreten musste. Die Haustür stand zwar einen Spaltbreit offen, aber sie hatten keine Befugnis, das Haus zu durchsuchen, sodass Rudi nach einer Viertelstunde Wartezeit vorschlug, zur Basis zurückzukehren.

Wie Preben Skovsen es angekündigt hatte, gab es im Melum Kro als Tagesgericht Falscher Hase mit Wildsoße, Johannisbeergelee, Kartoffeln und Beilagen.

Direkt an der Tür saß eine kleine Gruppe Männer mittleren Alters. Es sah aus wie ein Stammtisch. Zwei von ihnen hoben instinktiv die Augenbrauen, als Lykke hereinkam. Sie kannte diesen Reflex als den »Hej, die sieht gar nicht mal schlecht aus«-Blick, der sich über die Brüste nach unten fortsetzte.

Rudi schloss die Tür hinter ihr.

»Mojn.«

Einige Männer grüßten zurück.

Der Gastraum war warm und gemütlich. Weiß lackierte Deckenbalken, vor den kleinen Fenstern standen Topfpflanzen, auf den Fensterbänken Lampen. Drei Pärchen saßen an den kleinen Tischen des geräumigen Lokals. In einer Ecke gab es eine Bar, aber keinen Barkeeper.

»Glaubst du, wir müssen auf einen Kellner warten?« Lykke war unsicher.

»Sie können sich setzen, wohin Sie wollen«, rief einer der Männer hinter ihnen. »Hier gibt's keine besonderen Plätze für die Polizei.«

Die anderen kicherten.

»Danke.«

An einem Tisch hustete jemand, aber Lykke konnte nicht sehen, wer es war.

»Haben Sie den Jungen gefunden?« Ein kräftiger Bursche in einem Overall und einer grünen Castrol-Kappe stellte die Frage.

Rudi drehte sich um. Es hatte keinen Sinn, den Grund ihrer Anwesenheit zu leugnen. Es hatte sich ohnehin herumgesprochen.

»Wir gehören nicht zu dem Suchtrupp, aber soweit ich weiß, wird er noch immer gesucht.«

»Und wieso sind Sie hier?«, wollte einer der anderen wissen.

»Sie sollen den Mord an dem Kopenhagener im Watt klären«, antwortete ein schmächtiger Typ mit zurückgekämmten Brillantine-Haaren. »Das hättest du dir doch denken können.«

Rudi trat an den Tisch. Lykke folgte ihm.

»Das ist korrekt. Wir ermitteln im Mord an dem Mann, der eine Weile hier in Melum gewohnt hat.«

»Und was hat die deutsche Polizei damit zu tun?«, fragte ein Dritter, ein rundlicher Mann mit Hornbrille und Strickpullover, der Lykke an Kjeld von der Olsen-Bande erinnerte.

»Die Leiche wurde genau auf der Grenze gefunden«, erklärte Rudi. »Deshalb ist die deutsche Polizei involviert. Eine reine Formsache. Kannten Sie den Toten? Er hieß Bjarke Laumann und kam, wie Sie sagen, aus Kopenhagen. Lykke, du hast doch ein Foto von ihm.«

»Wir wissen, wer er war«, antwortete der Mann mit der Castrol-Kappe. »Er stand immer vorm Brugsen und trank Bier mit Soldaten-Charlie und Tina Tausendschwanz …« Er warf Lykke einen Blick zu. »Äh, ja, entschuldigen Sie, aber sie ist ziemlich leichtlebig und verdient sich hin und wieder ein bisschen schnelles Geld.«

»Ach, Åge, was weißt du denn davon?«, fragte der mit den Brillantine-Haaren.

Die anderen Männer grinsten. Der Mann mit der Castrol-Kappe verzog das Gesicht.

»Halt die Klappe, René. Du weißt das doch auch. Jeder weiß das.«

»Kann jemand von Ihnen sich erinnern, wann er Bjarke Laumann das letzte Mal gesehen hat?« Lykke sah sich in der Runde um.

Der vierte und letzte Mann am Tisch, ein großer Bursche mit dichten grauen Haaren und kleinen tief liegenden Augen hatte bisher geschwiegen. Er hustete ein paarmal, schluckte und betrachtete sie.

»Ich habe ihn und Tina vor ein paar Tagen am Brugsen gesehen. Sie haben den Kopenhagener für sich einkaufen lassen, weil sie so oft beim Klauen erwischt wurden. Sie schleppten eine Menge Bierflaschen in Charlies Haus.«

»Charlie war nicht dabei?«, wunderte sich René.

»Nein.«

»Er war bestimmt in Esbjerg, um Rauschgift zu besorgen.«

»Kaum ist die Katze aus dem Haus …«, bemerkte Åge.

»Vielleicht hat Charlie ja den Kopenhagener umgebracht«, spekulierte der Huster. »Könnte doch sein, dass er sie im Bett erwischt hat, oder?«

»Die kannst du doch jederzeit durchpflügen«, widersprach René. Allgemeines Gelächter.

»Ist doch vollkommen egal, ob der Kopenhagener sie genagelt hat, sie treibt's doch sowieso mit jedem«, erklärte der Rundliche mit der Hornbrille.

»Ist aber ein Unterschied, ob man's gegen Bezahlung oder umsonst macht«, gab René zu bedenken.

»Wir haben zum derzeitigen Zeitpunkt niemanden in Verdacht«, sagte Rudi. »Wir haben gerade erst mit unseren Ermittlungen begonnen. Aber wenn Sie irgendetwas hören oder sehen, das für den Fall relevant sein könnte, dürfen Sie es uns gern mitteilen. Wir wohnen hier im Gasthof. Das Wohnmobil draußen auf dem Parkplatz gehört mir. Dort gibt es einen kleinen Briefkasten, in den man Nachrichten einwerfen kann, auch anonym.«

»Wir werden bestimmt Bescheid geben, wenn wir den Mörder für euch gefunden haben«, erwiderte René. »Ich bin so ein bisschen was wie Columbo.«

»Du siehst eher aus wie sein Hund«, meinte Åge.

Am Tisch wurde gegrinst.

»Aber deine Klamotten passen ganz gut.«

Das Gelächter wurde lauter.

»Und du hast sein Auto gekauft, wie ich gesehen habe.«

Der Rundliche fiel beinahe vom Stuhl.

Rudi und Lykke suchten sich in einer entfernten Ecke einen Tisch, an dem sie sich in Ruhe unterhalten konnten. Eine junge Frau kam aus der Küche und begrüßte sie. Sie zündete die Kerze auf dem Tisch an und reichte ihnen die Speisekarte.

»Ich hätte gern das Tagesgericht und ein Glas Rotwein«, sagte Lykke.

Rudi sah die Kellnerin ein wenig ratlos an.

»Ich habe von Falscher Hase gehört, aber ihn nie probiert, glaube ich.«

»Das ist im Ofen gebackener Schweinehackbraten, der mit Bacon umwickelt wird. Die Küche serviert ihn mit einer richtig guten Soße, außerdem gibt es Johannisbeergelee, glasierte Kartoffeln und Beilagen dazu.«

»Gut, ich liebe Schweinefleisch. Dann nehme ich das auch. Und ein dunkles Grimbergen. Ein großes.«

»Sehr gern.«

Die junge Frau sammelte die Speisekarten wieder ein und verschwand. Rudi blickte hinüber zu dem Männertisch.

»Wir müssen auf ein bisschen Hilfe hoffen. Diskret können wir in diesem Dorf nicht vorgehen.«

»Hast du bemerkt, dass der große Grauhaarige hustet?«

»Es ist Herbst. Die Hälfte des Landes hustet. Der Wirt hat auch gehustet. Ich habe ihn bis auf den Hof gehört.«

»Hat der Einbrecher gehustet, als du ihn verfolgt hast?«

»Das weiß ich nicht. Ich hatte genug damit zu tun, selbst Luft zu bekommen. Darf ich deine SMS noch einmal sehen?«

Lykke zog ihr Telefon heraus. Der Kommissar las die Nachricht mit zusammengezogenen Brauen.

> Lykke, Hilfe! Große Probleme. Kenne ein sehr hässliches Geheimnis. Ich konnte die Polizei nicht anrufen, hätte es aber tun sollen. Er weiß, wer ich bin. Die Schachtel ist meine Garantie. Wenn mir etwas passiert, ist sie versteckt

»Also, wenn Laumann nicht versehentlich auf ›Senden‹ gedrückt hat, muss jemand anderes die Nachricht abgeschickt haben. Könnte es der Täter sein?«

»Warum sollte er das tun?«

»Keine Ahnung, aber wenn du versehentlich eine halb fertig geschriebene SMS verschickst, würdest du sie dann nicht beenden und noch einmal abschicken?«

Der Falsche Hase schmeckte großartig. Es war eine so große Portion, dass Lykke das letzte Stück liegen lassen musste. Sie konnte sich nicht erinnern, wann sie das letzte Mal braune Soße zu einem Gericht bekommen hatte. Sie selbst war kein großes Ass in der Küche, eher eine Lusche, die mit dem zufrieden war, was sich im Kühlschrank fand. In Kopenhagen war sie immer viel zu gestresst. Hier war es etwas anderes. Trotz der bevorstehenden Ermittlung hatte sie ein Gefühl der inneren Ruhe, seit sie in Melum angekommen war. Dieser Flecken, der abseits der jütländischen Bundesstraße lag, strahlte eine Stille aus, die ihr gefiel. Möglicherweise lauerte das Böse hier in der Gegend, aber es würde sich in einer konkreten Person zeigen. Jemand musste etwas wissen. Es gab immer jemanden, der etwas wusste.

Lykke folgte Rudis Blick zum Männertisch, an dem eifrig diskutiert wurde.

Er stieß gegen ihr Glas.

»Hallooo! Bis du da, Lucky?«

Sie blinzelte.

»Entschuldige, hast du etwas gesagt?«

»Einen Moment lang hast du ausgesehen, als hättest du den Täter gefunden. Ich sagte, dass der Falsche Hase gerade auf dem ersten Platz meiner Leibgerichte gelandet ist, aber ich kann nicht mehr aufstehen. Wollen wir noch einen Kaffee trinken? Ich gebe ihn aus.«

»Das musst du aber nicht.«

»Wenn ich ›ich‹ sage, meine ich die deutsche Polizei. Ich bekomme Spesengeld für Verpflegung und Benzin. Außerdem spare ich dem Staat Geld, indem ich im Wohnmobil schlafe.«

»Na, dann. Danke, ich hätte gern einen Cappuccino.«

Die Kellnerin kam, Rudi bestellte. Am Männertisch herrschte Aufbruchsstimmung, die Runde erhob sich. René mit der Brillantine winkte.

»Viel Glück. Das beste Team gewinnt. Die Verlierer müssen einen ausgeben!«

Als die Tür zur Rezeption geöffnet wurde, erstarrte Lykke. Rudi folgte ihrem Blick. Der Labrador wollte in die Gaststube. Sie hatte das Gefühl, als würde er sie direkt anstarren. Einer der Männer streichelte ihn und scheuchte ihn wieder hinaus, dann wurde die Tür geschlossen. Sie ließ die Schultern fallen.

»Du machst dir wirklich nichts aus Hunden, oder?«

»Nein.«

Die Kellnerin kam an ihren Tisch.

»Sie dürfen gern noch sitzen bleiben, Sie wohnen ja hier. Ich will nur sagen, dass die Küche um neun Uhr schließt.«

»Danke. Ich glaube, ich bringe nicht einmal mehr einen Keks hinunter«, sagte Rudi.

»Wir haben hinter der Bar einen kleinen Aufenthaltsraum. Da sitzt man gemütlicher als hier.«

Lykke erhob sich. »Gute Idee.« Sie sah ihren Kollegen an. »Komm. Dann erzähl ich dir, warum ich Hunde nicht mag.«

15

Sie gingen in das kleine Zimmer hinter der Bar. Dort standen zwei Sofagruppen mit jeweils einem Tisch. Naturkunst aus der Marsch schmückte die Wände, und in einer Ecke am Fenster stand ein altes Klavier mit einem aufgeschlagenen Notenheft. *Geh aus, mein Herz, und suche Freud, an deines Gottes Gaben.* Wenn man an so etwas glaubte. Lykke tat es nicht. Nicht mehr.

Die Kellnerin hatte Kaffee, Cappuccino und eine Schale Kekse gebracht, sie waren allein. Rudi probierte den Kaffee, sagte aber nichts. Sie begann, zögernd zu erzählen.

»Bis vor fünf Jahren lebte ich in einer glücklichen Ehe mit einem netten und liebevollen Mann und unserer kleinen zweijährigen Tochter. Mit einem früheren Freund hatte ich versucht, schwanger zu werden, aber das war nicht gelungen. Gry war daher ein Wunschkind.

Nach einigen Monaten zogen wir von Kopenhagen in ein kleines Haus in Valby. Ich hatte drei Jahre zuvor meine Ausbildung bei der Polizei beendet und bewarb mich bei der Abteilung für Gewaltkriminalität. Thomas studierte Medizin. Der Hauskauf war finanziell schwierig, aber es ging, weil er neben seinem Studium nachts im Krankenhaus arbeitete. Ich selbst machte Überstunden im Präsidium. Unsere Zukunft sah hell und freundlich aus.«

Sie erzählte Rudi ihre Geschichte und hatte mehr und mehr den Eindruck, als würde sich die Wand gegenüber dem Sofa auflösen und zu einer Art großem Diorama werden. Sie verlor sich in ihrer Erzählung. Es war weder Film noch Theater, sondern ein dreidimensionales Loch in eine andere Wirklichkeit. Vogelgesang war im Zimmer zu hören, unter der Decke summten Insekten. Ein Duft nach Gras und Sommer, ferne Stimmen und Verkehrslärm. Lykke starrte in einen sonnigen Sommertag.

Thomas lag mit ein paar Büchern auf einer Decke und machte sich Notizen auf seinem Notebook. Sie sah, dass er nach seinem Nachtdienst müde war, die Augen drohten ihm zuzufallen. Gry saß neben ihm im Gras, während ihr kleiner weißer Foxterrier Fluke einen Schmetterling jagte. Die Szene hätte aus einem Disney-Film stammen können, hätte nicht eine undefinierbare Stimmung ihren Körper mit zunehmender Unruhe erfüllt. Der Gesang der Amsel wurde zu einer hässlichen Melodie, irgendetwas Abscheuliches raschelte mit den Blättern im Gebüsch. Man konnte es nicht sehen, aber bereits als das Schicksal wahrnehmen, das manchmal mitten in den glücklichsten Stunden des Lebens zuschlägt.

Lykke versuchte, ihren Mann zu warnen, aber natürlich hörte er sie nicht. Er schlief einfach ein. Fluke war jetzt auf etwas aufmerksam geworden. Er blieb stehen und schaute wachsam auf einen niedrigen Hügel mit einer kleinen Gruppe von Bäumen und Büschen. Plötzlich lief er los. Gry sah dem Hund nach und stand auf. Sie stapfte Fluke hinterher, den Lykke von ihrer Position aus nicht mehr sehen konnte. Verzweifelt rief sie nach Thomas, aber der schlief tief.

Auf der anderen Seite des Hügels hatte eine Hundebeißerei begonnen. Lykke war hilflos, und Thomas schlief, obwohl der

Lärm immer lauter wurde. Flukes Kläffen wurde übertönt von dem wütenden Bellen eines sehr großen Hundes. Als sich Grys Weinen und Schreie in den Lärm mischten, wachte Thomas endlich auf und sah, dass aus allen möglichen Richtungen Parkbesucher angelaufen kamen. Er bemerkte, dass Gry verschwunden war, und sprang alarmiert auf. Lykke wollte in den Park, um zu helfen, doch die Vergangenheit blieb verschlossen. Grys fürchterlicher Schrei bohrte sich schmerzhaft in ihre Trommelfelle. Der Raum war nun ein ohrenbetäubendes Crescendo aus Hundegebell, Kommandos und panischen Stimmen, aber alles, was sie sehen konnte, waren Thomas' Decke, das Notebook und der Kinderwagen. Sie hielt sich die Ohren zu, aber die Geräusche drangen durch Haut und Knochen, wie scharfe Zähne, die zubissen und zerfleischten.

Hinter dem Hügel schrie Thomas um Hilfe. Nach einem Krankenwagen. Nach Gott. Eine Sirene wurde lauter und lauter. Sie erreichte den Park. Reifen bremsten im Kies. Türen wurden geöffnet und wieder zugeworfen. Füße rannten. Stimmen kommandierten.

Von jetzt an herrschte eine totenähnliche Stille, bis ein neuer Schrei Lykke aufschrecken ließ. Sie lag in einem Bett. Es war dunkel. Sie saß nicht mehr in dem Zimmer hinter der Bar, sondern lag in ihrem Zimmer im Gasthof. Verwirrung. Dann erinnerte sie sich. Melum. Rudi Lehmann. Die Ermittlungen im Mordfall Bjarke Laumann. Sie hatte ihrem Kollegen ihre Geschichte erzählt, obwohl es grenzwertig war. Hinterher hatte er ihr im Wohnmobil noch ein Gutenachtbier angeboten. Sie hatte bereits das Gefühl, ihn schon lange zu kennen. Rudi Lehmann hatte etwas Väterliches, das sie an ihrem eigenen Vater nie erlebt hatte, doch obwohl das arg nach Freud klang, zog er sie nicht auf diese Weise an. Er schien ein besonders kompetenter und erfahrener Polizist zu sein, und sie war überzeugt, dass er auch ein verlässlicher Freund sein konnte. Das hatte er bewiesen, als er ihrer Geschichte zuhörte.

Sie ahnte, dass Rudi Lehmann selbst etwas verbarg, in das er nur die wenigsten einweihen wollte. Es hatte so ausgesehen, als sei er kurz davor, es zu erzählen, dann hatte er aber doch geschwiegen, und sie hatten sich eine gute Nacht gewünscht.

Lykke drehte sich auf den Rücken. Sie schwitzte, obwohl sie unter der Bettdecke nackt war. Sie schlug die Decke zur Seite, setzte sich auf und fummelte nach der Nachttischlampe. Schweißtropfen liefen ihr kitzelnd zwischen die Brüste, die Nackenhaare waren nass. Sie ging ins Badezimmer, um sich abzutrocknen und ein Glas Wasser zu trinken.

Das Spiegelbild hatte zu viele Falten, vor allen auf der Stirn und um die Augen. Sie waren nach Grys Tod und der Scheidung gekommen. Ihre Freundinnen sagten, sie sehe gut aus, aber sagten Freundinnen so etwas nicht immer? Zumindest war sie verhältnismäßig schlank. Noch. Es war nicht zu spät, noch ein Kind zu bekommen, nur, mit wem? Sie bildete sich ein, nicht den richtigen Mann finden zu können. Die Wahrheit war, dass sie sich nicht traute. Die Formel war simpel: Keine Kinder, nichts zu verlieren.

Den Mann, dem der Pit Bull gehörte, der für den Tod ihrer Tochter und ihres Hundes verantwortlich war, hatte man nie finden und zur Rechenschaft ziehen können. Mitten in der Verwirrung der zusammengelaufenen Helfer, Zuschauer und Thomas, der ihr sterbendes Kind in den Armen hielt, war es dem Mann ohne Gesicht gelungen, das Monster zu sich zu rufen und sich zurückzuziehen. Und als der Krankenwagen am Tatort ankam, nutzte der Feigling die Gelegenheit, um diskret zu verschwinden. Er hinterließ lediglich die Spuren, die der Killerhund verursacht hatte.

Eiskalt starrte sie auf ihr Spiegelbild.

»Wenn ich jemals herausfinde, wer du bist …«

Sie ging zurück ins Zimmer. Für den Fall, dass sie länger hierbleiben musste, hatte sie einen Bademantel mitgenommen. Sie zog ihn an und setzte Wasser für eine Tasse Tee auf. Es war drei Uhr, aber sie war hellwach.

Das Zimmer des Gasthofs war gemütlich, es hatte schräge Wände und ein ordentliches breites Bett. Sie hatte versucht, in einem mitgebrachten Roman zu lesen, aber nach einer Minute war er ihr auf die Brust gefallen, und sie hatte das Licht gelöscht.

Nun nahm sie den Tee mit an das schräge Fenster, das sie einen Spalt weit öffnete. Die Heizung war bis zum Anschlag aufgedreht – vermutlich hatte der Wirt es gut mit ihr gemeint –, sie drehte sie herunter, öffnete das Fenster ganz und steckte den Kopf hinaus. Die Nacht war kühl und wolkenfrei, mit Millionen von Sternen. Ihr Zimmer lag im ersten Stock auf der Rückseite des Gasthofs; hinter dem Garten begann ein Waldstück, danach kamen die Dünen. In der Ferne ertönte das beruhigende Sausen des Meeres.

Dann hörte sie ihn wieder. Den Schrei, der sie aus ihrem Albtraum gerissen hatte. Sie hielt den Atem an und horchte.

Sie hörte nur den Wind in den Bäumen und das Geräusch raschelnder Blätter auf der Terrasse. Sie trank einen Schluck Tee und blickte das Dach entlang. Es war reetgedeckt und roch nach Pilzen und Moos. Ein Hauch von Kompost hing in der Luft.

Die nächsten drei schrägen Fenster waren dunkel und geschlossen, aber im letzten Zimmer brannte noch Licht. Das Fenster stand offen. Wenn man genau hinsah, konnte man das blaue Licht eines eingeschalteten Fernsehers erahnen und Sirenen und Schusswechsel hören. Ein anderer Gast, der nicht schlafen konnte.

Nur drei Zimmer des Hauses waren belegt. Einen zartbesaiteten Stadtbewohner konnte diese leicht verlassene Stimmung durchaus beunruhigen. Vor und über ihr war alles schwarz. Die Dunkelheit. Das einzige Licht kam von ein paar Häusern in Melum und einem einzelnen flackernden Schein am Anfang des Strandes. Es war nicht sehr weit entfernt, aber da der Wald und die Düne diese schwarze Mauer bildeten, war es schwierig, die Quelle auszumachen. Wenn es sich um ein Gebäude handelte, stand es merkwürdig abseits. Das Flackern könnte aus einem Fenster kommen. Plötzlich Dunkelheit, dann wieder ein Lichtschein.

Jemand ging dort auf und ab.

Sie sah auf die Uhr. Viertel nach drei. Sie hatte vergessen, Odín ihren Bericht zu schicken, und holte es nun mit einer SMS nach: *Alles läuft gut, die Ermittlungen entwickeln sich wie erwartet. Rudi Lehmann ist ein Topkollege und guter Mitstreiter. Ausführlicherer Bericht folgt. LT*

Sie drückte auf »Senden« und hoffte, dass er von ihrer Nachricht nicht geweckt wurde.

Sie musste wieder ins Bett gehen. Mit Rudi hatte sie vereinbart, sich um halb acht beim Frühstücksbuffet zu treffen. Sie wollten früh beginnen, mehrere Vernehmungen warteten: Tina Fromm und Charlie Simonsen, die Prostituierte und der Exsoldat. Børge Nielsen, der Besitzer des Hauses Klitvej 12.

Lykke goss den Rest des Tees ins Waschbecken, pinkelte und kroch unter die Decke. Kurz bevor sie einschlief, meinte sie noch einen Schrei aus dem Zimmer mit dem Fernsehapparat zu hören.

16

Sie saßen beim Frühstück, als die Tür zum Gastraum aufging und Sara Graugård eintrat. Sie verschaffte sich einen raschen Überblick über den Raum und kam direkt auf ihre Kollegen in der hintersten Ecke zu. Am Tag zuvor war die junge Polizeiassistentin aus Esbjerg ruhig, gelassen und mit roten Wangen aufgetreten, nun sah sie blass und besorgt aus, als sie an Lykkes und Rudis Tisch trat.

Sie haben den Jungen gefunden, schoss Lykke sofort durch den Kopf. Villads ist tot.

»Guten Morgen, Kollegin Graugård«, begrüßte Rudi sie mit seinem charmanten Akzent. »Was verschafft uns so früh die Ehre?«

»Entschuldigen Sie die Störung, aber ich muss Sie bitten, mich zu begleiten.«

Sie sprach gedämpft, wobei sie von einem zum anderen sah.

»Müssen wir ins Gefängnis, oder sind wir nur festgenommen?«, scherzte der Kommissar. »Ich habe mir nämlich gerade eine Tasse Kaffee eingeschenkt.«

Sara Graugårds Gesichtsausdruck wurde ernst.

»Es ist wichtig. Ich habe den Auftrag, Sie ›umgehend‹ abzuholen. So der Wortlaut.«

Rudi Lehmann runzelte die Stirn.

»Geht es um Villads Geertsen?«

Die Polizeiassistentin versuchte, gegenüber den übrigen Anwesenden, Gästen wie Personal, diskret aufzutreten, was in voller Uniform nicht ganz leicht war. Im Gastraum waren sämtliche Gespräche verstummt.

»Das können wir im Auto besprechen.«

Rudi warf Lykke einen vielsagenden Blick zu. Sie stellte ihre Tasse ab.

»Dann lassen Sie uns aufbrechen.«

Die Augen aller Gäste folgten ihnen, als sie das Lokal verließen und zu dem VW Touran hinausgingen. Rudi setzte sich neben die Polizeiassistentin, Lykke auf den Rücksitz. Sara Graugård wendete auf dem Platz, dass der Kies aufwirbelte, bog auf die Straße und trat das Gaspedal durch, als sie in Richtung Melum fuhr. Rudi hielt sich an der Halteschlaufe fest. Der Streifenwagen ließ das Waldstück rasch hinter sich, an den ersten Häusern bog Sara Graugård links ab. Die Straße hieß Granstien, ein blaues Schild mit dem Wort Aussichtsturm zeigte an, dass es hier eine Sehenswürdigkeit gab.

»Wo wurde er gefunden?«

»Wer?«

Sara Graugård wirkte abwesend, aber sie fuhr einwandfrei.

»Villads Geertsen natürlich«, sagte Lykke. »Geht es denn nicht um ihn?«

Sara warf einen kurzen Blick in den Rückspiegel.

»Villads wurde noch immer nicht gefunden, es gibt also noch Hoffnung. Es gab einen … ich weiß wirklich nicht, wie ich es nennen soll … Doppelmord heute Nacht. Wir sind gleich da.«

Der robuste Volkswagen wurde mit großem Geschick auf einen schmalen Weg gelenkt. Sie fuhren an einzelnen Häusern auf der rechten Seite vorbei, links lag der Wald. Von einer größeren Lichtung aus konnte Lykke das Dach des Gasthofs sehen, den sie eben verlassen hatten. Der asphaltierte Weg wurde abgelöst von einer Schotterpiste. Sie fuhren durch ein Waldstück, in dem die Bäume ihr Laub bereits abgeworfen hatten. Dahinter lagen die ersten Dünen. Durch das Gebüsch war Blaulicht zu erkennen.

Die Fahrt endete auf einem Platz vor einem weißen viereckigen Gebäude, das wie der Turm einer Kirche aussah. Es war ungefähr zehn Meter hoch. Ganz oben umgab ein Geländer eine Art Aussichtsplattform.

Sara Graugård parkte hinter einem anderen Streifenwagen, sie stiegen aus. Außer ihnen standen dort noch zwei zivile Autos und ein Krankenwagen mit Rettungssanitätern. Dazu ein weißer Dienstwagen des Krankenhauses Sydvestjysk Sygehus und ein dunkelblauer Audi.

Rudi legte den Kopf in den Nacken und betrachtete den Turm. Lykke folgte seinem Blick.

»Weißt du, was das ist?«

»Ich hasse es, aber ich muss zugeben, dass es so aussieht, als hätten es meine Landsleute gebaut. Eine alte Flakstellung aus dem Zweiten Weltkrieg gegen die Schiffe der Alliierten.«

»Hier entlang«, sagte Sara.

Sie folgten ihr zum Eingang des Turms. Ein Beamter sprach mit einem Spaziergänger, der seinen Hund ausführte. Sie betraten einen nahezu leeren und fensterlosen Raum. Es war kühl und roch nach feuchtem Beton und etwas Unbestimmbarem. Rechts führte eine einfache Steintreppe mit Eisengeländer in den ersten Stock. An den Wänden hingen Informationstafeln über die Geschichte des Turms. Sara Graugård ging voraus. Auf halber Höhe des Turms gab es einen weiteren Raum. Die Türöffnung war durch einen Sichtschutz abgeschirmt. Dahinter leuchteten einige kräftige Scheinwerfer. Gedämpfte Stimmen waren zu hören, Blitzlicht flackerte auf.

Auf dem Treppenabsatz vor der Abschirmung stand der mürrische Mogens Krogh mit einem dunkelhaarigen Mann. Beide trugen die Einwegoveralls der Polizei, die an Tatorten benutzt werden, um irreführende Spuren zu vermeiden. Kroghs übellauniger Gesichtsausdruck wurde durch eine fast freundliche Miene ersetzt.

Er hat etwas gesehen, was er nicht recht einordnen kann, ging Lykke durch den Kopf.

»Guten Morgen, Kommissar Lehmann, Polizeiassistentin Teit. Hast du sie informiert, Sara?«

»Nein, ich habe getan, worum du mich gebeten hast.«

Krogh wandte sich dem dunkelhaarigen Mann zu.

»Das ist Frank Joveen, unser Chef der Kriminaltechnik.«

Wieder wurde genickt. Joveen schien zuvorkommender zu sein als Krogh, er lächelte kurz.

»Wenn du die Mobile Einsatztruppe briefen würdest, Frank, dann können sie sich währenddessen die Anzüge anziehen.«

Er gab ihnen zwei »Strampelanzüge« aus einer Kiste. Sie falteten sie auseinander und zogen sich an, während Joveen berichtete.

»Es geht um zwei tote Personen. Ein Mann und eine Frau. Wir haben ihn als Charlie Simonsen, einen einundvierzigjährigen Veteran aus Sarajevo, identifiziert. Bei ihm wurde damals PTSD diagnostiziert, er wurde nach Hause geschickt. Bei der Frau handelt es sich um seine sechsunddreißigjährige Lebensgefährtin Tina Fromm. Beide wohnten in Melum. Der Mann ist im Ort aufgewachsen, die Frau stammt aus Esbjerg. Sie sind bei uns aktenkundig, hauptsächlich wegen Einbruchs, Hehlerei und Handels mit euphorisierenden Stoffen. Gegen ihn wurde außerdem eine Bewährungsstrafe wegen Gewaltanwendung verhängt. Das hier sieht aber nicht wie eine normale Auseinandersetzung aus, eher wie eine Bestrafung. Leute, die Geld schulden oder jemanden betrogen haben, werden in der Regel erschossen. Dies hier erscheint mir ... wie soll ich es beschreiben ...? Es gibt so etwas wie ein *persönliches* Engagement, es sei denn, der Täter ist wahnsinnig. Aber sehen Sie es sich selbst an.«

Er zog die Absperrung beiseite, sodass ihnen das grelle Licht eines Scheinwerfers direkt ins Gesicht fiel. Die Silhouette einer auf dem Kopf hängenden Person war zu erkennen. Ein paar Kriminaltechniker und ein Fotograf traten auf ausgelegte Holzklötze, die über den Boden verteilt waren. In der rechten Ecke des Raums untersuchte der Rechtsmediziner Kresten Osmann gerade das andere Opfer. Dort führte eine Treppe zum obersten Teil des Turms.

Rudi trat auf die Holzklötze. Lykke stellte sich ihm gegenüber, um nicht länger in dem Lichtkegel des Scheinwerfers zu stehen. Der Kommissar stieß ein gedämpftes »Gott im Himmel« aus.

Sie war durchaus seiner Meinung. Und froh, dass sie ihr Frühstück nicht fortgesetzt hatten.

17

Lykke hatte Fotos von misshandelten Menschen aus verschiedenen Regionen der Erde gesehen, aber noch nie in der Realität. Die kahlen Steinwände und die triste Leere des Raums verstärkten den Eindruck einer mittelalterlichen Folterkammer.

Der Mann hing mit dem Kopf nach unten, die Beine waren mit einem Seil gefesselt, das an einem rostigen Haken an der Decke befestigt war. Seine ausgestreckten Arme erreichten beinahe den Boden. Die Frau war halb sitzend, halb liegend an das Eisengeländer der Treppe gebunden, die zur Plattform des Turms führte. Kresten Osmann hockte in einem weißen Overall neben der Leiche. Er warf einen raschen Blick auf die Neuankömmlinge und nickte zum Gruß, um dann mit seinen Untersuchungen fortzufahren.

Mogens Krogh betrat zusammen mit Frank Joveen den Raum. Die vier Polizisten schwiegen, als sie der Spurensicherung zusahen.

Das muss eine kranke Person getan haben, war Lykkes erster Gedanke. Kein Mensch, der halbwegs normal ist, würde so etwas tun.

Den Opfern war die Kehle durchgeschnitten worden, wie die beträchtlichen Blutlachen auf dem staubigen Boden bewiesen. Vor allem unter dem Mann hatte es heftig gespritzt. Der Schnitt quer über seiner Kehle klaffte wie die Kiemen eines Fischs. Lykke drehte sich der Magen um, aber sie ließ sich nichts anmerken. Das Blut war geronnen, zog sich aber über das Gesicht des Toten wie eine verzerrte rote Maske.

»Der Täter muss einiges abbekommen haben«, sagte sie in den Raum hinein. »An Blut, meine ich.«

»Ganz genau«, bestätigte Rudi.

»Die Schnitte sind sehr exakt«, erklärte Kresten Osmann. »Sie wurden mit einer besonders scharfen Waffe ausgeführt. Ich würde sagen, mit einem Fischmesser oder einem Bowiemesser. Vielleicht sogar mit Simonsens eigenem. Nur so ein Gedanke. Er war schließlich Veteran.«

»Es wurde nirgendwo sonst hineingeschnitten oder -gestochen«, stellte Rudi fest, während er sich den aufgehängten Mann genauer ansah.

Das Hemd war zerrissen, die Leiche hing mit beinahe nacktem Oberkörper da. In der Bauchregion und an der Brust gab es eine Reihe von Verletzungen mit einer versengten Wunde, die von einem rötlichen Kreis umgeben war.

»Sieht aus wie Verletzungen nach dem Einsatz von Elektrizität. Einer dieser Elektroschocker?«

»Taser«, bestätigte Frank Joveen.

»Die sind derzeit im Umlauf«, fügte Mogens Krogh hinzu. »Wir haben einige in Esbjerg konfisziert. Aber man kann sie auch im Netz kaufen.«

»Man kann alles im Netz kaufen«, meinte der Chef der Technischen Abteilung. »Auch Auftragskiller.«

»Auftragskiller arbeiten diskret«, widersprach Lykke. »Ich habe mit einigen zu tun gehabt. Eine Kugel in die Stirn, peng, und sie sind über alle Berge. Das hier ist Folter. Jemand hat versucht, Informationen zu erpressen.«

Das linke Bein der Frau lag in einem Winkel zum Körper, der auf brutale Gewalt hindeutete. Einige Finger der rechten Hand des Mannes standen in einem ähnlich makabren Winkel ab. Sein maskenrotes Gesicht war in einem schmerzhaften Krampf erstarrt. Lykke dachte an Bjarke Laumanns Sandporträt.

Der Raum hatte zwei Fenster, denen die Scheiben fehlten. Aus dem einen sah man hinaus aufs Meer, aus dem anderen auf den Wald und die Straße, auf der sie gekommen waren. Ein kalter

Wind zog durch die Fenster und verstärkte das brutale Verbrechen in all seiner Grausamkeit. Lykke schaute aus dem nach Osten gerichteten Fenster. Unten auf dem Platz war ein weiteres Auto angekommen. Eine Frau sprach mit einem der Rettungssanitäter, während ein jüngerer Mann mit einer Kamera hantierte. Er richtete sie auf den Turm. Lykke blickte über den Wald. In ungefähr fünfhundert Metern Entfernung sah sie das reetgedeckte Dach des Gasthofs. Sie zuckte zusammen, als die Puzzleteile an ihren Platz fielen. Sie drehte sich um.

»Ich, äh … ich glaube, ich habe die Misshandlungen gesehen. Oder zumindest etwas gehört.«

Sämtliche Anwesenden schauten sie verblüfft an, selbst Kresten Osmann hielt mit seiner Arbeit inne.

»Was heißt das?« Mogens Krogh runzelte die Stirn.

»Ich bin heute Nacht gegen drei Uhr von einem Schrei aufgewacht. Ich hielt es für einen Traum und konnte nicht wieder einschlafen, daher bin ich aufgestanden und habe aus dem Dachfenster gesehen. Ich sah ein Licht in der Dunkelheit, aber den Turm konnte ich nicht erkennen. Am entgegengesetzten Ende des Gasthofes stand ein anderes Dachfenster offen. Ein Fernseher lief, und ich dachte, es wären die Geräusche des Films gewesen.«

»Der Turm hat keinen Strom, was meinen Sie genau mit *Licht?*«, fragte Frank Joveen.

»Ein Blitzen oder Schimmern. Zuckend und kurz. Es kam mehrfach hintereinander, aber es gab auch ein ständiges Licht. Ich sah, wie jemand an diesem Fenster vorbeiging. Es war nur ein Schatten.«

»Ein Blitzen«, wiederholte Krogh. »Das könnte eine Taschenlampe gewesen sein, die ein- und ausgeschaltet wurde.«

»Oder ein Taser in Aktion«, sagte Rudi.

Lykke breitete bedauernd die Arme aus.

»Ich habe ja nichts geahnt … Wenn ich gewusst hätte …«

»Natürlich. Niemand macht dir Vorwürfe.«

»Es gibt uns zumindest einen Hinweis auf den Tatzeitpunkt«, meinte Frank Joveen.

»Haben Sie außer dem Licht noch etwas anderes gesehen«, fragte Krogh nach. »Vielleicht ein parkendes Auto?«

»Außer dem Fenster war alles vollkommen dunkel, und den unteren Teil des Turms haben die Bäume verdeckt.«

Die Polizisten sahen sich an. Sie griff sich an die Stirn.

»Ich bin wirklich nicht stolz auf mich.«

Rudi legte ihr eine Hand auf die Schulter.

»Es ist nicht deine Schuld.«

»Nein«, bestätigte auch Mogens Krogh, aber er sah aus wie ein Angler, dem eine Forelle vom Haken gesprungen ist.

Rudi Lehmann zeigte auf die Decke und die Öffnung zur Aussichtsplattform.

»Der Tatort liegt isoliert, es ist eine düstere *location* nach Einbruch der Dunkelheit. Nachts ist es hier pechschwarz, es sei denn, man bringt eine Lampe mit. Wie hat der Täter sie wohl hierhergelockt? Vermutlich haben sie sich gekannt.«

Der Rechtsmediziner erhob sich.

»Sie waren süchtig, die Frau hat Einstiche in den Armen. Sie könnten Schulden gehabt haben, aber selbst im Drogenmilieu habe ich ein so krasses Vorgehen noch nie gesehen. Es muss um etwas anderes gegangen sein als nur um das Eintreiben von Schulden.«

»Es sieht nach einem Racheakt aus«, meinte Krogh.

»Der Meinung bin ich auch«, gab Lykke ihm recht. »Wissen Sie, ob im Dorf mit Drogen gehandelt wird, zum Bespiel in der Kneipe?«

Der Ermittlungsleiter verneinte es sofort.

»In Freddys Bar sitzen nur Einheimische, und die trinken. Punkt. Sie können dort ein halbes Schwein kaufen oder jemanden zur Schwarzarbeit anheuern, aber kriegen hier keinen Stoff.

Ich habe nur zweimal harte Drogen in Melum gesehen, und das war während einer Razzia bei diesen Herrschaften hier. Aber die können wir jetzt ja ausschließen. Sie müssen in Esbjerg suchen.«

Auf dem neuesten Stand war Krogh Lykkes Ansicht nach nicht. Rauschgift konnte man in jedem Flecken des Landes kaufen oder besorgen, wenn man es wirklich wollte.

»Vielleicht hatten sie Schulden in Esbjerg«, vermutete Joveen.

»Wenn man Schulden einzutreiben versucht, schlägt man die Schuldner nicht tot«, widersprach Rudi. »Man bricht ihnen ein paar Finger und gibt den Leuten die Chance zu bezahlen. Dies hier sieht aus wie eine Vendetta.«

Der Kommissar hockte sich vor Charlie Simonsens Leichnam. Eingehend studierte er das Gesicht des Toten. Die Augen waren fest zugekniffen, der Mund stand offen, die vernachlässigten Zähne waren zu sehen. Dann erhob er sich und ging zu einem der Ausrüstungskoffer, die die Spurensicherer mitgebracht hatten. Er nahm eine Pinzette heraus. Während die anderen zusahen, zog er etwas beinahe Unsichtbares von der unrasierten Wange des Toten. Lykke trat über die Holzklötze näher.

»Ist das ein Haar?«

Rudi betrachtete es im Licht.

»Weiß ich nicht. Gib mir mal eine Tüte.«

Sie griff nach einer der versiegelbaren Tüten, die die Polizei für ihr Beweismaterial benutzt. Rudi pulte einige zusammenhängende Partikel aus dem Mund der Leiche.

»Es könnte sich um Watte handeln. Zwischen den Vorderzähnen sitzt noch mehr.«

»Er wurde betäubt«, sagte Joveen.

»Sieht beinahe so aus.«

Joveen bekam die Tüte und gab sie an einen seiner Männer weiter.

»Zur Analyse, Peter.«

Der Kriminaltechniker beschriftete die Tüte mit einer Nummer und registrierte sie auf seinem iPad.

»Ich habe zunächst angenommen, dass an dem Mord mehrere Personen beteiligt waren, aber der Täter könnte ebenso gut allein gewesen sein.« Rudi richtete sich wieder auf.

»Erklären Sie mir das.« Mogens Krogh sah den Kommissar an.

»Wir können getrost davon ausgehen, dass die Tat geplant war. Die Opfer wurden hierhergelockt, wo der Täter in Ruhe arbeiten konnte. Solch einen Ort besucht man um drei Uhr in einer dunklen Oktobernacht nicht freiwillig, der Täter muss sie also mit Drogen, Geld oder etwas Drittem gelockt haben. Er weiß, dass ein Mann und eine Frau kommen, daher kümmert er sich um den Mann zuerst. Er liegt auf der Lauer und schlägt ihn nieder. Sobald der Mann außer Gefecht gesetzt ist, nimmt er sich der Frau an, fesselt sie ans Geländer, um dann den Mann aufzuhängen. Die Show kann beginnen …«

»Es ist nicht auszuschließen, dass es sich so abgespielt hat, aber welches Motiv hatte der Täter?«, wollte Krogh wissen.

»Sie könnten etwas über den Mord an Bjarke Laumann gewusst haben«, schlug Lykke vor. »Vielleicht ahnten sie, wer der Täter ist, und haben ihn erpresst.«

»Das ist durchaus vorstellbar«, stimmte Joveen ihr zu.

»Das sind zwei unabhängige Fälle«, behauptete Krogh.

»Woher wollen Sie das wissen?«, erkundigte sich Lehmann. »Laumanns Körper wies keine Taserspuren auf. Sie sehen nur eine Verbindung, weil die drei Opfer sich kannten.«

»Wie viele ernsthafte Verbrechen wurden in jüngster Zeit hier in Melum begangen?«, erkundigte sich der deutsche Kommissar. »Oder von Menschen, die *aus* Melum kommen?«

Der Ermittlungsleiter zog die Hose hoch und schob mit einer trotzigen Miene die Unterlippe vor. Er sah aus, als würde er es für eine Fangfrage halten.

»Das wissen Sie doch genau.«

Rudi zählte es an den Fingern ab.

»Zuerst die Entführung von Rosa Molberg, dann der Mord an Bjarke Laumann, der Überfall auf Lasse Espersen und noch eine Entführung, Villads Geertsen, und nun ein Doppelmord. Habe ich etwas vergessen?«

»Nicht, dass ich wüsste.«

»Das sind sechs brutale Verbrechen in einem Zeitraum von …? Zwei Jahren?«

»Weniger als anderthalb«, sagte Joveen. »Rosa verschwand letzten Sommer, kurz nach der Sommersonnenwende.«

»Vielleicht war Rosas Verschwinden ja ein Unglücksfall«, versuchte es Krogh. »Sie könnte sich im Wald verirrt haben und irgendwo liegen, wo wir nicht gesucht haben. Ich habe diese Möglichkeit schon häufig erwogen.«

»Alles ist innerhalb von fünfzehn Monaten geschehen«, fuhr Rudi fort. »Die letzten fünf Vorfälle innerhalb von wenigen Tagen. Das ist eine *crime rate,* die für einen Ort von der Größe Melums schon etwas heißen will. Natürlich gibt es einen Zusammenhang. Was denken Sie denn?«

Mogens Krogh sah verzweifelt aus.

»Ich denke, wir sollten die Angelegenheit auf einer gemeinsamen Sitzung besprechen.«

18

Villads Geertsens Verschwinden war längst ein Thema in den Medien, die Melum systematisch belagerten. Jeder, der sich auf der Straße zeigte, riskierte, mit Fragen nach der Leiche im Watt, dem verschwundenen Jungen, seiner Familie oder dem Lehrer in Untersuchungshaft überfallen zu werden. Vor dem Supermarkt und dem Haus der Familie Geertsen standen lokale Fernsehteams, bei denen ein von Scheinwerfern angestrahlter Journalist in dem trüben Wetter über die Ereignisse berichtete.

Die ersten Meldungen über den Doppelmord im Aussichtsturm zirkulierten schon bald in den sozialen Medien, es würde also nicht mehr lange dauern, bis die landesweiten Fernsehsender die Fälle mit eingehenden Reportagen und Studiogästen aus Kreisen der Rettungsdienste, des Lehrerstandes, der Psychologie und natürlich der Polizei analysierten.

Ein großer Teil des Marschlandes von der Grenze – vom Margrethe Kog und Ny Frederiks Kog – bis nach Højer und landeinwärts bis Tønder war von Hunden, Polizei und Hunderten Freiwilligen durchkämmt worden. Eines der Probleme war die Größe des Gebiets; ein verirrtes Kind, das unter Schock stand, könnte dort durchaus in einem Graben oder einem Wasserloch verschwinden. Die Einzigen, die es dann irgendwann entdecken würden, wären Schafe oder Meergänse. Vielleicht war der Junge aber auch auf Straßen oder Wegen gelaufen, allerdings deutete bisher nichts darauf hin. Zumal es überhaupt nur möglich war, wenn er dem mysteriösen Mann im Nebel hatte entkommen können, den niemand außer Lasse Espersen gesehen hatte.

Es schien eine Entführung mit unbekannter Absicht zu sein, doch in den sozialen Medien wurden bereits Konspirationstheorien verbreitet, die von Pädophilie über den Tod durch Ertrinken in der Flut bis hin zu Menschenhandel reichten.

Die Familie Geertsen wurde jetzt psychologisch betreut. Auch hatte man sie inzwischen an einen unbekannten Ort gebracht, damit sie in Ruhe gelassen wurden.

Obwohl Villads nicht in Melum verschwunden war, waren der gesamte Ort, der umliegende Wald und der Strand in der

Hoffnung abgesucht worden, dass der Junge instinktiv den Weg nach Hause gesucht hatte. Aber inzwischen waren seit dem Überfall fast drei Tage vergangen. Wenn er also irgendwo leblos lag, ohne etwas zu essen oder zu trinken, war es lediglich eine Frage der Zeit, bis es zu spät war.

19

Der Doppelmord im Aussichtsturm verschärfte die Situation. Er erschöpfte die Ressourcen der örtlichen Polizei, sodass die leitenden Kräfte sich auf einen Plan zur weiteren Vorgehensweise verständigen mussten. Rudis Wohnmobil war als Ort einer improvisierten Sitzung ideal.

»Will jemand einen Kaffee?«, erkundigte er sich. »Ich bin Kaffeejunkie und kann mit einer Kanne in Griffnähe am besten denken. Aber ich könnte auch mit einem Gammel Dansk dienen. Soweit ich weiß, wird der Magenbitter hierzulande ziemlich gern getrunken.«

»Danke, einen Kaffee nehme ich gern, aber während der Arbeitszeit trinken wir keinen Alkohol«, antwortete Frank Joveen. »Bei der deutschen Polizei bin ich mir da nicht so sicher. Auf YouTube habe ich eine alte Folge von *Der Kommissar* gesehen. Die Herren der Mordkommission tranken mehr Schnaps und Bier als der Mörder.«

Rudi zeigte mit einem verschmitzten Grinsen auf den Chef der Kriminaltechnik.

»Deshalb war der Mörder ja auch der Mörder. Denken Sie an das Sprichwort: Traue nie einem Mann, der nicht trinkt.«

»Das hat W. C. Fields gesagt«, warf Krogh ein.

»Gut zu wissen, dass Sie die Klassiker kennen.«

Durch das Geplauder löste sich die gedrückte Stimmung ein wenig.

Die drei Gäste saßen eingeklemmt an dem kleinen Tisch, Mogens Krogh wusste nicht, wohin mit seinem Bauch. Lykke beobachtete ihn aus den Augenwinkeln. Er tat ihr ein bisschen leid, jetzt, da sie wusste, dass seine Frau Krebs hatte. Immerhin hatte der mürrische Polizist nun seine Hand zur Zusammenarbeit ausgestreckt. Neugierig betrachtete er die Gerätschaften im hinteren Teil des Campers.

»Sie fahren ja mit einem beeindruckenden Gerätepark durch die Gegend, Lehmann. Was kann man damit alles machen?«

»Ich zeige es Ihnen bei Gelegenheit«, erwiderte Rudi. »Aber im Augenblick sollten wir uns auf die Ermittlungen konzentrieren. Also, was haben wir: einen toten Kriminellen, der im Sand vergraben ist, die Leichen von zwei gefolterten Junkies in einem Turm und einen unbekannten Täter, der einen Lehrer überfallen und möglicherweise einen Schüler gewaltsam entführt hat. Wie passt das zusammen?«

»Vergiss Rosa Molberg nicht«, erinnerte ihn Lykke. »Ich denke, man muss sie auch mit einbeziehen. Und die Einbrüche am Klitvej.«

Krogh pustete in seinen Kaffee.

»Das ist schon eigenartig. Warum bricht jemand in ein Haus ein, in das bereits eingebrochen wurde?«

»Entweder fand der Dieb beim ersten Versuch nicht, wonach er gesucht hat, oder es handelt sich um zwei verschiedene Täter«, schlug Rudi vor.

»Vielleicht hat jemand nach etwas gesucht, das im Besitz von Laumann war«, sagte Frank Joveen und wärmte die Hände an seinem Kaffeebecher. »Beide Einbrüche geschahen, nachdem sich die Nachricht von seinem Tod bereits herumgesprochen hatte.«

»Das ist auch unsere Theorie«, bestätigte Lykke.

Sie hatte ein schlechtes Gewissen, weil die anderen die SMS nicht kannten, aber sie hatte Sorge, dass Krogh auf dumme Gedanken kommen könnte, wenn er erfuhr, dass sie Bjarke Laumann gekannt hatte.

»Der Täter draußen im Watt und der zweite Einbrecher sind jedenfalls nicht ein und dieselbe Person.« Rudis Stimme klang neutral.

»Woher wollen Sie das wissen?«

»Lasse Espersen hat berichtet, dass der Mann im Nebel ein großer Bursche gewesen sei. Wäre er der zweite Einbrecher, hätte selbst ich mit meiner miserablen Kondition ihn einholen können, als er flüchtete. Der Einbrecher war schlank und verdammt schnell.«

»Wie sah er aus?«, wollte Joveen wissen. »Ich meine, der Dieb?«

»Er trug dunkles Joggingzeug, Mütze und Handschuhe. Ein jüngerer Mann, sicher unter fünfzig.«

»Das ist besser als gar nichts«, murmelte Krogh. »Aber ich glaube noch immer, dass wir über verschiedene Fälle reden. Der Mord an dem Kopenhagener, die Einbrüche und die Vorfälle im Watt sind die eine Sache, eine andere ist der Doppelmord im Turm. Und Rosa Molberg ist ein dritter Fall.«

»Wieso hängt Rosas Verschwinden Ihrer Meinung nach nicht mit den übrigen Fällen zusammen?«

»Es liegt eine zu große Zeitspanne zwischen ihrem Tod und den übrigen Verbrechen.«

»Du weißt doch gar nicht, dass Rosa Molberg nicht mehr lebt«, gab Joveen zu bedenken.

»Sie ist tot, Frank. Wann wurde in Dänemark das letzte Mal ein entführtes Kind nach anderthalb Jahren lebendig aufgefunden?«

»Ich stimme Krogh zu«, erklärte Rudi Lehmann. »Leider. Gut, zuerst Rosa Molberg: Wer hat sie entführt und warum?«

Der Ermittlungsleiter runzelte die Stirn. Er hatte seine Mütze abgesetzt und zeigte sein dünnes zurückgekämmtes Haar.

»Ein Pädophiler. Diese Teufel sind schlau. Der Täter lässt viel Zeit zwischen jeder Entführung vergehen, damit es nicht so aussieht, als gäbe es einen Zusammenhang.«

»Sie meinen, Rosas und Villads' Kidnapper sind ein und dieselbe Person?«

»Ja, aber Villads war eine Notwendigkeit, kein Zwang. Er hat das Gesicht des Täters gesehen und musste aus dem Weg geschafft werden. Villads passt nicht in das Muster der kleinen Mädchen.«

»Welches Muster?«, fragte Lykke überrascht.

»Die Fälle bei Aalborg vor einigen Jahren. Es gibt in Nordjütland gewisse Ähnlichkeiten mit Rosas Verschwinden.«

Lykke zog die Brauen zusammen.

»Sie meinen Peik Gravesen?«

»Genau.«

»Er sitzt seit mehreren Jahren in einer geschlossenen Anstalt.«

»Richtig, aber es gibt trotzdem Parallelen zum Fall Rosa Molberg, zum Beispiel die Art und Weise, wie ihre Schuhe gefunden wurden.«

Rudi sah seine Kollegen verständnislos an.

»Entschuldigung, ich komme gerade nicht ganz mit. Wer ist Peik Gravesen?«

»In Nordjütland wurden einige kleine Mädchen auf fürchterliche Weise ermordet«, informierte ihn Lykke. »Der Täter war ein jüngerer Bursche, der sich psychisch als unheilbar krank erwies.«

»Wenn er in einer Anstalt sitzt, kann es ja kaum derjenige sein, nach dem wir suchen.« Rudi sah den Ermittlungsleiter an. »Kennen Sie Rosas Familie und ihre Geschichte?«

»Ich habe den Fall geleitet. Wir haben monatelang ermittelt, aber irgendwann waren sämtliche Möglichkeiten erschöpft, und neue Spuren tauchten nicht auf. Der Fall ist noch immer nicht geklärt und wird offiziell als Mord behandelt.«

»Können Sie uns eine kurze Zusammenfassung geben?«, bat Lykke.

Mogens Krogh richtete sich auf und drehte seinen Kaffeebecher mit einem bedeutungsvollen Gesichtsausdruck. Es sah aus, als täte es ihm gut, im Zentrum zu stehen.

»Es geschah draußen auf dem Molberg-Hof. Sie waren eine ganz normale Familie, Vater, Mutter und zwei kleine Kinder. Rosa, ihre kleine Schwester Vibe und einige andere Kinder spielten an jenem Sommerabend Verstecken. Plötzlich war Rosa verschwunden, und ihr Vater ging in den Wald, um nach ihr zu suchen. Dort fand er die Schuhe des Mädchens unter einem Busch. Er rief uns an. Ich ordnete eine systematische Suche an, der Rettungsdienst wurde alarmiert, und wir erweiterten den Suchradius auf ganz Melum und mehrere Kilometer in alle Richtungen, inklusive des Meers. Frank war für die technischen Untersuchungen verantwortlich.«

Joveen räusperte sich.

»Es war hart. Meine Tochter ist im gleichen Alter wie Rosa. Molberg zeigte uns, wo er die Schuhe gefunden hatte. Es war eigenartig. Warum sollte das Mädchen im Wald seine Schuhe ausziehen? Ich musste sofort an Peik Gravesen denken. Seine Arrangements. Als ich die Schuhe im Labor untersuchte, fand ich kleine Blutspritzer auf dem Oberleder des einen Schuhs. Ebenso wie auf einigen Blättern des Dornbuschs. Ein Zweig war abgebrochen. Natürlich hätte Rosa sich stechen können, als sie ihre Schuhe dort versteckte, aber es könnte auch ein kleiner, kurzer Kampf gewesen sein. Die DNA-Analyse zeigte, dass es sich um das Blut des Mädchens handelte.«

Man sah Joveen deutlich an, wie schwer ihm die Erinnerung fiel. Mogens Krogh fuhr fort.

»Es erinnerte uns an Peik Gravesens Verbrechen. In Südjütland wohnt ein Gravesen-Experte, Theodor Stamfeldt. Er ist Arzt und ein international anerkannter Psychiater, dessen Fachgebiet Pädophilie ist. Er hat uns bei den Ermittlungen mit Theorien und Vorschlägen geholfen. Stamfeldt meinte, der Molberg-Fall hätte so viel Ähnlichkeit mit den Morden an den kleinen Mädchen bei Aalborg, dass es sich nicht um Zufall handeln könnte.«

»Nur, damit ich es verstehe«, unterbrach Rudi Lehmann. »Gravesen hat mehrere Mädchen entführt und getötet, aber er kann für die Entführung von Rosa nicht verantwortlich sein, weil er zu diesem Zeitpunkt bereits in einer geschlossenen Anstalt saß?«

»Ganz genau. Es verschwanden drei Mädchen, nur bei Soffia Korlum, dem letzten, gibt es Zweifel, ob Gravesen es gewesen ist.«

»Gravesen ist vollkommen wahnsinnig«, ergänzte Joveen. »Er hat die Kinder nicht nur entführt und ermordet, er hat auch Teile ihrer Füße gegessen.«

Rudi Lehmann sperrte Mund und Nase auf. »Wie bitte?«

»Die Leichen wurden in seinem Keller gefunden«, sagte Lykke. »Sie waren unter dem Fußboden vergraben. Beiden Mädchen fehlten die Füße. Teile davon lagen in der Gefriertruhe.«

»*Beiden* Mädchen? Ich dachte, es waren drei?«

»Soffia Korlum ist nie gefunden worden, nur ihre Schuhe in einem Süßwarenladen«, erklärte Krogh. »Sie standen neben einer Tiefkühltruhe, und zu diesem Zeitpunkt war Gravesen noch auf freiem Fuß. Aber es gibt eine Videoaufnahme einer Tankstelle von einer Person, bei der es sich möglicherweise um ihn handeln könnte. Der Betreffende befand sich etwa vierzig Kilometer vom Tatort entfernt, als Soffia Korlum verschwand, daher der Zweifel, ob Gravesen mit diesem Fall etwas zu tun hat. Das änderte jedoch nichts an seinem Urteil.«

Rudi sah ein wenig verwirrt aus.

»Die Schuhe der Mädchen wurden alle auf die gleiche Art und Weise gefunden, fein säuberlich, ordentlich aufgestellt«, fügte Krogh hinzu. »Deshalb haben wir uns im Fall Rosa Molberg eine Weile damit beschäftigt.«

Stille breitete sich im Wohnmobil aus. Draußen wirbelte der Wind die Blätter in einem raschelnden Konzert durcheinander.

»Wie ist die Familie Molberg damit zurechtgekommen?«, erkundigte sich Lykke.

»Schlecht«, antwortete Krogh. »Sie standen unter massivem Druck der Medien, der offiziellen wie der sozialen. Stellen Sie sich vor, Sie verlieren Ihr Kind, und dann werden Sie auch noch beschuldigt, nicht gut genug darauf aufgepasst zu haben. Es endete mit der Trennung der Familie. Lauritz Molberg verlor seinen Job bei Stamfeldt, weil er anfing zu trinken. Er hat mir wirklich leidgetan. Es war furchtbar.«

»Er hat für Theodor Stamfeldt gearbeitet?«

»Nein, für Julius Stamfeldt, Theodors Vater. Ein Korn- und Futtermittelfabrikant, dessen Firma zwanzig Kilometer von hier entfernt liegt. Julius Stamfeldt ist einer der Großmogule unserer Gegend.«

»Wenn Theodor Stamfeldt Experte auf diesem Gebiet ist«, überlegte Rudi, »könnte er uns vielleicht ein paar Hinweise geben, was einen Kidnapper antreibt.«

»Normalerweise ist er wahnsinnig hilfsbereit. Seine Praxis ist im Ärztehaus von Ribe.«

»Ich würde mir gern die Umgebung ansehen, wo Rosa verschwand. Wie die Lage des Hofs zum Wald und dem Rest des Dorfs ist«, sagte Lykke.

»Okay, wie verteilen wir die aktuellen Aufgaben in der momentanen Situation?«, erkundigte sich Krogh.

»Ich schlage vor, Sie kümmern sich um das Paar im Turm«, erwiderte Rudi. »Dann arbeiten wir weiter an dem Laumann-Fall und beziehen die neuesten Entwicklungen in unsere Überlegungen ein. Ist das okay?«

Mogens Krogh sah den Deutschen mit einem nachdenklichen Gesichtsausdruck an.

»Ein vernünftiger Plan, denke ich. Wir ermitteln auch weiter bei dem Überfall auf Lasse Espersen, Villads' Verschwinden und den Einbrüchen. Wenn Sie etwas Entscheidendes herausfinden, würde ich gern umgehend informiert …«

Er wurde durch Rudis Telefon unterbrochen, das ein schrilles und sehr markantes Signal aussendete.

»Haben Sie keinen angenehmeren Klingelton für Ihr Telefon finden können?«, fuhr Krogh fort. »Man kann … was ist?«

Alle sahen dem Kommissar an, dass es sich um etwas Wichtiges handelte. Ohne ein Wort zu sagen, stand er auf und schaltete Teile seiner technischen Anlage ein. Während die Geräte hochfuhren, lieferte er eine Erklärung.

»Das Signal, das Sie gerade gehört haben, ist ein GPS-Ortungssystem. Ich hatte es mit Villads' Telefonnummer gefüttert. Jemand hat soeben sein Telefon aktiviert.«

Krogh wollte aufspringen, oder besser, er versuchte es, dann zwängte er sich mühselig aus der engen Bank. Die Gruppe versammelte sich um Rudi Lehmann. Eine Landkarte erschien auf dem Bildschirm. Ein blinkendes rotes Signal zeigte den Fixpunkt.

»Das ist irgendwo in der Marsch bei Tønder«, rief Joveen, »können Sie das vergrößern?«

»Natürlich.«

Rudi zoomte in die Karte. Eine einzelne Liegenschaft im Marschland. Dort blinkte das Signal. Er wechselte von der Karte zum Satellitenbild von Google Maps. Ein kleines, isoliertes, von Feldern umgebenes Haus war auf dem Bildschirm deutlich zu erkennen.

»Sieht aus wie ein gutes Versteck für ein Kind«, meinte Lykke.

»Und wenn wir versuchen anzurufen?«, schlug Krogh vor.

»Nein«, widersprach Rudi. »Wenn es der Junge ist, wird er von sich aus versuchen, mit uns Kontakt aufzunehmen, wenn es aber jemand anderes ist, würden wir ihn nur warnen, dass wir ihn aufgespürt haben.«

»Zeit zum Handeln«, murmelte Krogh.

Er hatte bereits sein eigenes Telefon in der Hand.

20

Das Haus stand am Siltoftvej, südlich von Høyer. Es war das einzige Grundstück, soweit das Auge reichte, und lag mitten in der offenen Marschlandschaft, umgeben von Schafhürden und Kanälen. Das bedeutete, man konnte von den Fenstern aus jeden sehen, der sich näherte, aber es bedeutete auch, dass es bei einer eventuellen Flucht nicht viele Möglichkeiten gab, sich zu verstecken und unbemerkt zu entkommen.

Folmer Roost, der Einsatzleiter des Spezialkommandos Süd, saß im vorderen der beiden speziell ausgerüsteten Lieferwagen, die einen knappen Kilometer vor dem Einsatzort am Straßenrand hielten. Er hatte einen Feldstecher vor den Augen und betrachtete das Haus mit nachdenklichem Gesichtsausdruck.

»Schwierig, da unbemerkt heranzukommen. Wir könnten uns anschleichen, aber wir können kaum bis dahin kriechen, ohne gesehen zu werden, daher schlage ich ein Überraschungsmanöver vor.«

»Ich denke, das wird das Beste sein«, bestätigte sein Stellvertreter Thomas Sørensen am Steuer. Der Motor lief im Leerlauf. »Wir fahren hin, umstellen die Hütte und stürmen sie.«

»*You know the drill,* Tommy: Wir wissen nicht, ob der Täter bewaffnet ist, wenn er überhaupt dort ist. Wir wissen auch nicht, wo im Haus der Junge sich befindet, wenn er überhaupt da ist. Alles, was wir haben, ist das Telefonsignal.«

»Ich sehe keine Autos, aber natürlich könnte eins hinter dem Haus geparkt sein.«

»Es gibt auch keinen Keller, jedenfalls keine Kellerfenster, aber eine erste Etage«, berichtete der Einsatzleiter. »Sieht nach einer überschaubaren Aufgabe aus. Okay, die Strategie ist klar, aber spart euer Pulver. Wir sollen den potenziellen Täter schließlich zum Verhör mitbringen.« Er aktivierte das Funkgerät unter seinem Schultergurt. »Habt ihr mitgehört, Jungs? Wir tauchen unerwartet zum Kaffee auf, aber keinen *Gunfight at the O. K. Corral.* Es könnten sich Unschuldige im Haus befinden, und wir riskieren, dass wir den Täter nicht verhören können, weil er tot ist, der Junge aber irgendwo versteckt wurde. Also lasst die Finger vom Abzug, verstanden?«

Es schnarrte im Funkgerät.

»10-4, Unit 1«, lautete die Antwort aus dem hinteren Wagen.

»Und dasselbe gilt für euch, Jungs.«

Die vier Beamten in Kampfanzügen, Helmen mit Visier und automatischen Gewehren, die hinter Roost und Sørensen saßen, zeigten gemeinsam den erhobenen Daumen.

Polizeiassistent Søren Fosberg hob eine Hand, die in einem Handschuh steckte. »Gib Gas, Tommy!«

Der weiße Lieferwagen fuhr auf die leere Landstraße. Der hintere Wagen folgte unmittelbar. Tommy fuhr schnell, aber nicht aggressiv, auf das Haus zu. Der Abzweig zum Haus kam näher. Ein Beobachter der Szene hätte kaum sagen können, ob die Wagen vorbeifahren würden oder nicht. Der stellvertretende Kommandant bremste und riss das Lenkrad herum. Es ertönte ein gequältes Jaulen der Reifen, dann gab er Gas. Der Wagen brachte die hundert Meter Schotterweg rasch hinter sich und verschwand beinahe in einer Staubwolke, als er unmittelbar vor dem Haus bremste. Die Schiebetüren flogen auf, die Beamten sprangen heraus. Das Gleiche passierte synchron am hinteren Wagen. Die Männer verteilten sich routiniert auf zwei Gruppen. Der Einsatzleiter und seine Leute blieben auf der Vorderseite, die übrigen Beamten liefen hinter das Haus. Es gab ein paar scharfe Kommandos, dann hämmerte der Polizeiassistent Martin Lerstrøm das Brechwerkzeug gegen das harmlose Schloss und riss die Haustür mit einem Schlag auf. Tommy rannte in einen kleinen Flur, dicht gefolgt von seinen Kollegen. Nach einer raschen Kontrolle von zwei kleineren Räumen wurde *Clear!* gerufen. Wie eine angreifende Rugby-Mannschaft stürmte die Gruppe in ein übersichtliches Wohnzimmer, gleichzeitig zersplitterte die Hintertür, und der Rest des Einsatzkommandos kam aus der Küche gelaufen.

»Halt!«, brüllte Roost und reckte einen Arm in die Luft.

Die Männer erstarrten mit angelegten Waffen, die alle auf dasselbe Sofa in der Mitte des Raums zielten. Eine totenähnliche Stille breitete sich aus. Der Einsatzleiter klappte sein Visier hoch und schaute auf zwei minderjährige Jungen, die mit bleichen Gesichtern dasaßen und die Kommandogruppe anstarrten. Der Ältere der beiden hielt ein Mobiltelefon in der Hand, das muntere elektronische Spielgeräusche von sich gab. Sein jüngerer Bruder, ein Bursche mit rundem Kopf, abstehenden Ohren und einem panischen Blick, zitterte vor Schreck.

»Wir haben nichts gestohlen«, stammelte der Ältere und hielt Roost das Telefon am ausgestreckten Arm hin. »Wir haben es gefunden.«

»Ich will nicht ins Gefängnis«, jammerte sein kleiner Bruder und fing herzzerreißend an zu weinen.

»*Shit*«, grunzte Roost und wandte sich an Tommy. »Hast du Süßigkeiten im Auto?«

Der Rest der Gruppe hatte das Haus bereits wieder verlassen.

»Ich glaube, ich habe eine Tüte Lakritz im Handschuhfach«, antwortete Tommy.

»Hol sie. Und ruf Krogh an.«

21

»Ich brauche nichts!«, brüllte eine Stimme hinter der geschlossenen Haustür. »Verschwindet!«

»Børge Nielsen?«, rief Lykke. Sie hatte mehrfach auf die Klingel des Hauses Sydvænget 4 gedrückt, bis jemand reagierte. »Wir würden gern mit Ihnen reden.«

»Verzieht euch mit eurer Religion!«

»Hier ist die Polizei.«

Sie hielt ihren Ausweis vor den Türspion. Das Licht veränderte sich ein wenig. Es vergingen einige Sekunden, dann wurde eine Sicherheitskette entfernt und zwei Schlösser geöffnet. Die Tür schwang langsam auf, und ein großer grauhaariger Mann lugte mit einem mürrischen Gesichtsausdruck durch den Spalt. Er sah aus, als hätten sie ihn geweckt. Vielleicht war er aber auch krank?

»Sind Sie die Polizisten aus Kopenhagen und Deutschland?«

»Mein Name ist Lykke Teit, ich bin Kriminalassistentin am Polizeipräsidium Kopenhagen. Und das hier ist mein Kollege Rudi Lehmann.«

»Mordkommission Flensburg«, stellte er sich mit einem Lächeln vor und zückte seinen Ausweis.

»Was wollen die Deutschen hier?«, grummelte Nielsen. »Ich dachte, ihr seid 45 abgezogen.«

»Uns wird man nicht so leicht los. Waren Sie nie im Urlaub auf Rømø?«

»Um Himmels willen. Na, aber Sie sehen zumindest intelligenter aus als diese Landjäger hier. Was wollen Sie?«

»Mit Ihnen über den Mann sprechen, der Ihr Haus Klitvej Nummer 12 gemietet hat«, sagte Lykke.

»Wo jetzt bereits zweimal eingebrochen wurde«, betonte Børge Nielsen und zeigte mit dem Finger auf sie. »Ich erwarte, dass man mir den Schaden doppelt ersetzt. Schließlich waren es zwei Einbrüche, nicht wahr?«

»Das müssen Sie mit Ihrer Versicherung klären. Wir ermitteln im Mordfall Bjarke Laumann.«

»Dieser Kerl. Ich hätte nie an einen Kopenhagener vermieten sollen. Meine Mutter hat auch immer gesagt ...«

»Dürfen wir einen Augenblick reinkommen?«, fragte Lykke und schüttelte sich. »Es ist ziemlich kalt heute.«

Der Mann sah sie widerwillig an.

»Gibt's auf dem Revier keine Heizung?«

»Doch, und wir können Sie gern dorthin mitnehmen«, beantwortete Rudi die Frage. »Aber es ist doch einfacher hier, nicht wahr?«

Børge Nielsen sah ihn einen Moment besorgt an, dann schlug das Übellaunige wieder durch.

»Das hat man nun von seinem guten Herzen. Man vermietet für so gut wie kein Geld, und dann wird man belästigt mit ...«

Er wurde von einem Hustenanfall unterbrochen und putzte sich die Nase mit einem zerschlissenen Taschentuch.

»Sie haben sich aber eine üble Erkältung eingefangen«, bedauerte ihn Lykke.

»Tja, und meine Frau besucht ihre Schwester. Ich muss mir die Fertiggerichte selbst aufwärmen ... Kommen Sie endlich rein. Schließlich bezahlen die Spatzen nicht meine Heizkosten.«

Der große Mann winkte sie herein. Sie folgten ihm durch ein älteres Haus mit betagten Tapeten, gelblichen Wandlampen, alten Schränken und abgenutzten Möbeln. Ein verstaubtes Hirschgeweih hing im Wohnzimmer ein wenig schief über einem Sekretär. Dort sollten sie sich auf eine Sofagruppe setzen.

Børge Nielsen wirkte wie jemand, der die sechzig bereits überschritten hatte, aber Lykke wusste, dass dies nicht stimmte. Sie hatte ihn beim Einwohnermeldeamt überprüft. Sechsundfünfzig Jahre alt, eine Bewährungsstrafe wegen Alkohols am Steuer, aber sonst alles in Ordnung. Børge Nielsen war altmodisch und dunkel gekleidet, die Frisur war eher wild, sein Hemd hatte Flecken.

Wortlos verschwand er in der Küche und kam mit einer verkratzten blauen Thermoskanne, einigen Tassen und einer Schale mit Katzenzungen zurück.

»Ich weiß nicht, ob das schon als Bestechung gilt, aber es ist Kaffee in der Kanne.«

»Kaffee ist gestattet«, antwortete Rudi, als Lykke die Tassen verteilte.

»Na, dann mal los, fragen Sie. Ich habe nicht den ganzen Tag Zeit.«

»Klingt, als würde in der Küche Wasser laufen?«

»Das sind meine Austern. Die müssen frisch gehalten werden. Ich betreibe ein kleines Nebengeschäft, ich verkaufe sie an Restaurants. Aber bevor Sie hellhörig werden, kann ich Ihnen versichern, dass ich das Geld versteuere. Da kann man mir nichts anhängen.«

»Wir arbeiten nicht fürs Finanzamt«, erwiderte Lykke. »Wo sammeln Sie die Austern?«

»Unten im Watt, wo man den Kerl gefunden hat.« Børge Nielsen putzte sich die Nase mit einem Stück Küchenpapier. »Ich hätte ihm nie davon erzählen dürfen. Er wurde auf meiner besten Bank gefunden. Er hat meine Austern geklaut, um sich Geld zu beschaffen, da er nie auch nur einen roten Heller besaß.

Trotzdem stand er gern vorm Brugsen, um Bier zu saufen. Mit Soldaten-Charlie und diesem Weibsstück. Ich weiß genau, was in ihrem Haus vor sich geht, und ich weiß auch, für wen sie die Beine breit macht. Die drei sind mir ein schönes Trio.«

Lykke warf Rudi einen raschen Blick zu. Børge Nielsen hatte offensichtlich noch nichts von dem Doppelmord gehört.

»Wie sind Sie mit Bjarke Laumann in Kontakt gekommen?«

»Er hat Kontakt zu mir aufgenommen. Eines Tages klingelte er an meiner Tür, genau wie Sie. Man hat nie seine Ruhe. Er hätte bei Freddys gehört, dass ich Häuser vermiete. Er sah so heruntergekommen aus, dass ich zunächst Zweifel hatte. Ich hätte ihm nie den Schlüssel geben dürfen. Meine Alarmglocken hätten schrillen müssen, als ich seinen Kopenhagener Akzent hörte, aber ich konnte ja nicht wissen, dass jemand hinter ihm her ist, oder? Er hat drei Monatsmieten im Voraus bezahlt, daher dachte ich, es wäre alles in Ordnung. Erst nach einem halben Jahr verzögerten sich die Zahlungen, aber irgendwie kratzte er das Geld immer zusammen, bevor ich ihn rausschmeißen konnte. Ich wunderte mich, woher er es hatte. Der Taugenichts ging ja keiner geregelten Arbeit nach. Ich glaube, er lebte von Diebstählen und kam auf die Idee, meine Austern zu klauen.«

»Meinen Sie, er beging Einbrüche?«, fragte Rudi nach.

»Garantiert. Nachts mit dem Brecheisen raus und tagsüber Bierchen kippen. Er hat mit der anderen Bande auch Haschisch geraucht. Ich habe gesehen, wie sie letztes Jahr beim Mittsommernachtsfest in den Dünen saßen, total high und albern. Sie störten sogar das Mittsommerlied, bis Traktor-Svend und ein paar seiner Freunde sie aufforderten, die Klappe zu halten oder abzuschwirren, wenn sie nicht eine Tracht Prügel beziehen wollten. Das war, kurz bevor Rosa verschwand. Die Geschichte mit dem Mädchen ist wirklich eine Tragödie. Wenn ich jemals herausfinden sollte, wer sie verschleppt hat, wüsste ich genau, wo mein Jagdgewehr steht. Es wäre mir scheißegal. Die Polizei unternimmt gar nichts. Dieser Krogh präsentiert sich im Fernsehen, aber er ist dumm wie Bohnenstroh. Er hat überhaupt nichts im Griff. Er kann nicht einmal die Einbrüche aufklären, weder in meinem Haus noch bei den anderen.«

»Hat es denn noch weitere Einbrüche gegeben?«

»In Børsting und Lørlum …« Børge Nielsen beugte sich mit erhobenem Zeigefinger vor. »Sehen Sie, das war durchaus nicht ungeschickt. Laumann beging keine Einbrüche in Melum, so klug war er. Er wusste, dass Gerüchte sich hier wie ein Lauffeuer verbreiten. Er hat sich gehütet und wollte auf keinen Fall von einer der Klatschbasen erkannt werden. Eine Krähe scheißt ja auch nicht ins eigene Nest, nicht wahr? Aber fragen Sie die Leute in Frekved oder Lørlum, ob sie Schmuck oder Bargeld vermissen, da werden Sie Ihren Spaß haben. Sogar in Ribe fehlt ein Gemälde oder eine Skulptur von Robert Jacobsen, die dieser Bjarke Laumann hat mitgehen lassen. Er lebte von der Hand in den Mund, aber auf keinen Fall auf die ehrliche Art wie andere Leute, die ihr ganzes Leben schuften müssen, daher tut mir der Kerl nicht leid. Er fand sein Ende mit dem Bauch nach oben im Watt. Wenn Sie meine Meinung hören wollen, dann war's seine eigene Schuld.«

»Wann haben Sie Laumann das letzte Mal gesehen?«, fragte Lykke.

»Letzte Woche. Er klingelte freiwillig an meiner Tür. Normalerweise musste ich immer zu Freddys, um an meine Miete zu kommen. Er hat sogar zwei Monate im Voraus bezahlt. An dem Tag war sein Portemonnaie voller Bargeld. Wer weiß, wem es gehörte, denn es war garantiert nicht sein eigenes Geld. Er sah sehr selbstzufrieden aus. Wie eine Katze, die die Sahne aufgeschleckt hat.«

»Hat er etwas gesagt?«

»Er sagte: ›Hier ist die Miete, Nielsen, also hör auf, so ein saures Gesicht zu ziehen.‹ Aber er hat schließlich nicht zu entscheiden, ob ich sauer bin oder nicht. Er behauptete, im Lotto gewonnen zu haben, und so könnte man es wohl auch nennen, mal abgesehen davon, dass die dänische Lotteriegesellschaft ihre Prämien sicher nicht in Designerlampen und geerbtem Silber auszahlt.«

»Wissen Sie, ob Laumann mit anderen als Charlie Simonsen und seiner Freundin Kontakt hatte?«

»Sicher. Wo Lumpen sind, kommen Lumpen dazu. Charlie hatte schon immer Besuch von suspekten Individuen, einige verkauften Haschisch oder kamen, um das Weibsstück zu begatten, aber ich kenne diese Leute nicht. Sie kamen nicht aus Melum. Auch ein paar Soldaten habe ich dort mal gesehen. Vermutlich hat er Kontakt zu einigen seiner alten Kameraden aus Bosnien, dieser verrückte Idiot. Aus dem Krieg kam er mit einem Granatschock, aber dafür kann er ja nichts.«

»Konnte«, warf Rudi ein.

Lykke erzählte von dem Doppelmord. Børge Nielsen hörte mit offenem Mund zu und vergaß vollkommen, sich die Nase abzuwischen.

»Herrgott, was passiert hier in Melum? Sind denn plötzlich alle verrückt geworden? Wissen Sie, wer das getan hat?«

»Das gehört zu unseren Ermittlungen«, beantwortete Lykke die Frage.

»Das glaube ich gern.« Nielsen stand auf und ging ein wenig im Wohnzimmer auf und ab. »Das ist Wahnsinn. Und den Jungen, Villads, hat Krogh wahrscheinlich noch immer nicht gefunden? Nein, das habe ich mir gedacht. Drei Morde, zwei Einbrüche und ein gekidnappter Junge. Menschenskind, man ist kurz davor, einen Makler und ein Umzugsunternehmen anzurufen. Ich hoffe nur, dass Sie nicht glauben, ich hätte etwas mit Laumanns Tod zu tun, nur weil er meine Austern geklaut hat! Ich war wirklich die meiste Zeit zu Hause.«

»Wo waren Sie heute Nacht um drei Uhr?«

»Ich habe in meinem Bett geschlafen. Machen das nicht alle vernünftigen Menschen um drei Uhr nachts?«

Lykke stellte eine weitere Frage. »Bjarke Laumann verließ Kopenhagen, um sich hier eine Wohnung zu suchen, weil er Leuten aus der Hauptstadt Geld schuldete. Hat er vielleicht gesagt, warum er sich ausgerechnet Melum ausgesucht hat?«

»Nee, wahrscheinlich weil das hier der Arsch Dänemarks ist und keiner hierherziehen will … Doch, warten Sie, er erwähnte, dass er und Charlie sich aus ihrer Zeit als Soldaten kannten. Nicht in Bosnien, glaube ich, aber sie haben ihren Wehrdienst zusammen abgeleistet.«

22

»Glauben wir ihm?« Lykke griff nach dem zweiten Sandwich des Päckchens.

Sie parkten auf dem Parkplatz vor dem Supermarkt und hatten sich als schnelles Mittagessen ein paar eingeschweißte Sandwiches gekauft. Auf das deutsche Nummernschild wurde der eine oder andere Seitenblick geworfen, bis der Kommissar mit seinem charmanten Lächeln und einem ›Mojn, Mojn‹ zwei vorbeigehende Hausfrauen zum Lächeln brachte.

»Glauben wir Børge Nielsen?«, wiederholte er und wischte sich ein paar Krümel aus dem Bart. »Er machte auf mich einen ehrlichen Eindruck. Ein mürrischer Mann mittleren Alters. Ein wenig kränkelnd, die Frau im Urlaub, etwas verkommen. Welches Motiv sollte er haben, Bjarke Laumann zu ermorden?«

»Laumann hat seine Austern gestohlen. Sie sind teuer.«

Rudi zeigte mit dem Finger auf sie.

»Haha, wegen geklauter Austern, sehr komisch, Lucky. Oder meinst du, es waren Perlen drin?«

Sie verzog das Gesicht.

»Das waren seine eigenen Worte, aber ich gebe zu, dass es schon sehr drastisch ist, jemanden wegen eines Eimers Austern umzubringen.«

»Es wurden schon Menschen aus wesentlich geringerem Anlass ermordet. Ich erinnere mich ganz deutlich an einen Fall in Bremen, bei dem …«

»Ich versuche nur, ein Motiv zu finden. Ich habe die Einbruchsrate hier in der Gegend überprüft, als du eingekauft hast. Børge Nielsen hat recht, sie ist im letzten Jahr gestiegen, und wenn Bjarke sich durch Einbrüche ernährt hat, könnte etwas daran sein.«

»An was?«, fragte Rudi und trank einen Schluck Cola.

Lykke legte ihr halbes Eiersandwich auf den Tisch und wischte sich die Finger ab.

»Vielleicht ist Bjarke bei seinem Mörder eingebrochen und hat … etwas gefunden, was seinen Eigentümer in erhebliche Schwierigkeiten bringen könnte. Irgendetwas, das in der Schachtel ist, die er versteckt hat. Etwas so Ernstes, dass der Täter es für nötig befand, ihn für immer mundtot zu machen.«

»Du glaubst, Laumann hat etwas Geheimnisvolles versteckt, und der Täter bekam es nicht zurück oder fand nicht heraus, wo er es versteckt hat?«

Lykke nickte.

»Das könnte auch das Motiv der Morde an Charlie Simonsen und seiner Freundin sein. Sie kannten Bjarke. Wenn Bjarke ihnen von der Schachtel erzählt hat, ohne ihnen aber zu verraten, wo er sie versteckt hatte, könnte das erklären, warum das Pärchen gefoltert und ermordet wurde. Der Täter versuchte, ihnen ein Wissen zu entlocken, das sie gar nicht hatten.«

»Vielleicht hat der Täter die Schachtel aber auch zurückbekommen … Hm, dann wird es besonders schwer, ihn zu finden.«

Rudi griff zu einem Pastrami-Sandwich.

»Deine Theorie setzt voraus, dass Laumann mit den Fingern in der Torte erwischt wurde und der Täter …«

»Keksdose.«

»Was?«

»Es heißt, mit den Fingern in der Keksdose erwischt werden, aber wenn Laumanns Mörder ihn bei einem Einbruch überraschte, warum lag die Leiche dann draußen im Watt?«

»Laumann wurde vermutlich nicht auf frischer Tat ertappt. Der Täter erfuhr erst von ihm, als Laumann das Diebesgut dem Besitzer selbst verkaufen wollte. Børge Nielsen hat gesagt, Bjarke hätte eine Menge Bargeld gehabt.«

»Einverstanden, aber *was* kann er gestohlen haben, das so wichtig war, dass er sterben musste?«

»Eine größere Menge Drogen vielleicht? Edelsteine? Oder Geld? Kriminelle verfügen häufig über größere Mengen an Bargeld.«

»Könnte es um Waffen gehen? Charlie Simonsen war ehemaliger Soldat, und er hatte Besuch von Armeeangehörigen.«

»Es muss in eine Schachtel passen. Eine kleine Wasserstoffbombe?«

Lykkes Telefon klingelte. Sie führte ein kurzes Gespräch mit Mogens Krogh, der Kommissar hörte zu und aß dabei sein Sandwich auf.

»Klang wie gute Neuigkeiten?«

»Sowohl als auch. Sie haben Villads nicht gefunden, aber wir haben sein Telefon. Zwei Jungen fanden es auf dem Heimweg von der Schule in einem Straßengraben, der an einer Straße namens Siltoftvej verläuft. Offenbar eine ziemlich einsame Gegend. Das Telefon war ausgeschaltet, aber intakt. Es wird jetzt von den

Kriminaltechnikern untersucht. Jemand hat es offenbar aus einem Auto geworfen, um es loszuwerden, die Entfernung zur Straße passt.«

»Das unterstützt zumindest Lasse Espersens Erklärung. Der Mann ohne Gesicht hat den Jungen nach dem Überfall entführt.«

»Tja, und wo ist er jetzt, und was hat er vor?«

Der Kommissar kratzte sich an der Stirn.

»Wenn es ausschließlich darum ging, Zeugen mundtot zu machen, hätte der Täter Villads draußen im Watt töten können.«

»Und jetzt versteckt er ihn.«

»Davon müssen wir ausgehen.«

»Was ist unser nächster Zug?«

»Rosa Molbergs Familie.«

23

Der Molberg-Hof lag abseits der Straße am nördlichen Rand von Melum. Ebenso wie der Gasthof war das Gelände vom Rest des Ortes durch ein Waldstück abgetrennt, als hätte die kleine Dorfgemeinschaft den Hof ausgestoßen. Rudi fand einen unscheinbaren Feldweg, der zum Wohnhaus führte; dort endete der Wald, und die Felder begannen. Das Wohnmobil kam nur im Schneckentempo voran, und wäre ihnen ein anderes Fahrzeug entgegengekommen, hätten sie ein Problem gehabt, denn es gab keine Ausweichmöglichkeit.

Sie fuhren auf den großen Hofplatz mit wild wachsendem Unkraut und herumliegendem Gerümpel. Das Hauptgebäude sah ähnlich aus, ein kleines Haus mit bröckelnder Fassade und einem vernachlässigten Reetdach. Der Dachfirst war durch einen scharfen Knick in der Mitte entstellt, so als hätte ihn jemand in die Knie gezwungen – gezeichnet von der Tragödie, die sich auf dem Hof abgespielt hatte. Die Fenster saßen tief, und trotz des aschgrauen Oktoberhimmels sahen sie in keinem der Zimmer Licht.

»So etwas nennt ihr in Dänemark doch eine Herausforderung für einen Handwerker, oder?«, fragte Rudi, während er den Camper langsam über den unebenen, mit Schlaglöchern übersäten Hofplatz manövrierte.

»Hier würde ich nicht wohnen wollen, selbst wenn man mir etwas dafür bezahlen würde, aber ich bin ja mit meiner Gegensprechanlage an der Tür und Cafés an jeder Straßenecke auch verwöhnt«, erwiderte Lykke und fasste den Haltegriff über der Tür fester.

Rudi bremste und stellte den Motor ab. Sie stiegen aus und schnüffelten. Die Luft war gesättigt von einem sauren Geruch nach herbstlicher Verwesung, in den sich Gülle mischte. Die Straße war von hier aus nicht zu sehen, da das Grundstück unterhalb lag. Links vom Hauptgebäude stand eine große Scheune, daneben gab es eine Koppel mit einigen Pferden. Die meisten Bewohner eines Hühnerhauses liefen auf dem Hof herum. Zwei standen auf dem Dach eines alten Traktors.

Über dem Scheunentor hing ein bedrucktes Emailleschild:

MOLBERG AUTO
REPARATUR UND BLECHARBEITEN

»Sieht aus, als wäre niemand zu Hause.«

»Ich versuch's mal.«

Rudi klopfte fest an die Haustür, die ein wenig in ihrem Rahmen knarrte. Lykke ging zur Scheune. Darin befand sich eine größere Autowerkstatt. Ein älterer Lieferwagen und eine Nimbus mit Seitenwagen standen in der Ecke. Ein rostiger Simca stand hilflos zum Trocknen auf einer Hebebühne. Es gab Unmengen von Werkzeugen, Schweißausrüstungen, Messinstrumenten und Reifen, die auf Gestelle gestapelt waren.

»Ich glaube, hier kann man sich sein Auto schwarz spritzen lassen«, rief sie.

»Tja, egal, welche Farbe es haben soll.«

Lykke ging zu der Koppel, die Pferde kamen ihr vertrauensvoll entgegen. Sie streichelte ihnen über die Mäuler und erinnerte sich an ihre frühen Teenagerjahre. Sie war eine aktive Reiterin gewesen, bis ihr Lehrer eines Nachmittags den Begriff »reiten« missverstand. Er hatte seine Hand auf ihren Hintern gelegt, und als sie ihn aufforderte, die Hand zu entfernen, hatte er versucht, sie zu küssen. Es endete mit ihrem Knie in seinen Hoden.

Seither hatte sie nicht mehr auf einem Pferd gesessen. Sie hatte sich häufig Vorwürfe gemacht, dass sie den Vorfall niemals gemeldet oder andere Mädchen gewarnt hatte, aber es war eine andere Zeit gewesen, lange vor #MeToo. Sie dachte, sie hätte ihn herausgefordert, weil sie ihn angelächelt hatte.

»Du hättest Tierärztin werden sollen.«

Sie zuckte zusammen. Rudi stand plötzlich hinter ihr. Er wies mit dem Kopf auf das Haus.

»Ich habe an die Fenster geklopft. Es ist niemand zu Hause. Wir müssen es später oder morgen noch einmal probieren.«

Sie gingen zurück zum Wohnmobil, als ein paar Scheinwerfer und ein Motorengeräusch einen staubigen schwarzen Land Rover Discovery mit gelbem Dach ankündigten. Der Fahrer kannte sich auf dem holprigen Hofplatz aus und parkte ein paar Meter hinter dem Camper. Ein großer, kräftig gebauter Mann in einer Army-Weste und einer schwarzen Hose sprang heraus. Er griff nach ein paar Tüten und sah die Fremden nicht sonderlich freundlich an.

»Laurits Molberg?«, fragte Rudi.

»Wenn ich Ihnen empfohlen wurde, dauert es seine Zeit. Es stehen noch vier Autos auf der Warteliste.«

»Dann ist es ja gut, dass das gute alte Mädchen noch ganz traumhaft fährt.«

Rudi versetzte dem Wohnmobil einen leichten Klaps und hielt seinen Dienstausweis hoch.

»Rudi Lehmann, Kripo Flensburg. Das ist meine Kollegin Lykke Teit aus Kopenhagen. Wir würden Ihnen gern ein paar Fragen stellen.«

Lykke schätzte Molbergs Alter auf ungefähr vierzig Jahre, obwohl er wesentlich älter aussah. Das Leben war mit diesem Gesicht nicht behutsam umgegangen, die Haut war ungesund und runzlig. Die Haare standen wirr ab wie bei einem Obdachlosen, die Augen lagen tief und zusammengekniffen unter buschigen Augenbrauen.

»Geht's um die Morde im Turm?«

»Sie wissen davon?«

Molbergs Blick wechselte zu ihr. Die Stirnfalten glätteten sich nicht. Im Gegenteil.

»Das wissen doch alle. Ich war gerade im Brugsen. Das ganze Dorf redet darüber. Melum ist eine einzige große Klatschzentrale, und es wimmelt von Journalisten und anderen Neugierigen. Die Hälfte behauptet, sie würden nach dem Jungen suchen, aber was machen sie dann unten am Aussichtsturm? Dort herrscht Verkehrschaos. Ich habe einen Wagen von TV 2 News gesehen, der sich festgefahren hat. Das geschieht ihnen recht, diesen Geiern, die vom Elend anderer Leute leben.«

»In dem Fall ermitteln unsere Kollegen aus Esbjerg«, erwiderte Rudi.

Molberg schnaubte und trat seine Wagentür mit dem Fuß zu.

»Hoffentlich nicht mit Mogens Krogh als verantwortlichem Einsatzleiter. Dann wird der Fall nie aufgeklärt.«

»Wie meinen Sie das?«

»Er sollte in Pension gehen und die Leitung kompetenten Leuten überlassen. Er würde nicht mal eine Katze finden, wenn sie direkt zwischen seinen Beinen steht. Meine Tochter ist vor anderthalb Jahren spurlos verschwunden. Lediglich ihre Schuhe tauchten wieder auf, und die habe ich selbst gefunden. Krogh und seine Männer konnten überhaupt nichts aufklären. Nicht einen Scheiß!«

»Wir wurden über den Fall Ihrer Tochter informiert«, sagte Lykke. »Bei unseren Fragen geht es um Rosa …«

Laurits Molberg fauchte sie an.

»Wozu soll das gut sein? Sie ist verschwunden und tot, unser Leben ist zerstört, und wenn ich das Schwein je erwische, das …«

»Wir ermitteln im Fall des toten Mannes, der im Wattenmeer gefunden wurde«, erklärte Rudi. »Davon haben Sie über die Klatschzentrale bestimmt auch gehört.«

Molberg ließ die breiten Schultern ein wenig sinken.

»Natürlich, aber was hat das mit Rosa zu tun?«

»Vielleicht nichts, aber wir untersuchen alle Möglichkeiten. Rosas Verschwinden war das erste Verbrechen in Melum. Daher ist es für uns der Ausgangspunkt. Ein ungeklärtes Verschwinden wird nicht einfach so zu den Akten gelegt. Es gibt also noch Hoffnung, solange jemand ermittelt. Fälle, in denen Menschen über einen erheblich längeren Zeitraum verschwunden waren als Ihre Tochter, wurden aufgeklärt. Wollen Sie uns helfen?«

Molberg taute ein wenig auf. So etwas wie Hoffnung oder Erwartung zuckte über sein zerfurchtes Gesicht.

»Wenn ich kann.«

24

Er erwachte von einem Geräusch, als würde ganz in der Nähe irgendjemand oder irgendetwas kratzen. Es klang wie Fingernägel oder Klauen auf Holz oder in der Erde. Er konnte nicht erkennen, was es war. Anfangs hatte er überhaupt nichts sehen können, er hatte nur die muffige Decke gerochen, die halb über seinem Gesicht lag. Glücklicherweise war er nicht gefesselt und konnte sich bewegen. Arme und Beine waren frei, aber er hatte das Gefühl, als läge eine unsichtbare Last auf ihm. Sämtliche Energie war aus seinem Körper verschwunden, als würde er an einem Wintertag mit Grippe im Bett liegen.

Und doch war dies hier ein anderes Gefühl.

Der Kopf summte, aber er hatte kein Fieber. Er war lediglich willenlos wie eine Schlotterpuppe. Und benommen. Im ersten Moment hatte er sich nicht einmal mehr an seinen Namen oder seine Adresse erinnern können, glücklicherweise war es ihm jedoch schnell wieder eingefallen.

Villads Geertsen, elf Jahre alt, Skovbakken 9. Er ging in die fünfte Klasse der Schule in Melum und … im Augenblick befand er sich an einem dunklen, kalten Ort und hatte keine Ahnung, wie er hierhergekommen war. Wieso lag er vollständig bekleidet auf einer rauen Matratze mit einer alten, übel riechenden Decke über dem Kopf, während er das Gefühl hatte, dass sich alles drehte? Was war passiert, und wer kratzte da mit hektischen Bewegungen in der Nähe seiner Ohren?

Die Fragen häuften sich, der Lärm hielt an.

Er wusste nicht, wie viel Zeit vergangen war, bis er so wach war, dass er sich die Decke vom Gesicht ziehen konnte. Es wurde nicht viel heller. Kurz darauf zeigten sich jedoch hier und da schmale senkrechte Lichtstreifen in der Dunkelheit. Links von ihm, wo das kratzende Geräusch herkam, sah er einen etwas breiteren Spalt mit Tageslicht.

Er wollte aufstehen, es gelang ihm nicht. Stattdessen hörte er den Geräuschen zu, während Fragmente seiner letzten Erinnerungen sich langsam aus seinem Unterbewusstsein schälten. Er war draußen im Watt gewesen, mit Lasse, der nicht nur sein Lehrer und Freund war, sondern auch so zuverlässig, dass Villads Eltern ihm die Erlaubnis gegeben hatten, ihn nach dem Unterricht auf Ausflüge mitzunehmen, um Vögel zu beobachteten. Sein Vater hatte für so etwas keine Zeit, und seine Mutter war der Ansicht, dass sein Interesse für die Natur gesund sei.

Er hatte Bernstein gesucht, als er plötzlich ein Gesicht entdeckte, das ihn vom Wattboden aus anstarrte. Der Anblick hatte ihn so fasziniert, dass er zunächst den Nebel und Lasses Rufe gar nicht bemerkt hatte. Ehe er sich versah, war er von den Schwaden umschlossen, und das Gesicht im Sand hatte ausgesehen, als würde es sich bewegen, weil der Nebel über den Sand wirbelte. Plötzlich hatte es sich angehört, als hätte der Tote ein Seufzen ausgestoßen. Er hatte nach Lasse geschrien, der ihn dann auch gefunden hatte.

Die Erleichterung war allerdings nur von kurzer Dauer gewesen und von einer anderen Gefahr abgelöst worden. Eine große Gestalt wuchs aus dem Nebel heraus, ein Mann ohne Gesicht. In seiner Faust rasselte eine Kette, und bevor Villads Lasse warnen konnte, flog sie durch die Luft und traf seinen Lehrer so heftig am Kopf, dass er zu Boden stürzte. Villads war in Panik geraten und geflohen. Die Flut hatte eingesetzt, überall war jetzt Wasser. Er war blindlings davongelaufen, ohne zu wissen, wo die Küste war. Schweres Platschen verfolgte ihn. Der unbekannte Mann war ihm direkt auf den Fersen. Villads hatte versucht, zickzack zu laufen, doch der Angreifer kam näher. Und dann hatte er den Stein übersehen, der aus dem Sand ragte; er war darüber gestolpert, vornübergefallen und mit dem Kopf auf dem harten Sand aufgeschlagen. Alles war schwarz geworden.

Lange lag er auf der Matratze, bis er sich zusammenreißen und aufsetzen konnte. Es fiel ihm schwer, sich zu orientieren, er war noch immer benommen, und außerdem war der Raum sehr dunkel, obwohl die Ritzen in den Wänden deutliche Tageslichtstreifen zeigten. Die Frage war, wie lange noch. Im Oktober wurde es früh dunkel, vor allem an bedeckten Tagen. Das bedeutete, er hatte hier mindestens einen Tag gelegen, vielleicht sogar etwas länger, denn Lasse und er hatten die Leiche im Watt am späten Nachmittag gefunden.

Ihm fiel sein Telefon ein, er suchte in den Jackentaschen. Er fand seine Schlüssel, ein paar Kaugummis und etwas Kleingeld, nicht aber das Telefon. Es könnte herausgefallen sein, während er schlief, vielleicht lag es irgendwo im Dunkeln. Andererseits: Wenn es hier wäre, hätte es dann nicht geklingelt? Man würde ihn doch vermissen? Sicher hatte man mit einer größeren Suche begonnen, seine Eltern machten sich bestimmt Sorgen.

Er fror, obwohl er vollständig bekleidet war. Der Raum war nicht geheizt, die Bodenbretter eiskalt, aber zumindest hatte er die Decke, um sich zu wärmen. Der Mann hatte ihn verfolgt, eingeholt und … was war dann passiert?

Villads fasste an eine schmerzhafte Beule mit einer brennenden Hautabschürfung an der Stirn.

Die Fragen kamen nun nach und nach. War Lasse durch den Schlag mit der Kette getötet worden? Hatte man ihn zu Tode geprügelt, oder war er ertrunken? Die Flut war gekommen. Wer war der Mann im Sand? Es konnte kein Einheimischer sein. Soweit er wusste, wurde niemand vermisst. Vielleicht ein Tourist?

Sie wurden manchmal von der Flut überrascht, aber wenn sie ertranken, wurden sie sehr schnell als Wasserleichen gefunden und nicht vergraben.

Hier ging es um etwas anderes, da war er sicher. Es handelte sich um Mord, und Villads war ein Zeuge. Darum hatte man ihn gefangen und mitgenommen. Er könnte aussagen, wenn er nicht »kaltgemacht« wurde, wie es in den Filmen immer hieß. Die Angst kroch ihm langsam unter die Haut. Er spürte, wie sich sein Zwerchfell zusammenzog, Tränen stiegen ihm in die Augen. Er wollte nicht heulen, aber er konnte die Tränen nicht zurückhalten.

»So eine Scheiße!«, flüsterte er in die Dunkelheit. »*Fuck, shit,* Mist!«

Er versuchte, seine Angst unter Kontrolle zu bringen. Fast gelang es ihm.

Hör auf damit!, sagte er sich. Denk lieber darüber nach, wie du hier rauskommst, bevor er zurückkommt.

Denn das würde der Mörder sicherlich tun, oder hatte man ihn hier untergebracht, damit er verhungern und erfrieren sollte? Verwesen wie ein totes Tier in der Natur? Wie der Mann im Sand?

Villads stand langsam auf. Er schwankte, als stünde er an Bord eines Schiffs, doch der Boden war vollkommen stabil. Er unternahm ein paar wacklige Schritte, hielt die Arme ausgestreckt und legte die Hände an die nächstgelegene Wand. Er tastete über die kalten Bretter und stieß mit dem Oberschenkel gegen irgendetwas. Eine Erhebung. Er legte die Hand darauf und spürte etwas Rundes mit einer rauen, klebrigen Oberfläche. Er roch Harz. Ein Holzscheit. Er hob ihn auf, jetzt hatte er zumindest etwas, um sich zu verteidigen.

Villads ging zwei, drei Schritte weiter in eine Ecke und bekam Spinnweben ins Gesicht. Er fand ein Astloch und schaute hinaus. Er war in einem Wald, er sah Tannen und graues Tageslicht. Es sah aus wie später Nachmittag. Schon bald würde es dunkel werden. Villads war hungrig und durstig, doch das war nicht sein größtes Problem. Er tastete sich weiter die Wand entlang und fand einen Handgriff. Die Tür. Er wollte sie öffnen. Die Tür war verschlossen. Natürlich. Er rüttelte daran. Das Schloss rasselte.

Während er dastand und überlegte, hörte er wieder die Kratzgeräusche. Sie kamen aus der gegenüberliegenden Ecke. Eine Weile war es still gewesen, jetzt wurde aber energisch weitergearbeitet. Es war zu laut für eine Maus oder Ratte. Es hörte sich nach einem größeren Wesen an. Eine Vorstellung drängte sich auf: Der Kettenmann stand direkt auf der anderen Seite der Wand und hob sein Grab aus!

Aber es war nicht das Geräusch einer Schaufel. Es klang viel schneller. Gehetzter.

Vielleicht versuchte jemand, ihm herauszuhelfen, jemand, der keine anderen Hilfsmittel hatte und die Hände benutzte.

»Hallo! Kannst du mich da draußen hören?«

Das Geräusch brach ab.

Villads horchte. Stille. Er rief lauter.

»Hallo! Ist da jemand?«

Keine Antwort. Er wartete einen Moment. Das Graben wurde wieder aufgenommen.

Vielleicht war es ein Hund. Ja, natürlich. Also waren auch Menschen in der Nähe.

Er tastete sich zur Tür und hämmerte mit dem Holzscheit dagegen, wobei er so laut wie möglich rief und schrie. Es half nichts. Er hörte auf, als ihm die Hände schmerzten. Das kratzende Geräusch hatte aufgehört und setzte auch nicht wieder ein. Er wartete mehrere Minuten, aber es passierte nichts mehr.

Villads stöhnte verzweifelt.

Der Hund ist davongelaufen, dachte er. Meine einzige Chance, und ich habe ihn verjagt.

25

Teit und Lehmann folgten Laurits Molberg ins Haus, dessen niedrige Zimmerdecken die Stimmung von stillem Verfall nur noch verstärkten. Eine muffige Atmosphäre herrschte zwischen den Wänden, das Auffälligste war jedoch der Eindruck von Leere und Resignation.

Ein enges Vorzimmer führte in die Küche, in der die Spüle vor schmutzigem Geschirr überquoll. Auf dem Fußboden lagen offene Pappkartons mit Motorteilen und Werkzeugen neben Haufen von Zeitungen und Reklameprospekten, in einer Ecke stand eine alte Zapfsäule, sämtliche Pflanzen auf der Fensterbank waren verwelkt.

Molberg stellte die Einkaufstüten auf einen übervollen Esstisch, öffnete einen gelblichen Kühlschrank, der mit Plastikmagneten verziert war, und nahm ein paar Dosen heraus.

»Ich gehe davon aus, dass Sie im Dienst kein Bier trinken dürfen, sonst habe ich aber nur Cola.«

»Für mich nicht, danke«, lehnte Lykke freundlich ab.

Rudi griff nach einer Cola, aber eher aus Höflichkeit. Sie rissen die Dosen auf und prosteten sich zu.

»Wohnen Sie hier allein?«

Molberg unterdrückte ein Rülpsen, es gelang nicht ganz.

»Nur ich und die Mäuse. Die junge Frau, die mir im Haushalt hilft, hat heute frei. Ich habe ihr gesagt, dass sie die Zapfsäule nicht hierhinstellen soll.«

»Sieht aus wie in meiner Küche«, sagte Rudi. »Statt Esso habe ich eine Aral-Säule.«

Als Antwort zeigte sich etwas auf Laurits Molbergs Gesicht,

das beinahe an ein Lächeln erinnerte. Lykke hatte den Eindruck, dass er wegen des Zustands seiner Wohnung verlegen war, allerdings nur ein wenig.

»Haben Sie Kripo Flensburg gesagt?«

»Ja. Wir sind mit dem Mordfall befasst, weil die Leiche im Watt direkt auf der Grenze lag.«

Molberg betrachtete seine Bierdose.

»Einer meiner Bekannten hat mir die Geschichte erzählt, aber weshalb glauben Sie, dass er ermordet wurde?«

»Er lag tief im Sand«, sagte Lykke.

»Das kann durchs Meer gekommen sein. Er könnte mit einem Herzschlag umgefallen sein, während die Flut auflief. Dann wäre er ertrunken und der Körper durch die Unterströme später mit Sand bedeckt worden.«

»Er hatte einen Schädelbruch nach einem brutalen Schlag auf den Hinterkopf erlitten«, fügte Lykke hinzu. »Er wurde eingegraben, aber die Strömung hat möglicherweise das Gesicht mit Sand bedeckt. So ist er jedenfalls gefunden worden.«

»Vielleicht wurde der Täter auch gestört und konnte seine Arbeit nicht beenden«, vermutete Rudi.

Molberg lehnte sich gegen den Kühlschrank.

»Wurde er identifiziert?«

»Er hieß Bjarke Laumann und kam aus Kopenhagen. Er hat seit letztem Sommer in einem Haus am Klitvej zur Miete gewohnt.« Lykke hielt ihm ihr Telefon hin. »So sah er aus, kannten Sie ihn?«

Molberg betrachtete das Foto.

»Ich glaube, ich habe ihn im Brugsen oder bei Freddys gesehen. Sieht aus wie ein Polizeifoto. War er kriminell?«

»Er war Drogendealer und hatte Verbindungen zum Kopenhagener Drogenmilieu«, erklärte Rudi. »Er ist nach Melum gezogen, um Ruhe und Frieden zu finden.«

»Das ist ihm offenbar nicht gelungen«, erwiderte Molberg. »Für mich klingt das nach einem Mann, der untertauchen wollte.«

»Davon gehen wir auch aus.«

»Er war häufig mit zwei Einheimischen zusammen, Charlie Simonsen und seiner Freundin Tina Fromm. Kannten Sie die beiden?«, erkundigte sich Lykke.

Molberg schnitt eine Grimasse.

»Die kennt jeder. Das sind Melums Bonnie und Clyde, oder besser, sie wären es gern. Es sind bloß zwei Verlierer. Er ist völlig durchgeknallt und verträgt eigentlich keinen Alkohol. In der Kneipe will er sich jedes Mal prügeln. Und sie ist eine Nutte. Nicht meine Worte, aber allgemein bekannt. Sie verprügeln sich auch gegenseitig, manchmal sogar vorm Brugsen.«

»Ihre Leichen wurden heute im Aussichtsturm gefunden.«

Molberg sperrte die Augen auf.

»Oh. Wie …«

»Wir wissen noch nicht sehr viel.« Rudi berichtete kurz über den Fund.

»Tja, das ist natürlich tragisch und unheimlich, aber ich verstehe noch immer nicht, was das mit Rosa zu tun haben soll?«

»Kurz bevor Ihre Tochter verschwand, zog Bjarke Laumann nach Melum. Das bedeutet nicht notwendigerweise, dass er mit ihrem Verschwinden etwas zu tun hat, aber es ist bemerkenswert, dass ein Kind in einem kleinen, friedlichen Dorf verschwindet, unmittelbar nachdem sich ein Krimineller aus der Kopenhagener Unterwelt dort niederlässt. Darum beziehen wir Rosas Fall in unsere Überlegungen mit ein.«

»War Laumann verurteilt worden, weil er mit Kindern …?«

»Nein«, antwortete Lykke. »Er stand wegen des Besitzes und Verkaufs von Rauschgift, Hehlerei und Einbruchs vor Gericht. Wir nennen das im Gegensatz zur Gewaltkriminalität leichte oder mittlere Kriminalität. Aber wir würden gern wissen, was an dem Tag passierte, als Rosa verschwand. Sie haben das vermutlich schon viele Male erzählen müssen, aber manchmal hilft es, wenn ein paar frische Augen und Ohren dazukommen.«

Molberg sah erst unwillig aus, dann war er einverstanden.

»Sie können es unmöglich schlechter machen als unsere Sheriffs vor Ort.«

Er trank sein Bier aus, warf die Dose in einen halbvollen Sack und verschränkte die Arme.

»Es war ein warmer Sommerabend. Wir hatten fast einen Monat keinen Tropfen Regen gehabt, alles war knochentrocken. Die Kinder wollten ein Feuer machen und Stockbrot backen, aber ich sagte, es sei zu gefährlich, auch in einer Tonne, daher spielten sie Verstecken. Es kamen immer viele Kinder zu uns, um auf den Pferden zu reiten und in der Scheune zu spielen. Das war, bevor ich die Werkstatt dort einrichtete. Rosa und ihre kleine Schwester Vibe, zwei Brüder aus dem Haus hinter dem Wald und ein paar andere Kinder, die ich nicht kannte, liefen auf dem Grundstück herum.

Meine Frau sah fern, ich reparierte eine Lampe, als Vibe angelaufen kam und sagte, sie könnten Rosa nicht finden. Ich fragte, ob das nicht der Sinn des Versteckspiels sei, aber Rosa hätte die anderen suchen sollen, es war also schon seltsam. Ich schlug vor, sie zu rufen, dann würde sie bestimmt herauskommen. Ich Idiot. Hätte ich sofort reagiert, hätte ich den Entführer möglicherweise aufhalten können, aber ich arbeitete weiter an der Lampe. Rosa tauchte nicht auf, obwohl die anderen Kinder sie weiterhin riefen. Schließlich ging ich hinaus. Einer der Jungen hatte sich im Wipfel eines Baums versteckt. Er hatte gesehen, wie Rosa zur Ecke des Grundstücks gegangen war, wo es eine Pforte zu einem Weg in den Wald gibt.

Ich lief dorthin. Ungefähr hundert Meter weiter fand ich Rosas neue Turnschuhe, die wir ihr gerade geschenkt hatten. Sie hatte sich sehr über die Schuhe gefreut und zog sie abends nur sehr ungern aus. Sie standen ordentlich nebeneinander unter einem großen Busch, aber so, dass man sie vom Weg aus sehen konnte. Ich rief und suchte überall. Dann fiel mir der Feuerlöschteich hier in der Nähe ein, ich lief dorthin. Aber Rosa konnte schwimmen, und die Entengrütze sah unversehrt aus, also schloss ich aus, dass sie in den Teich gefallen war. Der Zivilschutz hat den Teich später leer gepumpt, aber sie wurde nicht gefunden.«

»Wieso haben Sie nicht sofort die Polizei gerufen?«

Molberg sah verzweifelt aus.

»Das habe ich mich bestimmt schon eine Million Mal gefragt, aber Rosa kam auf die verrücktesten Ideen, wenn sie sich über irgendetwas ärgerte oder das Gefühl hatte, ungerecht behandelt worden zu sein. Ich wusste nicht, was ich machen sollte. Hatte sie selbst die Schuhe ausgezogen, oder hatte es jemand anderes getan? Mir ging der Wahnsinnige aus Aalborg durch den Kopf, der kleine Mädchen gekidnappt und ermordet hat.«

»Peik Gravesen«, sagte Rudi.

»Er saß zu diesem Zeitpunkt bereits im Gefängnis«, ergänzte Lykke.

Molberg schwieg kurz. Dann fuhr er mit seiner Erzählung fort.

»Ich lief zurück zum Hof und rief meine Frau. Sie sah die Schuhe in meinen Händen. Ich erklärte es ihr, wir fragten die anderen Kinder. Hatte es Streit gegeben? Rosa und Vibe stritten sich manchmal, aber alles war friedlich gewesen. Es ergab keinen Sinn. Jonna wollte die Polizei anrufen, aber ich war der Ansicht, wir sollten erst einmal mit einigen Bekannten auf die Suche gehen. Sie könnte zum Strand gelaufen sein. Wir riefen ein paar Bekannte an, die uns auch halfen. Als es dunkel wurde, alarmierte ich schließlich die Polizei, und eine größere Suche mit Hunden und Hubschraubern begann. Sie suchten die ganze Nacht und den nächsten Tag.«

»Was war mit den Hunden?«, fragte Rudi.

»Sie konnten sie bis zu dem Busch verfolgen, wo ich die Schuhe gefunden hatte, aber von dort kamen sie nicht weiter. Als hätte sie sich in Luft aufgelöst.«

»Oder sie wurde getragen«, vermutete Lykke.

Molberg sah sie erstaunt an.

»Das hat der Hundeführer auch gesagt. Die Hunde hatten die Fährte verloren, weil sie den Boden nicht berührt hat, und denjenigen, der sie getragen hat, konnten sie nicht aufspüren, weil es nichts gab, woran sie hätten Witterung aufnehmen können.«

»Können Sie sich in den Tagen vor der Entführung an Vorkommnisse erinnern, die Ihnen verdächtig vorkamen?« Wieder stellte Rudi die Frage.

»In welcher Hinsicht?«

»Ein Fremder hätte Sie nach dem Weg fragen können oder Ihnen etwas verkaufen wollen. Einer, der eine Nachricht überbringen will oder so tut, als hätte er sich verfahren. Wir suchen nach Mustern, die nicht alltäglich sind. Es könnte auch ein zufälliger Telefonanruf gewesen sein oder etwas, was die Kinder erlebt haben. Vielleicht hat sich jemand im Ort oder nach der Schule an sie gewandt?«

»Rosa und Vibe gingen in Melum zur Schule. Es ist eine kleine Schule, in der jeder jeden kennt. Fremde werden im Dorf blitzschnell bemerkt. Das müssen Sie doch schon mitbekommen haben.«

»Wie lautete die Schlussfolgerung der Polizei?«

»Krogh meint, Rosa habe sich verirrt, sei ins Moor oder in die Kanalisation gefallen und liege jetzt irgendwo tot da. Aber das gesamte Gebiet und sämtliche Möglichkeiten wurden abgesucht, daher glaube ich nicht daran. Jemand hat sie entführt. Sie ist ihrem Mörder im Wald begegnet. Vermutlich hatte er ein Auto, das an der Straße stand, und ist mir ihr weggefahren. Wir haben den Kindern eingebläut, nicht mit Fremden mitzugehen, und sie müssen auch Bescheid sagen, wenn sie zu einem Spielkameraden gehen. Aber Rosa war ein vertrauensseliges kleines Mädchen. Mit den richtigen Worten hätte man es durchaus überreden können.«

»Wie weit ist es vom Hof bis zur Straße?«

»Das müssten Sie doch wissen. Sie sind doch gerade hierhergefahren.«

»Wir sind nicht durch den Wald gefahren«, erwiderte Rudi.

»Hm, das sind rund dreihundert Meter, aber mehrere Wege führen ins Dorf und in andere Richtungen, es gibt viele Möglichkeiten.«

»Wie gut kannte Rosa den Wald?«

Molberg verlor die Beherrschung.

»Was macht denn das für einen Unterschied!« Er schrie beinahe. »Sie ist weg, und wir bekommen sie nie wieder zurück! Nie! Sie ist eine Nachricht von gestern. Die Titelseite der Zeitungen vom letzten Jahr. Das einzig Positive ist, dass die Journalisten uns jetzt nicht mehr die Bude einrennen und aufgehört haben, mich ständig anzurufen. Jetzt gibt es andere Verbrechen, die interessanter sind. Ein toter Dealer und zwei tote Junkies. *Ein* kleines Mädchen weniger auf der Welt ist da doch egal! Wir streichen ihre Ausweisnummer aus der Datenbank, dann hat sich dieser Scheiß endlich erledigt. *Fuck!*«

Laurits Molberg schlug die Hände vors Gesicht. Seine Wut war explosiv, aber vollkommen verständlich. Lykke und Rudi warteten, bis er sich wieder beruhigt hatte.

»Das Schlimmste ist, dass man weiterhin mit der Hoffnung lebt«, sagte er schließlich in einem ruhigeren Tonfall. »Man glaubt, eines schönen Tages klingelt das Telefon und jemand erzählt, dass Rosa gefunden wurde und am Leben ist, obwohl ich genau weiß, dass es nicht passieren wird.«

»Wo ist Ihre andere Tochter?«, wollte Rudi wissen.

»Bei meiner Exfrau in Esbjerg. Unsere Ehe ging in die Brüche, Jonna warf mir die ganze Zeit vor, dass wir nicht sofort die Polizei angerufen haben, als würde ich mich nicht jede Minute selbst für diesen Fehler hassen. Sie ist zu Recht der Ansicht, dass Rosas Entführer einen ziemlich großen Vorsprung bekam, der entscheidend war, um für das Verbrechen nicht zur Rechenschaft gezogen zu werden. Schließlich konnte ich nicht mehr. Der wesentliche Faktor ist, dass ich indirekt dem Mörder geholfen habe, meine Tochter umzubringen. Ich fing an zu trinken, hielt meine Termine nicht mehr ein, vernachlässigte meine Arbeit und mich selbst und gab mein ganzes Geld für Schnaps aus. Das ist die Wahrheit.«

Lykke war beeindruckt von der Aufrichtigkeit und der ehrlichen Selbsterkenntnis des Mannes.

»Ich wurde entlassen und ließ den Rest meiner Familie im Stich, so wie ich Rosa im Stich gelassen habe«, fuhr er mit leerem Gesichtsausdruck fort. »Jonna und ich stritten uns ständig, und Vibe zog sich mehr und mehr in sich selbst zurück. Mit ihrer Gesundheit hat es nie zum Besten gestanden. Wir haben wegen ihr versucht, die Reste unserer Ehe zusammenzuhalten, aber sie war zum Scheitern verurteilt. Jonna und meine Tochter zogen aus, ich blieb hier, es kam zur Scheidung.«

Lykke dachte an ihre eigene Geschichte und verstand seinen Schmerz.

»Wie häufig sehen Sie Vibe?«

»Nicht oft. Hin und wieder schläft sie hier, aber Jonna gefällt es nicht sonderlich, und sie hat das Sorgerecht. Sie meint, das Haus sei schädlich für Vibes Gesundheit, obwohl ich immer putze, bevor Vibe kommt. Sie hat Asthma, aber eigentlich ist die Luft hier besser für sie als in Esbjerg. Das sagt mein Arzt auch. Er hat viele Gespräche mit Vibe geführt, bevor Rosa verschwand, denn Vibe leidet auch unter psychischen Problemen.

Meine Tochter hat eine Phobie vor Krankenhäusern und Arztpraxen, daher hat er uns immer hier zu Hause besucht. Er hat mich unterstützt, als Jonna das Sorgerecht verlangte, aber das Gericht war anderer Auffassung. Die zuständigen Behörden haben doch keine Ahnung. Es war schließlich nicht die Schuld des Hofs. Hier gab es nichts Böses, bevor es uns heimsuchte.«

26

»Und wie ist dein Eindruck von Laurits Molberg?«, fragte Rudi, als sie wieder an dem kleinen Tisch des Wohnmobils saßen.

Nach dem Besuch bei Rosas Vater waren sie zurück zum Gasthof gefahren, um die neuen Informationen auszuwerten.

»Er hat jedenfalls keinerlei Anstrengungen unternommen, um sympathisch zu wirken, aber das ist einem vermutlich auch egal, wenn man solch eine private Hölle durchlebt hat.«

»Genau. Molberg erinnert mich an einen pensionierten Kollegen, mit dem ich mich hin und wieder treffe. Ich wundere mich immer, dass er noch nicht Selbstmord begangen hat.«

»Es ist wohl die Hoffnung, dass Rosa oder ihr Mörder irgendwann gefunden werden, die ihn am Leben hält.«

»Das ist denkbar, und so gesehen, kann er noch lange leben. Mein Gefühl sagt mir, dass wir es mit einem ungewöhnlich ausgefuchsten Gegner zu tun haben. Und alte Füchse gehen nur schwer in die Falle«, fügte er auf Deutsch hinzu.

»Ja, sicher, was immer es auch bedeuten mag.«

Rudi lachte.

»Alte Füchse gehen nur schwer in die Falle.«

»Meinst du damit, dass Rosa nicht sein erstes Opfer war?«

»Denkbar. Ich glaube, er fantasierte lange davon, und schließlich hat er seine Fantasien umgesetzt, aber es würde mich nicht überraschen, wenn es irgendjemanden vor Rosa gab.«

»Also könnte er es wieder tun.«

»Er *wird* es wieder tun, aber unser Täter ist sehr vorsichtig. Er bereitet sich gründlich vor und geht kein Risiko ein, daher glaube ich, uns bleibt ein wenig Zeit, um unsere Arbeit zu tun.«

»Hoffen wir's, denn ich brauche keine weiteren Morde an kleinen Mädchen. Aber was ist mit Villads Geertsen? Glaubst du, ihm ist das Gleiche passiert?«

»Die pädophilen Verbrecher, mit denen ich bisher zu tun hatte, waren sehr spezifisch in ihrer Wahl. Es ist ein großer Unterschied zwischen einem sechsjährigen Mädchen und einem elfjährigen Jungen, aber man soll nie ›nie‹ sagen.«

Lykke rieb sich die Stirn und drehte ihren Kaffeebecher.

»Ich habe mir über ein Detail den Kopf zerbrochen, das an diesem Fall ganz besonders ist.«

»Welches Detail?«

»Rosas Schuhe. Die Art und Weise, wie sie unter dem Busch abgestellt waren. Als würden sie in einem Flur oder in einer Ausstellung stehen.«

»Sind wir wieder bei Peik Gravesen?«

Der Kommissar beugte sich ein wenig vor.

»Kannst du mir mehr über die Morde erzählen?«

»Die Polizei von Nordjütland hat in den Fällen ermittelt, vermutlich mit Unterstützung von einigen alten Hasen des aufgelösten Mobilen Einsatzteams. Ich habe nur die internen Akten gelesen, aber ich kenne jemanden, der alles darüber weiß.«

»Den Täter.«

»Jemanden, der dabei war, ihn zu schnappen. Augenblick.«

Sie suchte auf ihrem Telefon nach einer Nummer. Der Anruf wurde sofort angenommen.

»Hej, Michael, hier ist Lykke. Darf ich dich ein paar Minuten stören? Danke, aber hör mal: Ich bin in Südjütland, um in dem Fall Bjarke Laumann zu ermitteln, der im Watt gefunden wurde. Ja, wir arbeiten mit der deutschen Polizei zusammen. Mein Kollege aus Flensburg sitzt hier neben mir. Ist es okay, wenn ich die Kamera einschalte? … Super.«

Sie lehnte das Telefon an die Kaffeekanne und bedeutete Rudi, sich neben sie zu setzen. Sie drückten sich zusammen auf die Bank. Auf dem Display erschien das Bild eines dunkelhaarigen Mannes mit Schnauzbart, blauen Augen und markantem Aussehen.

»Das ist Michael Lyness, mein Kollege aus der Abteilung für Gewaltverbrechen im Kopenhagener Präsidium. Michael, Rudi Lehmann von der Kripo Flensburg.«

»Mir ein Vergnügen, Rudi.«

»Ebenso.«

»Und wie läuft's?«, erkundigte sich Lyness.

Lykke beugte sich vor.

»Wir haben viel zu tun. Heute Morgen wurden zwei weitere Leichen in einem Aussichtsturm gefunden. Übel zugerichtet. Wir untersuchen, ob es einen Zusammenhang mit Laumanns Tod gibt. Ein Junge, der dabei war, als er gefunden wurde, ist verschwunden. Sein Telefon wurde lokalisiert. Wir glauben, dass er noch am Leben ist, aber ich möchte dich etwas ganz anderes fragen. Warst du nicht dabei, als Peik Gravesen überführt wurde?«

»Doch, unter … Triel. Nein, warte mal, das war nicht Triel, er hatte einen anderen Fall. Es war Daugbjerg. Der alte Troels, der ständig erkältet war, aber Verbrecher fangen konnte er.«

»Es gab doch einige besondere Umstände bei der Art und Weise, wie die Mädchen entführt wurden. Kannst du dich daran erinnern?«

Lyness' entgegenkommender Gesichtsausdruck verdüsterte sich.

»Die Erste war Maja Ekstrøm, sechs Jahre alt. Sie wurde auf einem Spielplatz entführt. Ihre Mutter war zum Auto gegangen, um irgendetwas zu holen. Als sie zurückkam, war die Tochter verschwunden. Es passierte innerhalb weniger Minuten. Wir fanden später Spuren von dem Kerl. Er hatte in einem Gebüsch auf der Lauer gelegen und bis zum richtigen Moment gewartet, um dann wie ein Raubtier zuzuschlagen. Er war regelrecht stolz auf seine Methode. Ich erinnere mich, dass er während des Verhörs sagte: ›Es ist wie Angeln. Man wartet stundenlang, ohne dass etwas passiert, aber plötzlich beißt einer an.‹ Ich bekam eine Gänsehaut bei dem Burschen. Er verschwand durch ein Loch im Zaun. Es klingt wahnsinnig, aber er betäubte das Mädchen und versteckte es in einem großen Koffer, den er in seinem Auto abtransportierte. Alles war mit militärischer Präzision geplant. Wir fanden die gesamte Ausrüstung in seiner Wohnung, zusammen mit einer Menge anderer fürchterlicher Beweismittel. Er hatte das Haus von seiner Mutter geerbt und wohnte allein darin, so konnte er seinen perversen Gelüsten in aller Ruhe nachgehen. Es gab Käfige und schallisolierte Räume, und ich weiß nicht, was noch alles.«

Man sah Lyness an, wie aufgebracht er war.

»Es war einer der schlimmsten Fälle, mit denen ich in den siebzehn Jahren bei der Gewaltkriminalität zu tun hatte. Von allen Psychopathen, denen ich begegnet bin, ist Peik Gravesen der schlimmste.«

»Aber ihr habt ihn geschnappt«, bemerkte Rudi.

»Das kann ich dir sagen, und wenn es nach mir gegangen wäre, hätte ich ihm eins mit der Bolzenschusspistole verpasst, aber das ist ja nicht gestattet, und so kam er mit einer Einweisung davon.«

»Wurde er nicht für unzurechnungsfähig erklärt?«, fragte Lykke nach.

»Er gilt als in hohem Maße geistesgestört. Persönlich glaube ich nicht an die Diagnose, aber ich bin kein Psychiater. Gravesen weiß, was er tut, und er trickst. Er ist der geborene Lügner und Manipulator. Er genoss es, jedes einzelne Detail zu beschreiben, dieser pervertierte … na, belassen wir's dabei.«

»Wo ist er heute?«

»An einem Ort, wo er nicht hinauskommt.«

»Er hat noch weitere Mädchen entführt und ermordet, oder?«

»Insgesamt verschwanden drei. Eins pro Jahr. Maja Ekstrøm, die fünfjährige Mynte Iversen und die sechsjährige Soffia Korlum, aber Gravesen musste sich nur für die Morde an den beiden ersten verantworten. Soffia Korlum wurde nie gefunden, und wir konnten nicht beweisen, dass er der Täter war, aber die Methode glich aufs Haar den anderen.«

»Wo ist es passiert?«

»Er wohnte in einem Dorf am Limfjord. Gøby, soweit ich mich erinnere, aber sein Jagdrevier war Aalborg, Randers und Aarhus.«

»Was geschah mit den Schuhen der Mädchen?«

»Er zog ihnen die Schuhe aus, bevor er mit ihnen davonfuhr. Stellte sie sorgfältig auf. Fragt mich nicht, warum. Ich glaube nicht, dass man hier nach etwas Rationalem suchen sollte.«

»Wie wurden die Schuhe gefunden?«

»Im Fall Maja Ekstrøm war das am Spielplatz, von dem sie verschwand. Die Schuhe standen an dem Loch im Zaun, durch das er gekrochen war, um zu seinem Wagen zu kommen. Mynte Iversen wurde aus einem Kindergarten entführt. Hier standen die Schuhe an der Pforte, wieder mit gebundenen Schnürbändern sorgfältig aufgestellt.«

»Wie war das mit dem Kannibalismus?«, fragte Lykke, obwohl sie die Antwort kannte.

»Er aß ihre Füße. Zumindest Teile davon.«

Ihr lief es kalt den Rücken hinunter. Rudi stieß ein Grunzen aus. Lyness sah jetzt sehr verbittert aus.

»Diese Kanaille verspeiste ihre Opfer. Er verteidigte sich unter anderem damit, dass er das Fleisch erst würzte, bevor er es zubereitete. Mir wird noch immer ganz schlecht, wenn ich darüber rede. Als wir sein Haus durchsuchten, fanden wir tatsächlich ein paar abgetrennte Kinderfüße in der Gefriertruhe. An einem Fuß fehlten vier Zehen. An einem anderen der Hacken. Wie sich herausstellte, gehörte der Fuß Mynte Iversen. Den Rest der Leiche hatte er in ein Loch im Kellerboden einbetoniert, und als wir die Grabungen erweiterten, fanden wir die Knochen von drei weiteren Fußpaaren. Eins war von Maja Ekstrøm, die anderen beiden stammten von toten Kindern aus dem Rechtsmedizinischen Institut. Der Psychopath war dort eingebrochen und hatte sie abgetrennt, um sie zu braten.«

Der Polizist hatte seine Stimme kaum noch unter Kontrolle, seine Augen glänzten.

»Entschuldigung, aber meine Tochter war damals im gleichen Alter wie die Opfer.«

Lykke fuhr mit ihren Fragen fort, obwohl es hart war.

»Nur noch eine Frage zum Schluss, Michael: Waren die beiden Kinder aus dem Rechtsmedizinischen Institut Jungen oder Mädchen?«

»Beide waren Mädchen.«

»Die an anderen Ursachen gestorben waren?«

»Krankheit und Verkehrsunfall, aber Gravesen wurde wegen Nekrophilie und Kannibalismus verurteilt.«

»Bist du dir zu hundert Prozent sicher, dass er nicht irgendwann die Anstalt verlassen hat? Wegen guter Führung vielleicht?«

Michael Lyness lachte, dass es im Lautsprecher schnarrte, aber das Lachen war hohl.

»Oh, guter Witz. Nur die Ruhe, er kommt erst an dem Tag raus, an dem er in eine Einzimmerwohnung mit Deckel passt.«

»Klingt vernünftig. Wenn es möglich ist, würde ich dich bitten, uns Fotos von den Schuhen der Mädchen zu schicken. Und jetzt lasse ich dich auch in Ruhe.«

»Ich tue doch alles für dich, liebe Lykke.«

»Danke, du alter Charmeur.«

»Hast du dein Notebook dabei?«

»Natürlich.«

»Dann maile ich dir die ganzen Unterlagen. Es dauert aber eine halbe Stunde.«

»Wir trinken währenddessen Kaffee.«

Lyness winkte.

»Nett, dich kennengelernt zu haben, Rudi.«

»Gleichfalls.«

»Pass auf sie auf. Sie ist barsch, aber gut.«

»Ich weiß.«

27

Zwanzig Minuten später erhielt Lykke eine Reihe von Dateien über die Pädophiliefälle in Nordjütland. Michael Lyness hatte eine Zusammenfassung der Ereignisse geschickt, dazu Ermittlungsberichte, eine Serie Fotos und Abschriften der Verhöre. Er versprach weitere, noch detailliertere Informationen, sollte es notwendig sein.

Sie überflog die Einleitung, als Rudi im Gasthof auf die Toilette ging.

»Hast du etwas herausgefunden?«, wollte er wissen, als er zurückkam.

Lykke schüttelte den Kopf, ohne den Blick vom Bildschirm abzuwenden.

»Es ist kaum zu fassen, so krank ist diese Geschichte. Peik Gravesen ist offenbar sein richtiger Name. Ich wusste nicht, dass man Peik heißen kann. Tja, er war erst zweiundzwanzig Jahre alt, als er verhaftet wurde. Dann muss er jetzt … siebenundzwanzig sein. Er ist in Gøby aufgewachsen, einem kleinen Dorf zehn, zwölf Kilometer südwestlich von Aalborg. Die »Familie« bestand aus dem Stiefvater, Loke Baumstein, der wegen Gewalttätigkeit, Nötigung und Diebstahl vorbestraft war, und Peiks biologischer Mutter Lilli Brodersen. Die drei lebten in einem großen alten Haus, das die Mutter geerbt hatte.«

»Was ist mit dem biologischen Vater?«

»Über ihn steht hier nichts.«

»Hm, lies weiter. Mehr Kaffee?«

Lykke war fasziniert von dem Material.

»Lucky?«

Sie blickte auf.

»Oh ja, danke. Peik wuchs ohne Freunde auf und wurde in der Schule gemobbt. Eigenartig, denn er war ein hübsches Kind, allerdings wich sein Verhalten von dem anderer Kinder ab, er war aggressiv. Hier ist er als Siebenjähriger …«

Sie drehte den Bildschirm, auf dem ein Schulfoto einen hübschen Jungen mit großen Augen, hohen Wangenknochen und dichtem hellem Haar zeigte. Volle Lippen und gerade Zähne. Vielleicht war da etwas in seinem Blick, wovor man sich in Acht nehmen musste, aber man musste schon sehr genau hinsehen. Rudi zuckte die Achseln.

»Das Äußere kann täuschen. Auf einigen meiner Kinderbilder würdest du mich für einen Serienkiller halten.«

Sie lachte.

»Einen Kekskiller.«

»Ja, ich war fett, klein, fett und hässlich.«

»Du hast zweimal fett gesagt.«

»Das ist notwendig.«

Lykke trank einen Schluck Kaffee.

»Loke Baumstein setzte das Mobbing von Peiks Klassenkameraden zu Hause fort und teilte Ohrfeigen aus. Er hat nicht nur den Jungen geschlagen, sondern auch die physisch und psychisch schwache Mutter. Während der Verhöre hat Peik Gravesen erklärt, er habe seinen Stiefvater gehasst. Er gab zu, ihm eines Tages Rattengift ins Essen gemischt zu haben, aber die Mutter hat den Teller versehentlich zu Boden fallen lassen und dafür weitere Ohrfeigen bekommen. Baumstein hatte keine Ahnung, wie nah er dem Tod gewesen war. An Peiks achtzehntem Geburtstag ging der Stiefvater in Gøby in die Kneipe. Sie haben ihn nie wiedergesehen.«

»Klingt wie der Klassiker ›Ich gehe gerade mal Zigaretten holen‹, und dann ist er über alle Berge.«

»Im Übrigen hat die Mutter mit ihrer Behindertenrente für den Lebensunterhalt der Familie gesorgt. Loke Baumstein war die meiste Zeit arbeitslos und laut Peik ein Schmarotzer. Er hat versucht, seine Mutter davon zu überzeugen, aber entweder wollte sie nicht hören, oder sie wagte nicht, etwas gegen Loke Baumstein zu unternehmen.«

»Was ist mit Peiks krimineller Laufbahn?«

Lykke scrollte weiter.

»Es begann mit Ladendiebstählen im Ort und Gewalt gegen andere Kinder, sie waren immer kleiner als er. Eine Mutter zeigte ihn an, nachdem Peik als Neunjähriger einen vierjährigen Jungen die Rutsche hinuntergestoßen hatte, sodass der Junge die Hälfte seiner Zähne verlor und schwere Verletzungen im Gesicht davontrug. Es war eine üble Geschichte, aber Peik war noch nicht alt genug für eine Jugendstrafe. In der Schule lief es ebenfalls nicht gut. Er hat dreimal die Schule gewechselt. Jedes Mal behauptete er, die anderen Schüler hätten ihn gemobbt. In einer der Schulen ist er nachts eingebrochen und hat sie verwüstet, in einem Villenviertel wurde er als Voyeur erwischt, außerdem hat man ihn beobachtet, wie er eine Katze mit einem Schraubenzieher getötet hat. Schließlich war er so aggressiv, dass er eingewiesen und psychiatrisch untersucht wurde. Im medizinischen Sinn war der Junge normal, aber er war jähzornig und ein notorischer Lügner. Auf sprachlichem und mathematischem Gebiet zeigte er besondere Fähigkeiten, er ist hochintelligent.«

Sie las weiter, und Rudi sah, wie sie die Augen aufriss.

»Interessante Lektüre?«

»Entschuldigung. Als Fünfzehnjähriger zeigte er ein neues bizarres Verhalten. Er lungerte häufig auf Spielplätzen herum und sprach kleine Kinder an, bis deren Eltern eingriffen. Vor allem an Mädchen hatte er Interesse, und es gibt einige Berichte darüber, dass er ihre Schuhe stahl. Er wurde angezeigt, kam aber jedes Mal mit einem Bußgeld oder einer Verwarnung davon. Irgendwann bekam er einen Job als Aushilfe in einem Kindergarten. Er sollte den Erziehern zur Hand gehen, Kaffee kochen, aufräumen und sauber machen. Auf diese Weise konnte er seinen Interessen wunderbar nachgehen. Mit seinem Aussehen und seinem netten Lächeln fiel es ihm leicht, das Vertrauen der Kinder zu gewinnen. Und er hatte immer Süßigkeiten in der Tasche. Die kleinen Mädchen himmelten ihn an. Eines Tages wurde er in einem Abstellraum auf frischer Tat mit einem kleinen Mädchen erwischt, das er ausgezogen hatte. Es war nichts passiert, aber er wurde umgehend gefeuert und angezeigt. Ihm wurde verboten, sich in der Umgebung des Kindergartens aufzuhalten, außerdem durfte er von nun an nicht mehr mit Kindern arbeiten.

Er nahm verschiedene kleine Jobs an, benötigte aber offenbar nicht viel Geld, denn er wohnte noch immer zu Hause. Auch gleichaltrige Mädchen waren verrückt nach ihm. Eine Frau, die mit ihm als Vierzehnjährige in eine Klasse ging, sagte aus: ›Peik stand weit oben auf der Skala der attraktiven Jungen. Er sah süß aus, hatte hellblonde Haare, große blaue Augen, hübsche Zähne und ein charmantes Lächeln. Er sah aus wie der perfekte Schwiegersohn, aber wenn man genau hinsah, war etwas Falsches in seinem Blick. Er hatte die hübschesten Augen, aber sie schienen tot und eiskalt zu sein. Sie strahlten keinerlei Gefühle aus. Sie schimmerten so gläsern wie bei einem ausgestopften Tier. Und kam man ihm sehr nahe, was ich in dem Alter gern wollte, hatten seine Augen einen Ausdruck von blauer Leere wie die Flüssigkeit einer Scheibenwaschanlage oder die Farbe des Polarmeerwassers.‹«

28

Dunkelheit hatte sich um den Schuppen gelegt, in dem Villads eingesperrt war. Die einzelnen Tageslichtstreifen waren allmählich verschwunden, als die Sonne in die Nordsee tauchte. Das schwache Licht war erloschen und hatte ihn in schwarzer Einsamkeit zurückgelassen.

Villads hatte jetzt einen klaren Kopf, aber er hatte auch Angst. Nicht vor der Dunkelheit. Die hatte er noch nie gehabt. Im Gegensatz zu seinem kleinen Bruder Magnus schlief er nicht mit eingeschaltetem Licht oder geöffneter Tür zum Flur. Magnus brauchte eine eingeschaltete Nachttischlampe und den offenen Türspalt. Stritten sie sich, hatte Villads ihn oft damit aufgezogen. Wenn er hier lebend herauskäme, würde er nie wieder Magnus oder andere Kinder ärgern.

Wenn!

Es musste einen Grund geben, warum der Kidnapper ihn nicht draußen im Watt umgebracht hatte. Villads kannte diesen Grund nicht. Er hatte eine furchtbare Theorie, wagte aber nicht, sie zu Ende zu denken. Und doch drängte sie sich ihm auf. Rosa Molberg war letzten Sommer gekidnappt worden und nie wieder aufgetaucht. Höchstwahrscheinlich hatte man sie vergewaltigt, ermordet, vielleicht sogar zerteilt und gegessen. Villads hatte von dem psychopathischen Mörder bei Aalborg gelesen, der kleine Mädchen entführt und ihre Füße gegessen hatte. Vielleicht war ihm ein ähnliches Schicksal zugedacht? Wieder stiegen ihm Tränen in die Augen, ein bedrohlicher Klumpen sammelte sich in seinem Hals.

Nach Sonnenuntergang wurde es im Schuppen deutlich kälter, aber seine Jacke hatte Thermofutter, und wenn er sich in die Decke wickelte, konnte er sich vorerst warm halten. Er musste pinkeln und ging in die Ecke, aus der die Kratzgeräusche gekommen waren. In der Dunkelheit trat er gegen etwas, das über den Boden polterte. Plötzlich kam ihm ein Gedanke. Er steckte die Hand in die Tasche und holte seine Schlüssel heraus. Am Schlüsselring hing eine winzige Taschenlampe, die er vollkommen vergessen hatte. Er schaltete sie ein, und ein kleines, aber scharfes Licht blendete ihn, bis er den Lichtstrahl auf den Boden richtete. Er hatte einen alten Plastikeimer umgetreten. Er zog den Reißverschluss seiner Hose auf und pinkelte in den Eimer.

Ein rascher Rundblick durch den Schuppen zeigte dessen solide Bauweise. Die Wände und die Decke aus Holz ließen sich nicht ohne Werkzeug durchbrechen, der Boden bestand aus rohen Planken, die mit langen Nägeln befestigt waren. An mehreren Stellen klafften große Löcher, aber ohne Hammer oder einen Kuhfuß ließen sie sich nicht vergrößern. Die Tür war ebenso massiv und außerdem mit einem schweren Vorhängeschloss versehen, das rumpelte, wenn er gegen die Tür trat.

Außer dem Eimer gab es in dem Schuppen nichts als die Matratze, die Decke und den Brennholzstapel.

Doch dann entdeckte er die beiden vollen Flaschen Mineralwasser, die direkt an der Tür standen. Das Verschlussband war nicht aufgerissen, vermutlich war es also sicher, aus ihnen zu trinken. Er schraubte den Verschluss einer der Flaschen auf und trank die Hälfte des Wassers. Es war kalt und tat seinem trockenen Rachen gut. Villads hatte Hunger, doch leider stand nichts zu essen neben den Flaschen.

Er hatte Licht, auch wenn die Batterien nicht lange halten würden, doch immerhin stimmte es ihn etwas optimistischer. Er setzte sich auf die Matratze und schaltete die Taschenlampe aus. Sofort überkam ihn ein Gefühl, als sei die Dunkelheit nun wesentlich aufdringlicher, aber er beherrschte sich und schaltete die Lampe nicht wieder ein.

Villads hatte keine Uhr, aber er schätzte, dass er den Hund vor ungefähr einer Stunde verjagt und damit eine eventuelle Chance vertan hatte, gerettet zu werden. Er hatte nach dem Hundebesitzer gerufen und gegen die Tür getreten, bis ihm die Füße wehtaten, er hatte mindestens zehn Minuten mit dem Holzscheit gegen die Wände geschlagen, aber niemand war gekommen – bis jetzt.

Villads horchte.

Die Stille wurde durch einen Motor gestört. Er stand auf, ohne die Taschenlampe einzuschalten. Inzwischen kannte er das Innere des Schuppens und fand leicht zur Tür. Villads spähte durch einen Spalt in der Wand. Das Motorengeräusch wurde lauter. Ein Lichtschein huschte durch die Bäume. Autoscheinwerfer. Kein Zweifel. Villads fing an zu schreien und trat wieder gegen die Tür. Der Motorlärm wurde immer lauter, bis der Wagen direkt vor dem Schuppen hielt. Die Scheinwerfer wurden ausgeschaltet, eine Tür geöffnet.

»Hallo! Ich bin eingesperrt! Können Sie mich hören? Hallo, dort draußen! Ich bin hier im Schuppen!«

Er horchte. Schwere Schritte. Ein anderes Licht wurde eingeschaltet. Villads starrte fieberhaft durch den Spalt. Ein kräftiger

Lichtkegel fegte über den Boden, über Späne, Zweige und Tannenzapfen. Die Schritte näherten sich der Tür. Ein Paar derbe Wanderstiefel waren im Licht zu erkennen.

»Ich bin gefangen! Sie müssen mir hel…«

Der Lichtstrahl traf ihn direkt ins Auge. Villads zog den Kopf zurück. Farbige Ringe breiteten sich auf der Netzhaut aus und verschwanden allmählich. Die Angst verschwand nicht. Wie konnte er so naiv sein? Selbstverständlich war dies nicht sein Retter. Es war der Kidnapper. Der Mörder.

Villads stand mit angehaltenem Atem da. Vorsichtig wagte er einen weiteren Blick durch den Spalt. Der Mann wartete auf der anderen Seite der Bretterwand. Der Lichtkegel der Taschenlampe glitt prüfend über die Ritzen im Holz.

»…eh …eg …von …ür.«

Ein heiseres Flüstern. Villads verstand nicht einmal die Hälfte des Satzes.

»Was haben Sie gesagt?«

Der Kidnapper räusperte sich und kam mit seinem Gesicht so nah an den Spalt, dass sein Atem in kleinen Wolken aufwirbelte.

»Geh weg von der Tür.«

»Lassen Sie mich raus! Sie haben kein Recht, mich einzu…«

Eine elektrische blaue Flamme knisterte durch den Spalt. Villads sprang zurück und wäre beinahe gestolpert. Die Flamme erlosch. Wieder flüsterte die Stimme: »Geh weg von der Tür.«

Villads stieß gegen den Brennholzstapel und griff nach einem passenden Scheit. Er trat einen Schritt zurück, fiel beinahe über die Matratze und drückte sich in eine Ecke.

»Ich zähle bis drei, aber nur einmal«, flüsterte die Stimme an dem Spalt an der Tür.

Vielleicht stand der Schuppen nicht weit von einem Wohngebiet entfernt. Vielleicht sprach der Kidnapper deshalb so leise. Villads horchte. Es gab keinen Hinweis auf Verkehrslärm,

Menschen oder Leben, nur ihn und den Mann vor der Tür. Statt bis drei zu zählen, schwieg der Kidnapper. Um dann plötzlich wieder etwas zu sagen. Dicht an dem Spalt.

»Bist du weg von der Tür?«

Obwohl die Worte geflüstert wurden, verstand Villads sie genau.

»Ja.«

»Ich warne dich: Wenn du lügst, schadest du dir damit nur selbst. Keine Tricks, wenn ich hereinkomme.«

Villads blieb in der Ecke und umklammerte das Holzscheit. Er war kurz davor, in Tränen auszubrechen, als er rief: »Ich bin jetzt weg.« Seine Kehle war wie zugeschnürt.

Das Vorhängeschloss wurde aufgeschlossen und abgenommen, die Tür öffnete sich langsam. Villads drückte den Rücken fest gegen die Wand des Schuppens, als sie ganz aufschwang. Der Mann war kein flüsternder Geist, im Gegenteil. Kurz bevor der Lichtkegel auf ihn gerichtet wurde, sah Villads, dass er groß, breitschultrig und ganz offensichtlich von Kopf bis Fuß schwarz gekleidet war.

Er war wie gelähmt vor Angst. Er war kein Held. Er war ein ängstlicher kleiner Junge, der sich in die Hose machen würde, hätte er nicht gerade in den Eimer gepinkelt.

Der Kidnapper trat in den Schuppen und war plötzlich sehr präsent. Die Bodenbretter knarrten unter seinem beträchtlichen Gewicht. Villads griff fester um das Holzscheit. Seine Hand zitterte wie der Rest seines Körpers, aber er hielt das Scheit fest. Der Mann leuchtete durch den Schuppen, als wäre es eine fremde Umgebung. Der Lichtkegel endete auf dem Jungen.

»Wirf das weg.«

Villads blickte auf das Holzscheit in seiner Hand. Er schüttelte den Kopf.

»Ich sagte: Schmeiß es weg!«, brüllte der Mann, und der blaue Blitz in seiner anderen Hand knisterte elektrisch. »Sofort!«

Villads ließ das Scheit los und spürte, wie die Tränen liefen.

»Du kleiner Idiot«, zischte der Mann zwischen den Zähnen und kehrte zu seiner leisen Stimmlage zurück. »Ich sagte, du sollst mich nicht herausfordern, und dann tust du es doch.«

Der Kidnapper hielt die Taschenlampe jetzt in einem Winkel, dass Villads mehr von ihm sehen konnte, doch sein Anblick ließ Villads Entsetzen eher größer werden. Der Mann hatte kein Gesicht, oder es war hinter einer Art Maske verborgen.

»Wenn du irgendetwas versuchst …«

Der Kidnapper unterstrich seine Drohung mit einem elektrischen Funken, der einen blauen Blitz an die Decke spritzte. Ein knisterndes, giftiges Zischen. Villads wusste, worum es sich handelte. Er hatte Elektroschockpistolen in Filmen gesehen, die amerikanische Polizei setzte sie ein, um gewalttätige Personen außer Gefecht zu setzen. Die schlimmsten Geräte konnten mit meterlangen elektrischen Drähten verbundene kleine Pfeile abschießen, die ihren Opfern heftige Stöße versetzten. Bis zu zwanzigtausend Volt.

»Wa-was wollen Sie?«, schniefte er und wischte sich die Tränen ab. Es nützte nichts, sie liefen weiter.

Der Kidnapper holte eine Tüte herein und stellte sie auf die Matratze. Villads betrachtete sie.

»Iss!«

In Villads Kopf stritten sich zwei entgegengesetzte Instinkte. Hunger gegen Angst. Der Form nach zu urteilen war in der Tüte eine Pizzaschachtel.

»Wieso tun Sie …«

Der Mann stand jetzt am Brennholzstapel. Er aktivierte den Taser an einem Stück Holz. Es spritzte und fauchte in einem blauweißen Schimmer. Als er den Taser entfernte, hinterließ er den Geruch von verbrannter Borke im Schuppen.

»Ich sagte: Iss!«

Villads wagte sich langsam näher, er setzte sich auf die Matratze und blickte zu dem Kidnapper auf, der sich vor ihm auftürmte. Der Lichtkegel blendete ihn. »Los, wird's bald.«

Villads zog die Pizzaschachtel heraus und öffnete sie. Insgeheim hatte er einen grausamen Scherz in Form einer zerlegten Ratte oder eines überfahrenen Tiers erwartet, aber in der Schachtel war tatsächlich eine Pizza, und sie sah frisch aus. Villads' Magen knurrte bei ihrem Anblick. Sein Bauch schrie vor Hunger, und die Stücke mit Peperoni, grüner Paprika und Tomaten sahen gut aus. Jalapeños lagen auch drauf. Er mochte keine Jalapeños, trotzdem zog er rasch ein Dreieck heraus und wollte es in den Mund stecken. Dann zögerte er, sah erst die Pizza, dann den Mann an und ließ die Hand mit der Pizza sinken.

Der Kidnapper stampfte auf den Boden, dass es bebte. »Iss!«

Villads hatte gelesen, dass Vergiftungen das Schlimmste wären, was einem passieren konnte. Ein langsamer und qualvoller Tod, der weitaus schlimmer war, als an Hunger zu sterben.

»Da ist kein Gift drin!«, knurrte der Mann und zeigte mit dem Taser auf ihn. »Iss jetzt, zum Teufel noch mal!«

Villads aß, und er aß mit Appetit. Die Pizza schmeckte gut, obwohl sie scharf und fast kalt war. Als er nach dem dritten Stück griff, verließ der Mann den Schuppen, stellte ein Sechserpack Mineralwasser auf den Boden und schloss die Tür ab. Einen Moment später wurde der Dieselmotor angelassen, und das Auto fuhr davon.

29

Lykke hatte ihre Lektüre der Akten über Peik Gravesen und seine grauenvollen Verbrechen unterbrochen. Rudi stand in der Kochnische des Wohnmobils, als der Camper plötzlich wackelte.

»Was ist das?«

Der Kommissar blickte aus dem Fenster über der Spüle.

»Es frischt nur ein wenig auf. Ich habe mir heute Morgen den Wetterbericht angesehen. In den nächsten Tagen bekommen wir schlechtes Wetter. Ein größeres Unwetter zieht von den britischen Inseln herüber. Gewarnt wird vor einem Sturmtief aus Südwest von achthundertfünfundachtzig Hektopascal mit einer signifikanten Wellenhöhe von dreieinhalb …«

Er lächelte entschuldigend.

»Ich bin ein kleiner Wetterfreak. Okay, ich koche noch etwas Kaffee, damit wir uns aufwärmen können.«

Lykke las weiter in den Berichten.

»Ich gehe noch einmal Peik Gravesens Verbrechen durch. Das erste Opfer war Maja Ekstrøm.«

Sie zog die Schultern hoch, ohne den Blick vom Bildschirm abzuwenden.

»Nein, nein, nein.«

»Schlimm?«, fragte er.

»Wahnsinnig.«

Sie richtete sich auf.

»Peik Gravesen war erst neunzehn, als es richtig böse wurde. Der Stiefvater war fort, Peik lebte allein mit seiner Mutter. Sie litt an einer starken sozialen Phobie und verließ ihr Zimmer nur, um zur Toilette zu gehen. Der Sohn hatte im übrigen Haus also freie Hand. Als sie starb, gab es niemanden mehr, der seinen Wahnsinn hätte bemerken können. Das Haus hatte zwei Stockwerke, einen Dachboden und diesen grauenerregenden Keller, in dem … Aber jetzt greife ich vor. Gravesen sitzt in der geschlossenen Abteilung des Psychiatrischen Krankenhauses von Slagelse. Er wurde in zwei Mordfällen schuldig gesprochen und eines dritten Mordes verdächtigt, der allerdings ungeklärt blieb, weil der Leichnam Soffia Korlums nie gefunden wurde. Das Urteil erging 2016. Gravesen ermordete Maja Ekstrøm und Mynte Iversen, deren Leichen im Kartoffelkeller des Hauses gefunden wurden – ohne Füße. Die hatte er zum Teil gegessen. In beiden Fällen waren die Füße … abgetrennt worden durch …«

Sie hielt inne. Rudi griff nach hinten, öffnete einen kleinen Schrank und nahm eine Flasche und zwei Gläschen mit langem Stiel heraus. Er schenkte ihnen einen Schnaps ein.

»Jetzt trinken wir einen Kurzen. Ich muss heute ja nicht mehr fahren.«

Eigentlich mochte Lykke keinen Gammel Dansk, aber sie hob dankbar das Glas, während sie versuchte, nicht an Gry zu denken.

»Der muss ex getrunken werden.«

Sie tranken, während das Wohnmobil im Wind ganz leicht schwankte. Rudi ließ ein »Aaah« hören, Lykke versuchte, ein Husten zu unterdrücken. Es gelang nicht.

»Soll ich die Lektüre übernehmen?«

»Ich schaff das schon … Beide Leichen waren recht gut erhalten, obwohl sie ein, zwei Jahre eingepackt unter dem Kellerboden vergraben lagen. Die Füße fehlten, aber weitere Verstümmelungen oder Anzeichen von Misshandlungen wurden nicht gefunden. Die Füße hatte er mit einer elektrischen Säge an den Knöcheln abgesägt. Es gab Anzeichen von Vergewaltigungen, aber es ließ sich nicht mehr feststellen, ob sie post mortem passiert waren. Die Opfer wurden erstickt. Gravesen stritt die Verbrechen nicht ab. Das war allerdings auch unmöglich, da seine Fingerabdrücke und seine DNA überall zu finden waren, aber weder zum Kannibalismus noch zum Aufstellen der Schuhe wollte er sich äußern.«

Erneut unterbrach Lykke ihre Lektüre. Rudi spürte, wie sie mit sich kämpfte. Man baut sich ein Schutzschild auf, weil man nicht sämtliche Details und Tragödien erträgt, bisweilen drangen jedoch einzelne Pfeile durch den Panzer. Auch Polizisten waren nur Menschen, und er kannte ihren privaten Kummer.

»Bist du sicher, dass ich nicht übernehmen …«

Lykke sah ihn über den Computer hinweg entschieden an.

»Es ist alles in Ordnung, Rudi. Ich schätze deine Fürsorge, aber es ist wichtig für mich, mit derartigen Situationen klarzukommen, sonst könnte ich ebenso gut den Dienst quittieren. Es ist nur so, dass es sich hier um Kinder handelt.«

»Das verstehe ich gut.«

Sie wandte sich wieder dem Bildschirm zu.

»Hier ist ein längerer Bericht des Arztes, der Gravesen für unheilbar psychisch krank erklärt hat. Seine Einlassung war der entscheidende Grund für die Unterbringung des Mannes in einer geschlossenen Anstalt statt im Gefängnis.«

»Eine Person, mit der wir uns unterhalten sollten.«

»Er heißt Flemming Rosenvold und ist der leitende Psychiater in der geschlossenen Abteilung des Psychiatrischen Krankenhauses in Slagelse. Er wohnt also nicht gleich um die Ecke.«

»Seit der Erfindung des Telefons sollte das kein Problem mehr sein.«

»Es gibt noch jemanden, der eine Menge über den Fall weiß. Wir haben bereits von ihm gehört. Theodor Stamfeldt. Laut den Berichten war er es, der die Polizei auf die Spur von Gravesen gebracht hat. Er hat eine Dissertation über Pädophilie geschrieben.«

Sie suchte eine Weile im Computer.

»Und weißt du was?«

»Nein, aber ich habe das Gefühl, dass du es mir gleich erzählen wirst.«

»Krogh hat uns doch erzählt, dass Theodor Stamfeldts Praxis im Ärztehaus von Ribe ist. Und das ist nicht weit von hier.«

30

»Theodor Stamfeldt?«

»Ja?«

Der Mann, der sich in der Eingangshalle der Universität mit seinem Telefon beschäftigte, war neununddreißig Jahre alt, verheiratet und hatte zwei Kinder im Alter von fünf und sieben Jahren. Er war Psychiater, praktischer Arzt und Sohn des vielfachen Millionärs Julius Stamfeldt, des größten Getreidehändlers Südjütlands. Außerdem war er ein aktiver Sportler und Familienmensch mit dem etwas seltsamen Hobby eines Amateurinsektenforschers. All dies ließ sich natürlich nicht mit einem einzigen Blick erkennen, sondern stand auf seinem Facebook-Profil, auf dem auch eine Reihe von Fotos mit bunten Schmetterlingen zu sehen waren, die mit Nadeln in Schaukästen gesteckt waren.

Lykke hatte die Daten des Arztes überprüft und herausgefunden, dass er um achtzehn Uhr eine Vorlesung an der Syddansk Universitet in Esbjerg halten würde.

»Ihre Sekretärin hat uns gesagt, dass wir Sie möglicherweise hier erwischen.«

Lehmann und Teit stellten sich vor. In Theodor Stamfeldts gepflegtem Gesicht zeigte sich ein etwas besorgter Ausdruck.

»Gewaltkriminalität? Ist etwas vorgefallen?«

»Wir ermitteln in dem Mordfall eines Mannes, dessen Leiche unter verdächtigen Umständen im Wattenmeer gefunden wurde.«

»Davon habe ich gehört. Er lebte in Melum, nicht wahr? Ich habe mehrere Patienten in Melum, allerdings nicht … Wie hieß er doch gleich?«

»Bjarke Laumann. Er kam aus Kopenhagen, wohnte aber im letzten Jahr in Melum.«

Stamfeldt zog die Brauen zusammen.

»Hat nicht ein Spaziergänger, der mit seinem Hund Gassi ging, heute Morgen in Melum zwei Tote in einem Turm gefunden?«

»Ein Mann und eine Frau aus dem Drogenmilieu, ja.«

»Ich habe davon nur mit einem halben Ohr etwas mitbekommen. Ich bin ziemlich beschäftigt.«

»Wir vermuten bei dem Doppelmord eine mögliche Verbindung zu dem Fall Bjarke Laumann«, erklärte Rudi.

Stamfeldt sah ihn verblüfft an.

»Was ist denn bloß los mit dem Ort? Letztes Jahr verschwand dort ein kleines Mädchen.«

»Das ist uns bekannt«, erwiderte Lykke. »Aber wir würden Ihnen gern ein paar Fragen zu Peik Gravesen stellen.«

Stamfeldts Augenbrauen hoben sich.

»Gravesen? Was hat er damit zu tun?«

»Hätten Sie einen Moment Zeit?«, erkundigte sich Rudi.

Der Psychiater sah auf die Uhr.

»In zehn Minuten beginnt meine Vorlesung, aber wenn Sie es kurz machen.«

Sie setzten sich auf eine Sofagruppe in der Vorhalle. Mit seiner teuren Kleidung und seinem gestylten Aussehen glich Theodor Stamfeldt eher einem Playboy als einem Psychiater.

»Rosa Molbergs Entführung ist ein Teil der gesamten Ermittlung, da es das erste kapitale Verbrechen in Melum gewesen ist«, begann Rudi. »Ein elfjähriger Junge aus dem Dorf ist ebenfalls verschwunden.«

»Die Leute reden über so gut wie nichts anderes. Einige meiner Studierenden sind besorgt. Und meine Frau lässt die Kinder kaum noch irgendwo hingehen.«

»Sie sind Experte für pädophile Verbrechen und vor allem für Peik Gravesen. Wir hoffen, Sie können uns helfen zu verstehen, was diese Menschen antreibt.«

»Pädophile generell oder Peik Gravesen? Auch wenn Gravesen nicht pädophil wäre, könnte er nicht als ›normaler‹ Mensch bezeichnet werden, was auch immer das ist. Er ist ein Sonderfall.«

»Wir denken in erster Linie an Pädophile, die Kinder töten«, ergänzte Lykke. »Wir sehen Parallelen zwischen Gravesen und der Person, die Rosa Molberg entführt hat. Das Alter und das Geschlecht der Opfer, das Hinterlassen ihrer Schuhe, die Wahl der Orte, an denen sie entführt wurden. Alle verschwanden im Freien.«

»Nicht ganz … Wie hieß sie? Soffia Korlum. Sie verschwand aus einem Geschäft.«

»Korrekt, aber sie wurde auch nicht gefunden, und es gibt Zweifel, ob es Gravesen war. Ihr Fall ist daher eine gewisse Ausnahme«, räumte Rudi ein.

Der Psychiater lehnte sich auf dem Sofa zurück.

»Man muss sich klarmachen, dass man pädophile Menschen nicht in eine bestimmte Ecke stellen kann, sieht man von ihrem abweichenden Verhalten einmal ab. Sie sind ebenso unterschiedlich wie andere Gruppen in der Gesellschaft. Es gibt überall Pädophile, vom Obdachlosen bis zum Multimillionär, sie können jung oder alt sein, schwarz oder weiß. Frauen können pädophil sein, auch wenn das eher selten vorkommt. Peik Gravesen können Sie nicht zum Maßstab nehmen. Er ist einzigartig. Bei dem Mann wurde eine schwere Geisteskrankheit diagnostiziert.«

»Er war imstande, mehrere Verbrechen mit minutiöser Präzision zu planen«, gab Lykke zu bedenken.

»Aber die Reichweite und die Konsequenzen seiner Handlungen hat er nicht verstanden. Das Detail mit den Schuhen war eine Zwangsvorstellung, weil er von den Füßen kleiner Mädchen besessen ist. Deshalb hat er sie von den Leichen abgetrennt, gebraten und Teile davon gegessen. Ich bin zu der Schlussfolgerung gelangt, dass der Grund in einem Erlebnis in der Kindheit des Mannes liegen muss, etwas, das seine Mutter gesagt oder getan hat, aber er wollte es nicht erzählen. Das ist sehr typisch. Als wäre es ein magischer Punkt für ihn. Wenn er es jemandem erzählt, würde der Zauber aufgehoben, und das kann er nicht zulassen.

Rosa Molbergs Schuhe fand man auf ähnliche Weise, aber wie Sie wissen, kann Gravesen es nicht gewesen sein. Ich glaube, die Polizei interpretiert zu viel in dieses Detail hinein, beziehungsweise sie versteht es falsch. Die Schuhe könnte Rosa ebenso gut selbst hinterlassen haben, aber wir werden vermutlich nie herausfinden, warum. Es war ein Sommerabend, und das Mädchen war den ganzen Tag herumgelaufen, ihr könnte in den Schuhen warm geworden sein. Ich glaube, sie ist zum Feuerlöschteich gegangen, um sich die Füße abzukühlen, aber das sind nur Vermutungen.«

»Was ist Ihrer Ansicht nach mit Rosa geschehen?«, fragte Lykke.

»Sie ist einem Fremden begegnet, der sie mitgenommen hat.«

»Lebt sie noch?«

»Vermutlich nicht, aber man kann nie wissen. Natascha Kampusch lebte jahrelang bei ihrem Entführer. Vielleicht taucht Rosa eines Tages wieder auf.«

»Das heißt, der Täter könnte wer auch immer gewesen sein?«

»Im Prinzip, ja. Melum ist ein kleiner Ort, statistisch gesehen gibt es aber auch dort mindestens ein paar Pädophile. Pädophilie gibt es überall. In der Regel findet sie innerhalb der eigenen vier Wände statt, die Übergriffe passieren in den allermeisten Fällen bei den eigenen Kindern. Fälle wie Peik Gravesen und Rosa Molberg sind selten, jedenfalls in Dänemark.«

»Könnte Rosa von einem Einheimischen verschleppt worden sein?«, wollte Rudi wissen.

»Durchaus, aber ich neige eher zu einem zufälligen Fremden. Ich glaube, die Polizei sieht es auch so. Denken Sie daran, dass der Täter mit einer Reihe von hochriskanten Faktoren rechnen musste. Er könnte von jemandem gesehen worden sein, der weiß, wer er ist, und der sich an ihn erinnert. Er könnte auch von dem Mädchen identifiziert werden, wenn sie entkäme. Peik Gravesen ging nicht in seinem Heimatort Gøby auf die Jagd. Er fuhr nach Aalborg, Randers und Aarhus, wo sein Gesicht unbekannt war.«

»Dachte er so weit?«

»Peik Gravesen ist wahnsinnig, aber er ist nicht dumm. Er ist schlau und gerissen und ein Meister im Lügen.«

»Haben Sie mit ihm gesprochen.«

»Viele Male.«

»Sind Sie dadurch aus ihm klüger geworden?«

»Sowohl als auch. Gravesen wirkt völlig normal, wenn man mit ihm spricht. Man kann weder sehen noch hören, dass er wahnsinnig ist, es ist nicht so wie bei manchen anderen Patienten. Das macht ihn besonders gefährlich.«

»Wir könnten uns vorstellen, ihn kennenzulernen«, erklärte Rudi.

Theodor Stamfeldt sah ihn verwundert an.

»Aber wieso denn?«

»Weil er ein Experte ist«, erwiderte der Kommissar. »Sie haben Pädophile und ihre Welt studiert, aber er *weiß*, wie sie denken und fühlen. Was in ihren Köpfen vorgeht. Die Art und Weise, wie sie von ihren Trieben gesteuert werden. Wir wollen versuchen, uns einen Eindruck von Rosa Molbergs Entführer zu verschaffen.«

»Was hat das mit dem toten Mann im Watt zu tun?«

»Wir glauben, Bjarke Laumann wusste etwas über Rosas Entführer. Das könnte ihn das Leben gekostet haben.«

»Und worauf gründet sich Ihre Annahme?«

»Das können wir Ihnen mit Rücksicht auf die Ermittlungen leider nicht sagen.«

»Haben Sie mal das gegenteilige Szenario erwogen, also dass Laumann Rosas Entführer ist? Er war fremd, und vielleicht wollte er das Dorf verlassen?«

»Die Möglichkeit steht nicht ganz oben auf unserer Liste«, antwortete Lykke. »Bjarke Laumann war ein Drogendealer und Einbrecher, aber er hat nie irgendein Gewaltverbrechen begangen.«

Stamfeldt kehrte zum Ausgangspunkt zurück.

»Ich verstehe Ihre Absicht, Peik Gravesen aufzusuchen, aber ich habe große Zweifel, ob Sie irgendetwas herausbekommen. Er kann sehr unwillig sein. Vermutlich wird er keineswegs bereit sein, Ihnen zu helfen.«

»Es ist ein Thema, von dem er besessen ist, es ist einen Versuch wert«, meinte Lykke.

Der Arzt sah auf die Uhr und erhob sich.

»Nun gut, Torsten Friis ist der Oberarzt der geschlossenen Abteilung in Slagelse. Er leitet die Behandlung von Gravesen und ist ein guter Freund von mir. Ich werde ein gutes Wort für Sie einlegen und versuchen, ein Treffen zu arrangieren, aber ich kann nichts versprechen.«

»Dafür sind wir Ihnen sehr dankbar«, erklärte Rudi.

Der Arzt trat mit einem Lächeln zurück.

»Ich rufe ihn heute Abend noch an, versprochen. Aber nun muss ich wirklich los.«

»Vielen Dank für Ihre Hilfe, Herr Doktor!«

»Bin gespannt, ob wir die Erlaubnis bekommen«, sagte Lykke.

»Du siehst aus, als würdest du dir das Gegenteil wünschen.«

»Mir fällt es nur schwer, mir dieses Monster lebendig vorzustellen.«

»Du würdest ihn garantiert nicht bemerken, wenn er auf der Straße an dir vorbeiginge«, meinte Rudi.

»Genau das meine ich. Er sieht aus wie der nette Sohn vom Nachbarn. Das macht ihn ja so unheimlich.«

31

»Ich habe Verständnis dafür, dass Sie nach einem skrupellosen Pädophilen suchen, aber von Peik Gravesen werden Sie nichts Brauchbares erfahren. Höchstwahrscheinlich wird er es genießen, einige Details Ihrer Ermittlungen zu hören, ohne aber selbst etwas preiszugeben. Glauben Sie mir, ich kenne ihn.«

Torsten Friis, der Oberarzt der geschlossenen Abteilung des Psychiatrischen Krankenhauses von Slagelse, klang überzeugend. Beinahe. Der mit einem Kittel bekleidete Mann mit der dünnen Krankenkassenbrille hatte etwas merkwürdig Stolzes an sich. Vielleicht war es ein professioneller Schutz vor seinen Patienten, vermutlich gab es aber auch noch einen tieferen und persönlicheren Grund. Lykke vermutete fachliche Furcht, dass ein paar Kriminalbeamten etwas gelingen könnte, woran er selbst bisher gescheitert war.

Wie versprochen hatte Theodor Stamfeldt dafür gesorgt, dass Torsten Friis bereit war, sich mit Lehmann und Teit zu treffen, allerdings bedeutete es nicht, dass er grünes Licht für ein Treffen mit dem Patienten gab. Normalerweise bekamen Hochrisikopatienten wie Peik Gravesen keinen Besuch von der Polizei. Doch ein verschwundenes Kind war ein überzeugendes Argument, dass ein Gespräch mit Gravesen nützlich sein könnte.

Rudi sah den Oberarzt mit einem insistierenden Gesichtsausdruck an.

»Es ist wichtig, dass wir es zumindest versuchen. Wir können ja wohl kaum einem Mann schaden, der bereits dermaßen beschädigt ist, oder?«

Auf der Stirn von Torsten Friis' glatt rasiertem Gesicht zeigte sich eine einzige Falte. Er legte auf eine besserwisserische Art die Fingerspitzen zusammen. Die Attitude erinnerte Lykke an einen alten Mathematiklehrer aus der Grundschule.

»Ich verstehe nicht, was die Flensburger Polizei überhaupt mit einem dänischen Mordfall zu tun hat.«

»Wir benutzen den Begriff ›Tötungsdelikt‹. ›Mord‹ ist ein Ausdruck, der von Journalisten und Krimiautoren verwendet wird, weil es dramatischer klingt.«

Lykke krümmten sich die Zehen. Sie sah das Gespräch mit Peik Gravesen bereits platzen, bevor sie den Mann überhaupt gesehen hatten. War sie erleichtert? Aber wenn Rudi Lehmann irgendetwas provozierte, dann waren es Menschen, die entweder von oben herab mit ihm sprachen oder seinen Intellekt herausforderten. Er fuhr mit ruhiger Stimme fort.

»Im Zusammenhang mit insgesamt drei Tötungsdelikten gehen wir auch dem Verschwinden der sechsjährigen Rosa Molberg nach, da wir den Verdacht haben, dass dieser Fall mit der Entführung eines weiteren Kindes zusammenhängt, Villads Geertsen. Dort draußen läuft ein lebensgefährlicher Pädophiler frei herum, den wir finden und dingfest machen sollen. Daher gehen wir unkonventionelle Wege bei unseren Ermittlungen. Im Übrigen arbeiten die dänische und die deutsche Polizei zusammen, weil ein Toter auf der Grenze zwischen den Ländern gefunden wurde. Wir haben den Verdacht, dass er wusste, wer der Pädophile ist.«

»War der Mann selbst pädophil?«

»Nein, aber er war kriminell. Eine unserer Theorien läuft darauf hinaus, dass er versucht hat, Rosa Molbergs Kidnapper zu erpressen. Das könnte ihn das Leben gekostet haben.«

»Warum glauben Sie das?«

»Er hat der Polizei eine SMS geschickt.«

»Sie begründen Ihre Vermutung mit einer SMS, die ein Krimineller geschickt hat?«

Rudis Gereiztheit war ansteckend, Lykke rutschte auf ihrem Stuhl herum.

»Manchmal erzählen auch Kriminelle die Wahrheit. Können wir nun mit Ihrer Kooperation rechnen, ja oder nein? Wir haben viel zu tun, wenn wir also unsere Zeit vergeuden, dann gehen wir besser.«

Der Oberarzt sah beinahe überrascht aus, dass sie sich einmischte, wenn zwei Männer sich unterhielten. Schon davon war Lykke einigermaßen angefasst, aber sie hatte sich bis dahin beherrscht.

Torsten Friis saß einige Sekunden reglos da, dann griff er mit einer plötzlichen Bewegung nach einer Gegensprechanlage und drückte auf einen Knopf.

»Vera, wissen Sie, ob Asko Halmarjen heute arbeitet?«

»Ich glaube, er ist in Abteilung 3. Vor zwanzig Minuten gab es dort Schwierigkeiten mit einem Patienten.«

»Würden Sie Liselotte Kramer bitten, dafür zu sorgen, dass Peik Gravesen innerhalb der nächsten Viertelstunde in den Gesprächsraum 2 gebracht wird?«

»Peik Gravesen?«

Die Verblüffung war durch den Lautsprecher zu hören.

»Er hat Besuch von zwei Polizisten. Wir müssen den Behörden helfen.«

»Wird erledigt.«

»Danke.«

Torsten Friis lehnte sich auf seinem Chefsessel zurück. Die Haltung war jetzt freundlicher.

»Wir haben natürlich ein Sicherheitssystem, das eingehalten werden muss. Einige unserer Patienten können einen schlechten Tag haben, aber meist ist es hier friedlich. Asko Halmarjen ist unser Sicherheitschef. Er ist vierfacher finnischer Meister im Ringen.«

»Ist er gewalttätig?«, wollte Lykke wissen. »Ich meine, Peik Gravesen?«

»Er ist sanft wie ein Lamm, aber er provoziert gern die anderen Patienten, sodass es zu Tumulten kommen kann. Es reicht meistens, wenn Asko sich zeigt, aber er kann durchaus auch zupacken.«

»Die Patienten sind nicht isoliert?«, erkundigte sich Rudi.

»Nur nachts. Wir versuchen, ihnen ein möglichst normales Leben zu ermöglichen. Einzelne sind zu krank, um mit anderen zusammen zu sein, aber die meisten kommen gut mit ihren Mitpatienten aus.«

»Wenn Peik Gravesen die anderen provoziert, sollte er dann nicht isoliert werden?«

»Wir tun, was wir können, aber wir müssen ein Gleichgewicht finden. Peik verhält sich die meiste Zeit über anständig, aber manchmal ist er auch durchaus unangenehm.«

»Kann man wohl sagen. Er hat mehrere kleine Mädchen getötet, nachdem er sie vergewaltigt hatte, und dann ihre Füße verspeist.«

Torsten Friis sah den Kommissar ermahnend an.

»Ich rate Ihnen, ihn nicht zu provozieren, sonst erfahren Sie überhaupt nichts Verwertbares. Wenn er selbst anfängt, über seine Vergangenheit zu sprechen, können Sie ihn danach fragen, sonst vergessen Sie es. Dann drehen Sie sich nur im Kreis.«

»Was ist eigentlich Ihr persönlicher Eindruck von Peik Gravesen?«, erkundigte sich Lykke. »Sie leiten seine Behandlung. Wie lange ist er schon hier?«

»Seitdem sein Urteil verkündet wurde. Es ist ungefähr vier Jahre her.«

»Und wie lange muss er sitzen?«, warf Rudi ein.

»Unsere Patienten ›sitzen‹ nicht, Herr Lehmann, sie wohnen hier. Peik wird den Rest seines Lebens hier verbringen. Er ist psychisch krank in einem mittelschweren Maß, auch wenn Sie möglicherweise einen anderen Eindruck bekommen, wenn Sie ihn kennenlernen. Er scheint normal zu sein, doch das ist Teil seiner Krankheit. Prinzipiell könnte er in der Gesellschaft funktionieren. Das hat er vor dem Tod seiner Mutter getan, aber es gibt bei ihm kein Stoppschild. Er leidet an sexuellen Zwangsvorstellungen von kleinen Mädchen, die Gewalt, Verstümmelung und Kannibalismus beinhalten. Wenn wir ihn freiließen, würde er es wieder tun.«

»Wie beruhigen Sie ihn, sein Trieb verschwindet doch nicht?«

»Er bekommt Medikamente, und er nimmt an einer Therapie teil.«

»Therapie?«, fragte Rudi nach.

»Einer Gesprächstherapie. Wir gehen die Fantasien der Patienten mit ihnen durch und analysieren ihre Reaktionsmuster, um die Krankheiten besser zu verstehen.«

»Und wie lautet seine eigene Erklärung?«

Torsten Friis zögerte.

»In Peiks Fall gibt es keine. Er hat sich seiner Krankheit überlassen. Sie hat ihn selbst zum Opfer werden lassen.«

»Ich bin sicher, dass Maja Ekstrøms und Mynte Iversens Familie dafür großes Verständnis haben.«

Der Oberarzt sah den Kommissar reserviert an.

»Ich hoffe, Sie nehmen dieses Treffen ernst, Herr Lehmann. Sonst sähe ich keinen Grund, diesen Versuch durchzuführen.«

»Tut mir leid, ich mache gern mal einen Scherz. Mein Chef sagt dasselbe. Selbstverständlich werde ich mich an die Vorschriften halten.«

Torsten Friis sah aus, als sei er zufrieden mit der Antwort. Er wollte gerade noch etwas sagen, als er von der Gegensprechanlage unterbrochen wurde.

»Peik Gravesen ist in cirka zehn Minuten im Gesprächsraum, Herr Doktor Friis.«

Der Arzt drückte auf den Knopf.

»Danke, Vera. Wir sind unterwegs.«

32

Als Villads das nächste Mal erwachte, erinnerte er sich deutlich an die Ereignisse der letzten Tage, allerdings war er wieder benommen und hatte einen schweren Kopf. Es war dunkel, als der Kidnapper das letzte Mal bei ihm gewesen war, nun schien Tageslicht durch die schmalen Ritzen des Schuppens. Draußen krächzte ein Eichelhäher. Es klang, als würde sich der Vogel über irgendetwas aufregen, möglicherweise darüber, dass in der Ecke wieder intensiv gekratzt und gegraben wurde.

Der Hund. Er war zurückgekommen.

Villads hatte einen trockenen Hals, er räusperte sich.

»Hallo! Ist da jemand?«

Das Graben wurde unterbrochen.

Er horchte eine Weile, aber es passierte nichts weiter. Villads musste sich ernsthaft zusammenreißen. Ständig fielen ihm die Augen zu. Er zwang sich, sie zu öffnen, und rollte auf die Seite, um aufzustehen.

»Ich bin hier im Schuppen. Können Sie mich hören?«

Keine Antwort.

Möglicherweise war es ein herumstreunender Hund, sonst hätte er sicher gehört, wie sein Besitzer ihn rief. Vielleicht stand der Schuppen ja gar nicht weit von einer Ortschaft entfernt? Aber würde der Kidnapper dann riskieren, direkt am Schuppen zu parken? Vermutlich stand er doch an einem abgelegenen Ort.

Villads gähnte. Er musste aufstehen und die Sache untersuchen, aber es gelang ihm nicht. Er hatte das Gefühl, die ganze Nacht geschlafen zu haben, dennoch war er apathisch und träge. Als würden unsichtbare Bänder seine Arme und Beine an die Matratze fesseln.

Dieses Gefühl war gestern irgendwann verschwunden, nun spürte er es wieder.

Dann begriff er den Zusammenhang.

Die Pizza!

Sie war nicht vergiftet, aber der Kidnapper hatte ihr etwas beigemischt, um ihn ruhigzustellen. Deshalb hatte er darauf bestanden, dass Villads die Pizza aß, und vermutlich war sie auch deshalb mit Jalapeños belegt. Die Schärfe sollte einen eventuellen Beigeschmack des Betäubungsmittels neutralisieren.

Villads fragte sich, warum er am Leben bleiben sollte. Ihm fiel nur eine Antwort ein, und die war nicht sonderlich angenehm. Es lief auf das hinaus, was gewisse kranke Männer mit Kindern anstellten. Er musste aus dem Schuppen heraus, bevor der Kidnapper zurückkam. Er wollte nicht so enden wie Rosa.

Unter großen Anstrengungen steckte Villads die Hand in die Tasche, schaltete die kleine Taschenlampe ein, blinzelte ins Licht und sah eine halb volle Mineralwasserflasche neben der Matratze. Er schraubte den Verschluss ab und trank gierig den Rest des Wassers, es war kalt und erfrischend.

Mühsam setzte er sich auf und wartete einen Moment, dann stand er schwankend auf und leuchtete in die Ecke. Er zog den Reißverschluss seiner Hose hinunter und pinkelte, wobei er die Taschenlampe zwischen den Zähnen hielt, um den Eimer zu treffen. Irgendetwas an der Wand reflektierte das Licht. Er zog den Reißverschluss hoch und hob es auf. Ein altes, verrostetes Buttermesser.

Villads nahm es mit zur Matratze, setzte sich und untersuchte seinen Fund im Licht der Taschenlampe. Der Griff war morsch, saß aber noch fest auf der angelaufenen Klinge, die an der Spitze abgerundet war. Eine schlechte Waffe, um sich gegen den Kidnapper zu verteidigen.

Plötzlich wurde wieder gegraben. Die Pfoten scharrten direkt vor dem Schuppen hitzig in der Erde. Die Klauen trafen auf Holz, und wenn er genau hinhörte, konnte er das Tier schnauben hören. So lautlos es ging, krabbelte Villads in die Ecke.

Der Schuppen war solide gebaut, hatte aber einen Wasserschaden. Einige der untersten Bretter in der Wand waren vermodert. Der Schaden zog sich bis zu den Bodenbrettern. Außerdem hatte das unterste Brett ein Astloch. Es war nicht größer als eine Glasmurmel, aber er konnte hindurchsehen. Villads legte sich auf den Bauch. Der Boden knarrte, das Graben hörte auf. Er verhielt sich ganz still. Eine längliche Schnauze mit schwarzen Nasenlöchern war durch das Loch zu erahnen. Das Tier schnüffelte in der Vertiefung, die es gegraben hatte.

Villads schob sich näher heran, Zentimeter um Zentimeter, bis sein Auge nur wenige Millimeter von dem Astloch entfernt war. Er presste die Wange flach auf den Boden. Das Graben begann erneut. Er sah etwas von dem Tier. Graues Fell. Zwischendurch machte es eine Pause. Lauschte vermutlich, so wie er selbst. Sie befanden sich in einer Art Pattsituation, in der keiner den nächsten Zug wagte. Dann senkte das Tier den Kopf und starrte ihn unerwartet direkt mit einem leuchtenden gelben Auge an. Villads schnappte nach Luft. Das Tier reagierte knurrend und lief hastig davon. Obwohl das Astloch klein war, sah er es in ganzer Größe, bevor es verschwand.

Es war ein Wolf!

Mit klopfendem Herzen setzte er sich auf. Begeistert und gleichzeitig besorgt. Er wusste, dass in Dänemark zehn wilde Wölfe lebten und regelmäßig in Südjütland gesehen wurden, aber die Wahrscheinlichkeit, dass einer davon sich ausgerechnet hier aufhielt, war unglaublich klein.

Dann ging ihm durch den Kopf, dass er sich möglicherweise nicht mehr in Dänemark befand. Sofort verdrängte er diesen Gedanken. Was würde es ihm nützen? Egal, wo er war, es ging darum, aus dem Schuppen zu entkommen. Weg von dem Wolf. Und weg von dem Mann.

Er leuchtete auf das feuchte Holz. Die beiden unteren Bretter waren beschädigt, hier musste er ansetzen. Er drehte das Buttermesser in den Händen. Wenn er genügend morsches Holz entfernte, könnte er möglicherweise die Finger hindurchstecken und an den Brettern ziehen.

Villads begann, in den feuchten Teil des untersten Bretts zu hacken. Es war nicht das beste Messer der Welt, aber zu seiner großen Begeisterung fielen ohne große Anstrengungen eine Menge Klumpen aus dem Brett heraus. Villads arbeitete hart mit seinem einzigen Werkzeug.

Nachdem er ungefähr eine Viertelstunde gehackt hatte, gelang es ihm, mit beiden Händen unter das Brett zu fassen, seine Finger waren im Freien. Er setzte sich auf den Hintern, stemmte die Füße auf den Boden und zog. Es sah aus, als würde das Brett nachgeben. Er schwitzte, zog sich die Jacke aus und versuchte es noch einmal mit aller Kraft.

»*Come on, you motherfucker!*«

So schrien sie immer in den amerikanischen Actionfilmen, die Villads so liebte. Vielleicht half es. Ein längeres Stück des Brettes brach mit einem kläglichen Knirschen ab. Seine Hände waren feuerrot und schmerzten, aber er jubelte. Er hatte beinahe einen Meter des untersten Bretts herausgerissen und konnte die Freiheit sehen. Allerdings war das Brett darüber nur teilweise verrottet, es gelang ihm nicht, es herauszureißen.

Stattdessen legte er sich hin und trat mit den Hacken gegen den feuchten Fleck. Es machte einen furchtbaren Krach. Wenn der Kidnapper in der Nähe war, würde er es hören, aber vielleicht würden auch andere alarmiert.

Plötzlich war ein scharfes Splittern zu hören, das Brett zerbrach. Villads jauchzte und zog an den beiden zersplitterten Teilen. Es gelang ihm, insgesamt anderthalb Meter herauszureißen.

Nun ignorierte er Schmerzen und Lärm. Er hatte das Gefühl, den ganzen Schuppen mit bloßen Händen abreißen zu können. Der Siegestaumel währte jedoch nicht lange. Das dritte Brett von unten war in perfektem Zustand und gehorchte keinem Schuljungen, sosehr er auch meinte, der unglaubliche Hulk zu sein, oder amerikanische Flüche ausstieß. Wieder und wieder versuchte er es, aber das Brett rührte sich nicht. *No way.* Schließlich lag er vollkommen erschöpft da, schwitzte und rang um Atem.

»Mist!«

Er rollte auf den Bauch. Starrte hinaus in die Freiheit. Der Spalt vom Boden bis zu dem widerspenstigen Brett war ungefähr zwanzig Zentimeter breit, und obwohl er schlank war, war Villads bei Weiten nicht dünn genug, um sich hindurchzuquetschen.

Der Wolf hatte ein größeres Loch gegraben. Es war ungefähr einen halben Meter breit und an seiner tiefsten Stelle dreißig Zentimeter tief. Diese Stelle befand sich beinahe direkt unter dem Spalt.

Tageslicht fiel auf das Bodenbrett. Der Rand war feucht. Als Villads in der feuchten Stelle pulte, konnte er allein mit den Nägeln kleine Brocken abbrechen. Wieder packte er das Buttermesser und hackte energisch in den porösen Teil des Holzes. Es war so morsch, dass ein Teil sich ohne nennenswerten Widerstand entfernen ließ. Nach knapp zehn Minuten hatte er so viel weggehackt, dass der nächste Nagel frei herausragte. Dort hatte sich die Fäulnis besonders ausgebreitet. Obwohl ihm die Arme und die Hände wehtaten, arbeitete er wie ein Besessener weiter. Er schabte, hackte und stach mit dem stumpfen Messer, bis es ihm schließlich gelang, den Nagel herauszuwinden. Dadurch wurde das Brett noch lockerer. Er holte einen Ast aus dem Brennholzstapel und klemmte ihn unter das Brett. Dann steckte er die Finger darunter und zog. Der verrottete Teil des Bretts gab mit einem langsamen Krachen nach. Ein Stück von etwa einem halben Meter löste sich. Villads Optimismus stieg. Nun war die Öffnung zur Freiheit fast fünfunddreißig Zentimeter breit, und dank des Wolfs gab es eine kleine Chance, dass es breit genug war.

Villads war so begeistert von seiner Leistung, dass er das Motorengeräusch erst hörte, als es beinahe zu spät war. Er blickte hinaus und sah die Scheinwerfer eines Autos zwischen zwei Tannen. Es fuhr auf den Schuppen zu.

33

Die beiden Polizisten kamen auf ihrem Weg zum Gesprächsraum 2, in dem Peik Gravesen wartete, durch mehrere Abteilungen. Torsten Friis begleitete sie und erklärte ihnen die Geschichte des Krankenhauses, welche Art Patienten hier behandelt wurden und wie der Alltag aussah.

Lykke ging direkt hinter den beiden Männern her. Insgeheim musste sie zugeben, diesen Ort nicht gerade vorurteilsfrei betreten zu haben. Sie hatte Szenen aus *Einer flog über das Kuckucksnest* und anderen Filmdramen, die in der Psychiatrie spielten, vor Augen gehabt, kombiniert mit der Erwartung, Patienten in Zwangsjacken zu begegnen, die lallend und mit Schaum vor dem Mund in ihre Zellen gezerrt wurden, während verzweifelte Schreie und Klopfen hinter verschlossenen Türen zu hören waren. Die Realität sah vollkommen anders aus.

Das Krankenhaus war eine hochmoderne Institution mit hilfsbereitem Personal, hellen und freundlichen Räumen, viel Platz und einem Park, in dem kleinen Bänke standen. Sie gingen durch eine große Aula mit einer breiten Wendeltreppe und einigen Säulen.

Das Krankenhaus verfügte über eine offene und eine geschlossene Abteilung, doch selbst als Torsten Friis die soliden Doppeltüren der geschlossenen Abteilung aufschloss, kam es zu keinem erschreckenden Anblick. An beiden Seiten des Flurs lagen die Zimmer. Die meisten Türen waren geschlossen, hier und da konnte man jedoch einen Blick hineinwerfen.

In einem der Räume saß eine Frau mit dem Rücken zum Flur. Sie glich Lykkes Großmutter, die sie unglaublich gern gehabt hatte, bis sie im Alter von sechsundneunzig Jahren gestorben war. Gern hätte sie mehr über die Frau erfahren, aber sie musste sich beeilen, um mit Rudi und dem Arzt Schritt zu halten.

Torsten Friis hatte erklärt, sämtliche Patienten der geschlossenen Abteilung seien gefährlich und könnten nicht in die Gesellschaft integriert werden. Sie waren nicht permanent gewalttätig, einige von ihnen so gut wie nie, aber manch einer von ihnen bekam akute Anfälle, bei denen er sich und andere verletzen konnte. Sie erhielten entsprechende Medikamente.

Alle Patienten hatten Einzelzimmer, die nach ihren persönlichen Bedürfnissen und Wünschen eingerichtet waren, nur das Bett und ein Kleiderschrank gehörten zur Standardausstattung. Die Räume hatten eine große Fensterfront mit einer diskreten Vergitterung, durch die die Parkanlage zu sehen war.

Das vorletzte Zimmer auf der rechten Seite bewohnte laut einem Namensschild Peik Gravesen. Es stand leer. Das Bett war mit einer neutralen schwarzen Decke abgedeckt, und im Gegensatz zu den anderen Räumen hing hier nichts an den Wänden. Auch waren keine persönlichen Habseligkeiten zu sehen. Das Zimmer wirkte unbewohnt, und doch schlief hier der Kindermörder.

Lykke ging durch den Kopf, dass es vor vier, fünf Jahren ihr eigenes Schicksal hätte sein können. Vielleicht wäre sie nicht in einer geschlossenen Abteilung gelandet, aber in jedem Fall in einem psychiatrischen Krankenhaus. Ihr Arzt hatte ihr geraten, sich eine Einweisung zu überlegen. Zum einen hätte sie es aber als eine persönliche Niederlage begriffen, zum anderen wäre es der Todesstoß für ihre berufliche Laufbahn im Polizeipräsidium gewesen. Hätte sie sich auf das psychiatrische System eingelassen, hätte sie ebenso gut sofort Schlaftabletten nehmen können.

Ihre Therapie hatte darin bestanden, sich in die Arbeit zu vergraben und so ihre Depression zu überwinden. Gleichzeitig hatte sie versucht, sich so gut wie möglich weiterzubilden.

Eine Hand legte sich vorsichtig auf ihre Schulter. Erschrocken sah sie in Torsten Friis' graue Augen. Ein kleines Lächeln zuckte um seine Mundwinkel.

»Er ist nicht in seinem Zimmer. Wir müssen noch ein bisschen weitergehen.«

34

Villads hörte den Dieselmotor vor dem Schuppen. Er lief noch eine Weile im Leerlauf, bevor er abgestellt wurde. Es war still. Villads kannte einige Autos und versuchte zu erraten, um welche Marke es sich handeln könnte. Eine Tür wurde hart und metallisch zugeworfen. Möglicherweise ein Lieferwagen, ein kleiner Transporter oder etwas Ähnliches. Eine Minute geschah nichts, dann hörte er Schritte, und das Vorhängeschloss wurde aufgeschlossen. Langsam öffnete sich die Tür.

»Du weißt, dass ich bewaffnet bin«, warnte die heisere Stimme. »Wenn du irgendetwas vorhast, brockst du dir nur selbst den größten Ärger ein.«

Villads antwortete nicht.

Die Tür ging weiter auf. Der Kidnapper blieb einige Sekunden reglos stehen, dann betrat er den Schuppen. Er näherte sich der Matratze, zweifellos war er auf der Hut, doch Villads sah es nicht. Sowie er den Motor hörte, hatte er hektisch die losen Bretter wieder an ihren Platz gelegt und die Öffnung abgedeckt. Es war ihm so gut gelungen, dass das Tageslicht praktisch verschwand und er die Taschenlampe benutzen musste, um seinen Schlafplatz zu finden. Er legte sich auf den Rücken, zog die Decke über sich und tat so, als würde er schlafen. Er war völlig verschwitzt und erhitzt, aber das ließ sich nicht ändern. Nun galt es, ruhig zu atmen und den Puls unter Kontrolle zu bringen, wenn er den Mann täuschen wollte. Sein Mund stand etwas offen, sein Körper entspannte sich.

Villads lag mit dem Kopf zur Tür. Als sie aufging, wehte ein frischer Duft nach Tannennadeln und Waldboden in den Schuppen. Er sah die Bewegungen des Mannes als tanzende Schatten hinter seinen geschlossenen Augenlidern, aber er wagte es nicht, die Augen zu öffnen. Der Mann stand jetzt so dicht bei ihm, dass er ihn riechen konnte. Ein schwacher Gestank nach etwas Organischem. Vielleicht war er Koch oder arbeitete in einem Imbiss.

Villads konnte nicht an sich halten und öffnete ein Auge, aber nur so wenig, dass es noch immer so aussah, als würde er schlafen. Tageslicht fiel auf den Bretterboden. Ein großer Arm mit einem dunklen Ärmel schob sich ins Blickfeld. Dann das Gesicht des Kidnappers, als er sich hinunterbeugte. Eine kalte Hand mit groben Fingern legte sich um seinen Hals. Der Geruch wurde kräftiger. Villads war kurz davor zu schreien, aber der Mann drückte nicht zu, sondern suchte nur seinen Puls. Hinterher legte er die Hand auf Villads' heiße Stirn. Ein konturenloses Gesicht starrte ihn an. Es sah verzerrt aus. Im ersten Moment meinte Villads, es läge daran, dass er selbst nur durch einen Schlitz seiner Augen sah, doch der Kidnapper war maskiert. Ein straffer Nylonstrumpf sicherte seine Anonymität, außerdem sah Villads ihn von unten, sodass er sich unmöglich ein deutliches Bild machen konnte. Mit Sicherheit ließ sich nur sagen, dass er dichtes Haar – platt gedrückt durch den Strumpf –, dunkle Augen und glatt rasierte Wangen hatte.

Damit der Kidnapper nicht glaubte, er hätte ihm eine Überdosis gegeben, murmelte Villads ein wenig, wie eine tief schlafende Person, die gestört wird. Er drehte sich auf die Seite. Der Mann zog die Hand zurück. Villads legte sich absichtlich auf die rechte Schulter, um auf die Wand blicken zu können, er sah den Brennholzstapel und die Ecke, in der das Loch war.

Der Mann stand direkt vor seinem Gesicht. Er trug abgewetzte Jeans und schwarze Wanderstiefel. Villads hielt die Augen noch immer fast geschlossen, für den Fall, dass der Mann ihm ins Gesicht blickte. Er trat ein paar Schritte zurück und drehte ihm den Rücken zu. In einer Hand hielt er den Taser und blickte direkt in die Ecke, in der Villads die Wand aufgebrochen hatte.

Villads drehte den Kopf ein wenig. Die Tür stand weit auf, aber er wagte keinen Fluchtversuch. Zum einen war er noch immer unsicher, was seine Betäubung anging, zum anderen stand der Mann nur zwei Meter von ihm entfernt. Und er hatte lange Beine, es würde ihm nicht schwerfallen, Villads zu fangen. Wieder murmelte er, um die Aufmerksamkeit des Kidnappers von der Ecke abzulenken, und drehte sich auf die andere Seite. Der Mann kam auf die Matratze zu. Villads hatte das Gefühl, als würden Minuten vergehen. Der Wind sauste in den Baumkronen, im Wald war ein Knacken zu hören. Der Mann ging nach draußen, schloss die Tür und verriegelte sie mit einem deutlichen Klicken des Vorhängeschlosses. Villads atmete erleichtert auf und starrte in die Dunkelheit.

Zur Sicherheit blieb er liegen, bis der Motor angelassen wurde und der Wagen davonfuhr.

Er hatte Glück gehabt, der Kidnapper hatte die beschädigte Wand nicht bemerkt. Villads kroch dorthin und entfernte die lockeren Bretter wieder, Licht strömte herein. Die Öffnung war so groß, dass er den Kopf, die Arme und die Schultern nach draußen schieben konnte, doch mit dem Oberkörper kam er nicht weiter.

Soweit er sehen konnte, stand der Schuppen in einem dichten Nadelwald, und nur die Reifenspuren verrieten das Versteck. Es waren drei, vier identische Spuren übereinander, was vermutlich bedeutete, dass außer dem Mann in letzter Zeit niemand hier gewesen war.

Villads kroch zurück in die Dunkelheit.

Durch die Größe des Lochs und das Graben des Wolfs unter dem Schuppen war es möglich, ganz herauszukommen, aber er musste es auf eine bestimmte Weise angehen. Er musste sich auf den Rücken legen und mit dem Kopf zuerst hinausschieben, um so die Grube, die der Wolf gegraben hatte, auszunutzen. Den

Bauch konnte er einziehen, aber der Brustkasten ließ sich nicht verkleinern.

Um nicht hängen zu bleiben, hackte er etwas mehr von dem äußersten Bodenbrett ab, doch es fiel ihm zunehmend schwer, da die Fäulnis sich nicht fortsetzte. Der Rest des Holzes war verhältnismäßig frisch und zu hart für das Buttermesser.

Villads wischte sich den Schweiß von der Stirn. Er war noch immer ein wenig benommen, vielleicht weil er nicht genug getrunken hatte. Er sah, dass der Mann weitere Wasserflaschen an die Tür gestellt hatte. Er holte sich eine Flasche und untersuchte den Verschluss. Er war intakt, der Kidnapper hatte dem Wasser nichts zugesetzt.

Er trank die Flasche beinahe leer, während er die Öffnung betrachtete. Dank der Arbeit des Wolfs konnte er den Rücken in die richtige Richtung krümmen. Schwieriger war es mit den Beinen. Sie ließen sich nicht in dieser Weise verbiegen, außerdem hatte er ziemlich lange Beine. Er war einer der Größten in seiner Klasse. Der Gedanke, stecken zu bleiben, wenn er schon beinahe draußen war, war erschreckend. Andererseits war im Schuppen bleiben keine Option. Beim nächsten Mal gab sich der Kidnapper vielleicht nicht damit zufrieden, ihm den Puls zu fühlen. Bald war Vollmond, und manche Menschen wurden bei Vollmond wahnsinnig.

Außerdem konnte der Wolf zurückkommen. Vielleicht war er geschickt genug, sich in den Schuppen zu zwängen, wenn er entsprechend hungrig war.

Villads legte sich auf den Bauch und benutzte das Buttermesser, um in die Erde zu hacken und das Loch zu vertiefen. Ein widerlicher Geruch stieg von dem Loch auf. Und je mehr Erde er ausgrub, desto schlimmer wurde der Gestank. Etwas, das aussah wie ein alter Kartoffelsack, tauchte auf. Er sah ein paar verblichene rote Buchstaben auf dem braunen Leinensack, konnte aber nicht lesen, was dort stand. Villads schaufelte noch mehr Erde beiseite, und eine Zeichnung war zu erkennen. Ein Lastwagen mit einem Anhänger, der an einem Kornfeld vorbeifuhr. Er kannte das Logo. Der Sack stammte aus der Korn- und Futterfabrik der Gegend. Jedes Mal, wenn seine Eltern mit ihm im Auto daran vorbeifuhren, konnte er die Fabrik riechen.

Villads grub fieberhaft weiter. Immer mehr von dem Sack wurde freigelegt. Irgendetwas war in dem Sack, irgendetwas Verfaultes, aber es war kein Korn. Es war groß. Vielleicht hatte hier jemand seinen Hund vergraben. Es war nicht ungewöhnlich, dass die Leute auf dem Land ihre alten, kranken Tiere in die Natur mitnahmen, sie erschossen und dort begruben.

Schließlich war das Loch groß genug. Er warf das Messer fort. Seine Hände waren verdreckt und aufgerissen. Er dampfte vor Schweiß und warf zuerst die Jacke hinaus, dann legte er sich auf den Rücken und drückte den Kopf durch die Öffnung. Es war genügend Platz, die Schultern waren ebenfalls kein Problem, doch mit dem Oberkörper blieb er noch immer hängen. Die Öffnung war zu eng. Die Rippen taten höllisch weh, als er sich mit den Füßen abstützte. Es musste gelingen. Villads hatte eine deutliche Vorahnung, dass er einen dritten Besuch des Kidnappers nicht überleben würde.

»Komm schon!«

Er hatte jetzt die Arme frei und drückte die Hände in die schmierige und glatte Vertiefung. Er stemmte sich gegen die Außenwand des Schuppens und drückte. Es fühlte sich an, als säße er im Maul eines großen Raubtiers, das ihn gerade in der Mitte zerbiss.

»Verflucht!«

In dieser unglücklichen Position bekam er kaum Luft. Mit beiden Beinen stemmte er sich im Schuppen gegen die Bodenbretter. Es war wie eine umgekehrte Geburt.

Plötzlich hörte er ein Motorengeräusch. Villads erstarrte und horchte und saß dabei hilflos fest, mitten im ›Biss‹.

»Nein, nein, nein!«

Er hämmerte gegen die Außenwand. Er strampelte wild mit den Beinen. Er musste raus. Sofort! Ein Splint aus einem der Wandbretter bohrte sich in sein Fleisch. Er hatte das Gefühl, als würde ihm die Brust aufgerissen. Einen Moment später wurde es warm, und er spürte, wie Blut durch seinen Pullover sickerte. Nicht viel, aber immerhin, doch nun war es zu spät, um zu bereuen und zurück in den Schuppen zu kriechen. Er war festgekeilt, und er hatte furchtbare Schmerzen. Wenn der Kidnapper zurückkam, würde er sein Opfer wie eine Maus in der Falle finden.

»Aber … das … kommt … *au* … nicht … infrage!«, zischte er den Tannen zu, die aus seiner Perspektive als stumme Zeugen seines Fluchtversuchs auf dem Kopf standen.

Indem er sich von einer Seite auf die andere schraubte, gelang es ihm schließlich zu seiner enormen Erleichterung, freizukommen. Erschöpft fiel er in das Loch und blieb liegen, um Atem zu holen, bis etwas Kaltes, Klebriges durch seine Kleidung drang und sich über den Rücken verteilte. Der Gestank war so intensiv, dass es keinen Zweifel mehr gab, er wälzte sich in etwas vollkommen Verfaultem.

Villads streckte die Arme aus, seine Hände lagen auf dem Rand des Loches, er zog sich bis auf die Höhe seines Nabels heraus. Der kleine, aber hartnäckige Splint, der ihm die Brust aufgerissen hatte, verhakte sich an seiner Gürtelschnalle. Erst jetzt wurde ihm klar, dass er das Motorengeräusch nicht mehr hörte. Vielleicht war der Kidnapper zurückgefahren.

Villads befreite sich von dem Splint und wühlte sich weiter aus der Wolfsgrube, wobei die faulige Flüssigkeit durch den Hosenboden und die Hosenbeine am Oberschenkel sickerte. Es war ihm egal, er hatte sich befreit und wollte einfach nur fort. An den Knien wurde es noch einmal sehr eng, und er fürchtete einen Moment, nicht weiterzukommen, doch dann rollte er auf die Seite, zog die Beine an und war im Freien.

Villads blutete, der ganze Körper schmerzte, aber er erhob sich und blickte siegessicher in das Loch. Er sah den am Logo aufgerissenen Sack. Etwas ragte aus dem Riss. Im ersten Moment glaubte Villads, es wäre eine Pfote, dann begriff er, dass es sich um einen kleinen Arm handelte, dessen Haut zum größten Teil verwest war. Die Fingerknochen stachen hervor. Ein selbst gebasteltes Perlenarmband hing an dem schmächtigen Handgelenk. Das Armband war eines von zwei Armbändern, die sehr oft im Fernsehen, in den Zeitungen und im Internet gezeigt worden waren. Es gab keinen Zweifel. Villads hatte die Leiche von Rosa Molberg ausgegraben.

35

Die Tür zum Gesprächsraum 2 stand offen.

Auf der rechten Seite stand ein großer, muskulöser Mann in weißen Hosen, Turnschuhen und T-Shirt. Ein Namensschild wies ihn als Asko Halmarjen aus. Der Sicherheitschef des Krankenhauses war kahlköpfig, glatt rasiert und empfing sie schweigend, aber mit einem freundlichen Ausdruck in seinen blauen Augen.

Der Raum war wesentlich größer als die Zimmer der Patienten und in einem grünlichen Farbton gestrichen. Möbliert war er lediglich mit einigen zusammengestellten Tischen aus hellem Holz und dazupassenden Stühlen. Aus den hohen Fenstern blickte man in einen eingezäunten Garten. Eine korpulente Frau saß auf einer Bank. Sie hatte etwas im Arm, das auf den ersten Blick wie eine echte Katze aussah. Als sie plötzlich anfing, sie am Schwanz herumzuwirbeln, reagierte die Katze nicht, sie war aus Stoff.

Peik Gravesen saß mit dem Rücken zur Tür und betrachtete die Frau mit der Stoffkatze. Er drehte sich nicht um, als Lykke und Rudi mit dem Oberarzt den Raum betraten. Im Gegenteil, er blieb mit durchgedrücktem Rücken und den Händen im Schoß reglos sitzen. Gravesen trug ein schwarzes T-Shirt, das locker über den Schultern hing, blaue Jeans und Sneaker.

Torsten Friis ging auf die andere Seite des Tischs und stellte sich in Gravesens Blickfeld. Die Polizisten folgten ihm.

»Das hier sind Kommissar Rudolph Lehmann und Kriminalassistentin Lykke Teit. Sie würden Ihnen gern ein paar Fragen stellen.«

Peik Gravesen starrte weiter ausdruckslos vor sich hin.

»Peik?«

Langsam hob er den Blick, aber die Augen waren das Einzige, das sich bewegte.

Lykke war verblüfft über das gewinnende Äußere des jungen Mannes. Er war geradezu hübsch, mit harmonischen Gesichtszügen, schönen blauen Augen, einer schmalen Nase und vollen Lippen. Aus den Akten wusste sie, dass er siebenundzwanzig Jahre alt war, aber er sah aus, als wäre er nicht einen Tag älter als neunzehn. Seine glatten Haare waren gut schulterlang und wurden von einem weißen Stirnband fest an den Kopf gedrückt, auf dem das Wort *Help* prangte. Der erste Eindruck – die berühmten dreißig Sekunden – fiel eindeutig zum Vorteil des Mannes aus. Sah man allerdings genauer hin, wurde offensichtlich, dass sich etwas Untergründiges und Beunruhigendes in seinem Gesicht verbarg. Wie bei einem Vexierbild.

Eine kalte und bleiche, beinahe transparente Maske unter dem harmonischen Äußeren. Die Illusion ließ ein wenig nach, als er den Kopf bewegte.

Peik Gravesen sah erst Lykke an, dann Rudi. Er ließ sich für jeden fünf Sekunden Zeit, dann nickte er kurz und machte eine einladende Handbewegung.

»Bitte, nehmen Sie Platz.«

Er sagte es in einem Tonfall, als kämen sie zu einem Vorstellungsgespräch.

Die beiden Polizisten zogen Stühle unter dem Tisch hervor und setzten sich. Peik Gravesen verfolgte jede ihrer Bewegungen, ohne sich zu rühren. Seine Hand lag auf dem Tisch. Sie war auf eine feminine Art und Weise schlank und langfingrig, mit gepflegten Nägeln. Lykke versuchte, nicht daran zu denken, was er mit diesen Händen getan hatte. Der Kommissar wollte gerade das Wort ergreifen, als Gravesen ihm zuvorkam.

»Sie sind also auf der Jagd nach einer pädophilen Person?«

»Weshalb glauben Sie das?«, stellte Rudi die Gegenfrage.

»Sie sind von der Polizei. Warum sollten Sie sich sonst an mich wenden? Sie suchen nach einem Experten, in der Hoffnung, dass er Ihnen helfen kann, den Schuldigen zu finden. Wird der Fall Rosa Molberg wieder aufgerollt? Haben Sie ihre Leiche gefunden?«

»Was wissen Sie über Rosa Molberg?«

Peik Gravesen lächelte, sodass seine hübschen regelmäßigen Zähne leuchteten. Lykke versuchte auch zu verdrängen, was diese Zähne gegessen hatten.

»Soweit ich weiß, sind seit letztem Sommer in Dänemark keine weiteren kleinen Mädchen verschwunden, aber ich weiß nur das, was ich durch die Medien in Erfahrung bringen konnte. Leider habe ich nur begrenzten Zugang zum Internet, meine Therapeuten meinen, es sei nicht gut für meine Behandlung.«

Sein Tonfall war ebenso nachsichtig wie herablassend. Er

sprach wie ein von Idioten umgebenes Genie. Gravesen beugte sich ein wenig vor, ihn interessierte offenbar das Gesprächsthema, das er selbst angeschnitten hatte.

»Rosa Molberg verschwand an einem Sommerabend vom Hof ihrer Eltern, als sie mit ein paar Freunden spielte. Sie war sechs Jahre alt. Rosa. Ich liebe diesen Namen. Zuletzt wurde sie gesehen, wie sie in den Wald ging, der an das Haus der Familie grenzt. Und Simsalabim war sie verschwunden. Der Vater fand ihre Schuhe unter einem Busch, aber das war auch die einzige Spur, es sei denn, Sie haben eine neue gefunden?«

Er sah aus, als würde er nach Informationen gieren.

»Sie sind gut über den Fall informiert«, stellte Rudi mit einem düsteren Gesichtsausdruck fest. Im Gegensatz zu Lykke sah er nicht unbedingt so aus, als würde er Gravesen attraktiv finden.

Peik breitete seine dünnen weißen Arme aus.

»Ein Mann braucht ein Hobby, und meines sind Kriminalfälle, vor allem solche, in denen es um kleine Mädchen geht. Ich habe Rosa nicht umgebracht. Ich war hier, aber das wissen Sie ja.«

Ein neues unheimliches Lächeln.

Rudis Muskeln spannten sich an, er ballte die Fäuste. Lykke stieß ihn unter dem Tisch diskret an, der Kommissar lehnte sich zurück.

»Es gibt da auch noch Soffia Korlum. Sie verschwand in einem Süßwarengeschäft in Aalborg.«

Peik hatte einen kleinen diskreten Tick an der linken Augenbraue, es sah aus, als würde er ihnen zublinzeln.

»Ihre Schuhe standen an einer Gefriertruhe für Eis am Stiel. Kleine rote Puppenschuhe. So süß. Ich habe sie gesehen … im Internet.« Er schüttelte den Kopf. »All dieser Zucker. Das ist nicht gut für Kinder, schon gar nicht für kleine Mädchen. Man kann es schmecken.«

Lykke lief es eiskalt den Rücken hinunter, sie ließ sich aber nichts anmerken. Rudi atmete tief durch. Sie spürte, dass er sich nur mühsam beherrschte.

»Haben Sie Soffia Korlum umgebracht?«

Gravesen legte mit einem beleidigten Gesichtsausdruck die Hand auf die Brust.

»Ich? Haben Sie Ihre Hausaufgaben nicht gemacht? Ich befand mich an einer Tankstelle vierzig Kilometer entfernt, als Soffia verschwand. Davon gibt es eine Videoaufnahme. Die Tankstellen müssen ja solche Kameras einsetzen, weil die Leute tanken und losfahren, ohne zu bezahlen. Finden Sie das nicht auch krass?«

»Man kann auf der Aufnahme nicht erkennen, ob Sie es sind«, sagte Lykke.

Peiks Blick wechselte zu ihr. Sie hatte das Gefühl, einen kleinen elektrischen Stoß zu bekommen.

»Man kann aber auch nicht sehen, dass ich es *nicht* bin. Dafür habe ich das Wort des Richters.«

»Aber wenn Sie es nicht sind, hätten Sie kein Alibi«, gab Rudi zu bedenken.

Peik Gravesen sah ihn nachsichtig an.

»Diese Aufnahme ist vollkommen irrelevant. Jeder seriöse Ermittler - und ich glaube wirklich, Sie sind einer, das kann ich hören –, jeder seriöse Ermittler kann mit einem halben Auge erkennen, dass ich mit Soffia und Rosa nichts zu tun habe.«

»Wieso?«, erkundigte sich Lykke.

»Na, die Schuhe selbstverständlich.«

»Sie hinterließen die Schuhe von Maja Ekstrøm und Mynte Iversen an den Tatorten. Soffia Korlums Schuhe wurden ebenfalls zurückgelassen. Und Rosas Schuhe auch.«

»Korrekt, aber nicht in der gleichen Art und Weise.«

»Was meinen Sie?«

Peik sah beinahe verblüfft aus. Seine fein geschwungenen Augenbrauen hatte er hoch in die Stirn gezogen.

»Wie können Sie überhaupt danach fragen?«

»Wenn Sie es uns bitte erklären würden … wenn Sie es können.«

Rudis kleine eingebaute Provokation funktionierte.

»Haben Sie Fotos von den Schuhen, ich meine, von allen vier Paaren?«

»Augenblick.«

Lykke holte ihr Telefon aus der Tasche.

36

Villads flüchtete.

Er lief, so schnell er konnte. Er vergeudete keine Kraft damit, um Hilfe zu schreien. Jetzt, da er sich endlich befreit hatte, war er sicher, dass er Alarm schlagen könnte, wenn er richtig handelte. Und das bedeutete, nicht um Hilfe zu rufen. Er riskierte, dass der Kidnapper ihn zuerst hörte. Vielleicht wohnte er hier in der Nähe.

Villads versuchte, nicht an die Leiche unter dem Schuppen zu denken, in der er sich gewälzt hatte. Beim Laufen verschwand der Gestank beinahe, aber sobald er stehen blieb, um sich zu orientieren, hing die widerliche Wahrnehmung an ihm wie ein klebriger Mantel des Todes. Es stank so ekelerregend, dass er sich am liebsten ausgezogen hätte, aber dazu war es zu kalt, höchstens zehn Grad, und der Wind blies kräftig zwischen den Bäumen.

Ein Stück entfernt lichtete sich der Wald. Villads lief durch das Waldstück, er glaubte, dass er im Verhältnis zur Sonne in östliche Richtung laufen musste. Dann würde er irgendwann auf eine Straße oder den Rand einer Ortschaft stoßen. Villads blickte sich um, weil er den Eindruck hatte, er würde Schritte hören, aber das bildete er sich nur ein. In dem Wald gab es keine Wege, daher ging er davon aus, dass es sich um ein privates Waldstück handelte.

Nachdem er den Tannengürtel verlassen hatte, lief er über ein großes Terrain mit frischen Baumstümpfen und Stämmen, die zu enormen Haufen gestapelt waren. Er hatte das Gefühl, in Gefahr zu sein.

Konnte der Kidnapper ihn sehen? Oder der Wolf? Immerhin hatte der die Leiche in der Erde gerochen. Deshalb war er zum Schuppen zurückgekommen. Villads dankte dem Wolf, dass er ihm geholfen hatte zu entkommen, aber es nützte nichts, wenn er plötzlich vor ihm stand, weil der Verwesungsgeruch nun an *ihm* haftete.

Der Anblick der kleinen skelettierten Hand, die aus dem Loch ragte, spukte in seinem Kopf herum. Wäre die Flucht nicht gelungen, hätte er möglicherweise schon bald in einem anderen Sack neben Rosa Molberg gelegen.

Die Sonne stand niedrig am Himmel.

Villads wusste, dass es nahe der Küste, ungefähr zwanzig Kilometer von Melum entfernt, einen Wald gab, nicht weit von Stamfeldts Korn- und Futterstofffabrik. Vielleicht war er dort.

Ohne jede Vorwarnung flog einen Meter vor ihm ein Fasan auf und flatterte unter lautem Krächzen davon. Villads stieß einen Schrei aus. Es geschah instinktiv, er hatte keine Möglichkeit, ihn zu unterdrücken. Besorgt sah er sich um und lief zu einem weiteren Tannengürtel, durch den sich tiefe Reifenspuren zogen. Vielleicht führten die Spuren aus dem Wald hinaus, aber es war zu riskant, ihnen zu folgen. Er lief geradeaus weiter.

Nach einigen Minuten hörte er ein Motorengeräusch. Es klang nicht nach dem Wagen des Kidnappers. Dieses Geräusch war tiefer und schwerer. Möglicherweise ein großer Lastwagen oder ein Bus. Der Lärm kam von rechts und verschwand hinter den Bäumen. Villads lief schneller und stand plötzlich im Freien, die Tannen hörten ebenso abrupt auf, wie sie begonnen hatten. Nach ungefähr fünfzig Metern endete der Wald hinter vereinzelt stehenden Buchen.

Dort lag die Straße.

Er sah sich in beide Richtungen um. Die Straße erstreckte sich nach Süden in einer geraden Linie, nach Norden beschrieb sie eine Kurve. Villads sah, wie dort die Rücklichter eines großen Lastwagens verschwanden. Hier gab es keine Ortschaft, nur Felder.

Auf der gegenüberliegenden Fahrbahn näherte sich ein Personenwagen. Villads lief über die Straße und stellte sich am Straßenrand auf. Er winkte und fuchtelte wild mit den Armen. Der Fahrer sah ihn zweifellos, fuhr aber mit unverminderter Geschwindigkeit vorbei.

»Mist!«

Etwas weiter entfernt kam ein weiteres Auto. Es fuhr etwas langsamer. Ein alter Toyota, wie es aussah. Als der Wagen relativ nahe war, sah Villads, dass zwei ältere Menschen darin saßen. Er trat einen Schritt auf die Fahrbahn. Der Wagen wurde langsamer. Villads winkte und gestikulierte. Es schien, als würde der Mann am Steuer zögern, dann fuhr er in einem Bogen um Villads herum und setzte die Fahrt fort.

»*Fuck!*«

Villads zeigte ihnen den Finger. Natürlich sah er völlig verdreckt aus und stank widerlich, aber es war doch offensichtlich, dass er Hilfe brauchte.

Die Landstraße blieb eine halbe Minute leer, dann näherte sich von Norden ein Allradwagen. Villads lief auf die Waldseite und stellte sich auf. Der Wagen war ein paar hundert Meter entfernt und fuhr ziemlich schnell. Er hatte getönte Scheiben, Villads konnte den Fahrer nicht sehen.

Er ahnte, dass das Szenarium sich wiederholen würde, wenn

er nicht etwas Drastisches unternahm, daher stellte er sich mitten auf die Fahrbahn und fuchtelte mit den Armen. Der Wagen wurde langsamer. Villads kreuzte die Finger, dass es sich nicht um den Kidnapper handelte.

Der Geländewagen fuhr auf ihn zu und bremste. Das Seitenfenster wurde heruntergelassen. Villads ging langsam darauf zu, hielt ein paar Schritte Abstand, jederzeit bereit zu fliehen. Eine junge Frau lehnte sich über den Beifahrersitz. Er atmete erleichtert auf.

»Ist etwas passiert?«, erkundigte sie sich mit besorgtem Gesichtsausdruck. »Du siehst ja ganz …«

»Sie müssen mir helfen. Ich muss zur Polizei und habe kein Telefon. Ich war mehrere Tage in einem Schuppen eingesperrt. Ich glaube, ich werde gesucht.«

Sie sah verwirrt aus.

»Einem Schuppen? Was hast du denn in einem Schuppen …« Dann ging ihr ein Licht auf. »Wie heißt du?«

»Villads. Villads Geertsen. Ich wohne in Melum.«

»Du wirst in ganz Südjütland gesucht.«

»Haben Sie ein Telefon?«

»Ja, selbstverständlich.«

»Dann rufen Sie an, beeilen Sie sich.«

37

Die Stille im Gesprächsraum 2 war ohrenbetäubend. Während Lykke die Fotos auf ihrem Smartphone suchte, betrachtete Rudi Peik Gravesen, der den Blick auf den Garten gerichtet hatte, wo die Patientin noch immer ihre Stoffkatze herumwirbelte. Lykke trommelte ungeduldig mit den Fingern auf ihrem Oberschenkel, weil die Links zu den Archivseiten, die Michael Lyness geschickt hatte, ewig brauchten. Peik summte leise vor sich hin. Ein Kinderlied, dessen Titel Lykke nicht einfiel. Es erboste sie, sie hatte Hitzewellen. Sie war sicher, dass Peik sie auf den Arm nahm, aber damit sollte er nicht durchkommen. Er sollte sich erklären. Schließlich waren die Seiten geladen, und sie konnte die Fotos aufrufen.

»Jetzt habe ich die Fotos von allen vier Paar Schuhen«, sagte sie und unterbrach die lähmende Stille.

Peik richtete sich auf und legte die Arme auf den Tisch, wie ein Lehrer vor seinen Schülern.

»Gut. Sehen Sie sich die Fotos genau an, und erzählen Sie mir, welche Unterschiede und Ähnlichkeiten Sie sehen.«

Lykke und Rudi steckten die Köpfe zusammen. Peik sah Torsten Friis an, der während des gesamten Gesprächs reglos hinter den Besuchern gestanden hatte.

»Das hier ist auch für Sie interessant, Doktor. Das habe ich nämlich noch nie jemandem verraten.«

Friis trat einen Schritt vor und schaute Lykke über die Schulter.

Rudi begann.

»Es sind alles Mädchenschuhe.«

»So weit, so gut.«

»Sie gehören kleinen Mädchen, ungefähr Größe 28 bis 30«, meinte Lykke.

»Ja. Oh, ich liebe Größe 28. Die ist etwas ganz Besonderes.«

Lykke scrollte langsam hin und her, weil immer nur zwei Paar Schuhe auf dem Display Platz hatten.

»Drei Paare wurden draußen gefunden, ein Paar drinnen«, sagte Rudi. »Es gibt zwei Paar Turnschuhe, ein Paar … ich weiß nicht … Sommerschuhe und ein Paar Winterstiefel.«

»Zwei rote Paare, ein schwarzes und ein rosafarbenes Paar.«

Beide Ermittler sahen ihn abwartend an, Peik schien enttäuscht.

»Ist das wirklich alles, was Sie sehen können?«

Lykke klickte erneut zwischen den Fotos hin und her. Sie wusste nicht weiter.

»Sie wurden ordentlich aufgestellt. Ist es das?«

»Ich werde Ihnen ein bisschen helfen. Dieses einzige Detail können Sie nicht auf den Fotos sehen. Dazu müssten Sie ins Freie. Und *orten.*«

»Alle Schuhe stehen in der Nähe von Büschen, abgesehen von Soffia Korlums. Mit einem bestimmten Abstand zu … anderen Dingen?«

»Nein, es ist etwas anderes.«

»Können Sie es uns nicht einfach erklären?«, bat Rudi ungeduldig.

»Okay. Sie können es so nicht sehen, aber die Schuhe meiner Mädchen zeigen mit den Spitzen nach Norden.«

»Warum?«

Er breitete die Arme aus, als sei die Erklärung einleuchtend.

»Das ist Teil meines Markenzeichens. Um mich vor Plagiatoren zu schützen. Es ist doch offensichtlich, dass Sie so einen Plagiator jagen, oder?«

Um die Behauptung zu überprüfen, hätten sie die Fundorte aufsuchen müssen. Vielleicht war es Unfug, aber Peik Gravesen war wahnsinnig genug, um die Wahrheit zu sagen. Lykke konzentrierte sich auf die Paare der beiden zuletzt verschwundenen Mädchen, sie prüfte jedes Detail, scrollte wieder hoch zu Majas und Myntes Schuhen, dann wieder hinunter, und plötzlich sah sie den Unterschied.

»Ich hab's!«, rief sie. »Maja Ekstrøms Schnürbänder sind zu einer Schleife gebunden, und Mynte Iversens Klettverschlüsse sind geschlossen. Soffia Korlums Klettverschlüsse stehen offen, und Rosa Molbergs Schnürbänder hängen aus den Schuhen, ohne eine Schleife.«

Peik Gravesen schnipste, dass es im Raum hallte, und zeigte mit dem Finger auf sie.

»*We've got a winner!*«

Er beugte sich mit einem eifrigen, aber auch zornigen Gesichtsausdruck über den Tisch.

»Glauben Sie wirklich, ich hätte solch einen Pfusch hinterlassen? Schuhe, deren Schnürbänder nicht gebunden sind, oder offen stehende Klettverschlüsse? Das ist vollkommen respektlos und eine offensichtliche Beleidigung meines Stils. Ich hatte einen feuchten Schwamm dabei und habe die Schuhe vom schlimmsten Dreck befreit und gereinigt, bevor ich sie aufstellte. Soffia Korlums und Rosa Molbergs Entführer sind gemeine, unzivilisierte, amateurhafte Plagiatoren ohne jeden Sinn für Schönheit, und ich hoffe, sie bekommen eine lange, harte Strafe, wenn Sie sie erwischen.«

»Dann sollten Sie uns helfen, finde ich«, schlug Rudi vor.

»Ich weiß nicht, wie die ticken. Ich weiß nur, wie ich selbst ticke.«

»Warum haben *Sie* Maja Ekstrøm und Mynte Iversen entführt?« Lykke versuchte, ihre Wut unter Kontrolle zu halten.

»Weil ich sie liebte.«

»Dann haben Sie die beiden getötet und ihre Füße gegessen«, sagte Rudi. »Eine seltsame Form von Liebe, finde ich, und eigentlich bin ich doch ein Freigeist.«

Torsten Friis räusperte sich diskret. Peik Gravesen lehnte sich mit verschränkten Armen und einem verschmitzten Lächeln zurück.

»Passen Sie auf, dass Sie den guten Oberarzt nicht erzürnen. Ich bin ein sensibler Patient, der nicht gereizt werden darf. Hat er Sie darüber nicht in Kenntnis gesetzt?«

Sie wurden an der Nase herumgeführt, kein Zweifel, aber wenn das der Preis für wichtige Informationen war, akzeptierte Lykke es. Die Aufstellung der Schuhe ließ sich nicht diskutieren. Der Kerl hatte recht, egal, wie wahnsinnig er war. Es gab ein eindeutig unterschiedliches Muster. Er hatte sie überzeugt.

»Sie meinen also, wir müssen nach jemandem suchen, der Ihre Methode nachahmt?« Rudi sah Gravesen an.

Peik rümpfte die Nase, als sei die Frage komplett überflüssig.

»Natürlich. Sie haben meine Sachen studiert und meine Idee gestohlen, diese verfluchten Imitatoren. Sie bewundern mich. Sie wären erstaunt, wenn Sie wüssten, wie viel Post ich bekomme, wegen …«

»Wollen Sie uns erzählen, dass dort draußen mehrere Pädophile herumlaufen, die kleine Mädchen kidnappen, um ihre Füße zu essen?«

»Dieses Detail kann ich nicht beantworten, da die Leichen nicht gefunden wurden, aber die Mörder sind ganz sicher Päderasten. Ich habe alles gelesen, was ich über Rosa Molberg auftreiben konnte. Bevor mein Therapeut beschloss, es sei nicht gut für meinen … Teint.«

Er blinzelte Torsten Friis zu, um eine Sekunde später die Augen zu schmalen Schlitzen zusammenzukneifen. Es sah aus, als gleite eine dunkle Wolke vor die Sonne. Peik fuhr leise und mit tiefer Stimme fort, wie ein schwelendes Donnern in der Ferne.

»Rosas Täter wohnt in der Gegend. Er ist kein Fremder. Davon bin ich überzeugt.

»Woher wollen Sie das wissen?«

»Ich habe über Melum recherchiert. Das erlauben meine Pfleger.« Wieder ein Lächeln, diesmal aber eiskalt. »Ich bin nie dort gewesen, aber es klingt wie der vierte Kartoffelacker. Ich bin selbst in einem kleinen Dorf aufgewachsen. Dort sind überall Pädos. Die Geschichte riecht nach einem Einheimischen. Dazu passt, dass Rosa ohne Zwang mitgegangen ist. Natürlich kam später Zwang dazu, aber das ist dann der dunklere Teil der Geschichte.«

Lykke schüttelte sich. Die Polizei hatte die Theorie einer nahestehenden Person natürlich in Betracht gezogen. Sogar Mogens Krogh hatte diesen Gedanken gehabt, aber deshalb konnten trotzdem alle etwas übersehen haben.

»Es wundert mich, dass Rosas Vater nicht verdächtigt wurde«, fuhr Peik Gravesen fort. »Aber vielleicht wurde er es ja sogar, und die Öffentlichkeit hat nur nichts davon mitbekommen. Er könnte es durchaus gewesen sein.«

Rudi zog die Brauen noch weiter zusammen.

»Weshalb sollte es der Vater gewesen sein?«

Gravesen setzte eine unschuldige Miene auf.

»Sagen Sie mal, arbeiten Sie bei der Verkehrspolizei? Pädophilie ist in den allermeisten Fällen innerhalb des familiären Rahmens oder bei nahen Angehörigen oder Bekannten verbreitet. Ein Onkel, ein Kollege, ein Pädagoge. Leute wie ich sind selten. Einzelgänger. Schnappen Sie sich Rosas Vater, und setzen Sie ihm Daumenschrauben an. Ich bin sicher, Sie werden dort einige Wahrheiten finden.«

»Laurits Molberg wird nicht verdächtigt«, erwiderte Rudi. »Sicher, er fand die Schuhe im Wald, aber er hat ein Alibi für den Zeitpunkt, als Rosa verschwand.«

»Hat er?« Gravesen betrachtete seine Fingernägel, die lang, aber gepflegt waren. »Nach dem, was ich gelesen habe, war er in seiner Werkstatt, während die Mutter im Wohnzimmer fernsah. Die Kinder spielten beim Haus. Niemand hätte sich gewundert, wenn der Mann seine Tochter gebeten hätte, einen Moment mitzukommen. Hinterher ging er zurück zum Haus und tat so, als wäre nichts gewesen, bis Rosas Spielkameraden Alarm schlugen.«

»Das ist reiner Nonsens«, entfuhr es dem Kommissar.

»So? Laut den Medien war die Ehe zwischen Laurits und Jonna Molberg bereits zerrüttet, bevor die Tochter verschwand. Die Mutter hatte gedroht, ihren Mann zu verlassen und die Töchter mitzunehmen. Die jüngere Tochter, Vibe, war häufig krank, Laurits trank, und das Paar stritt sich häufig. Es endete ja auch mit einer Scheidung. Laurits greift wohl gern zur Flasche. Hat er nicht auch eine Vorstrafe wegen eines gewalttätigen Überfalls? Das habe ich zumindest gelesen.«

38

»Ich habe ja gesagt, es ist Zeitverschwendung«, sagte Torsten Friis, als sie in einem Windfang vor dem Parkplatz des Krankenhauses standen. »Peik Gravesen ist ein geschickter Manipulator.«

»Ich finde, wir haben viel erfahren«, widersprach Lykke. »Er hat uns ein paar wichtige Hinweise gegeben.«

»Ich glaube, er hat die Wahrheit gesagt«, unterstützte Rudi sie. »Der Bursche mag psychisch krank sein, aber in seiner eigenen Vorstellungswelt hält er sich für ein Verbrechergenie. Es ärgert ihn grenzenlos, dass jemand seine Vorgehensweise nachahmt. Irgendjemand profitiert von seinem Renommee und erntet Aufmerksamkeit. Das erträgt sein Ego nicht. Ich kenne dieses Muster. Deshalb hat er uns geholfen.«

»Ganz meine Meinung«, bestätigte Lykke. »Peik ist eitel. Er duftete nach Seife, er war frisch rasiert, sein Haar ist lang, aber ordentlich geschnitten und ebenfalls frisch gewaschen. Er hat gepflegte Fingernägel und Zähne. Und sein Zimmer war peinlich sauber und aufgeräumt. Mit anderen Worten, inmitten seines Wahnsinns ist er sehr selbstbewusst. Haben Sie bemerkt, wie er das Wort ›Plagiator‹ für Rosas und Soffias Entführer beinahe ausspuckte und sie ›Imitatoren‹ nannte?«

»Und was bedeutet das?«, fragte der Oberarzt nach. »Jeder weiß doch, dass er Rosa Molberg nicht entführt haben kann.«

»Ja, aber es gibt noch immer die Unsicherheit über den Verbleib von Soffia Korlum«, antwortete Rudi. »Zum Zeitpunkt ihres Verschwindens war Gravesen noch auf freiem Fuß. Es amüsiert ihn, dass wir glauben, er hätte Soffia umgebracht, es aber nicht beweisen können. Der Richter hat ihm eine Art Freibrief gegeben, weil die Videoaufzeichnung der Tankstelle zu seinen Gunsten gewertet wird, aber wenn wir Soffias Kidnapper überführen, ist Gravesen in Bezug auf dieses Verbrechen entlastet.«

»Na und? Das ändert nichts an seinem Urteil.«

»Es würde ihn zu Tode ärgern«, meinte Lykke. »Es würde seine eigene narzisstische Selbstbespiegelung in ein geringeres Licht stellen. Ein Amateur hat die originale Idee eines Genies kopiert und ist auf Kosten des Meisters davongekommen. Auch wenn ein Tötungsdelikt nie verjährt, gibt es niemanden mehr, der sich noch um den Korlum-Fall kümmert, weil es der Polizei an Ressourcen fehlt. Man geht davon aus, dass es Peik Gravesen war. Der wahre Täter entkam auf seine Kosten.«

Rudi lachte vergnügt und korrigierte den Sitz seines Huts.

»Und davon ist er total angepisst. Was mich wiederum freut. So kann er sich darüber beschweren, während er dort drinnen langsam verfault. Entschuldigen Sie, Doktor, aber ich habe nicht viel übrig für den Kerl.«

Torsten Friis warf ihm einen säuerlichen Blick zu.

»Das ist ja wohl nur so, bis Sie den richtigen Täter finden.«

»Und das wird nicht leicht«, erwiderte Lykke. »Aber wir sind zumindest einen kleinen Schritt weitergekommen.«

Rudi gab dem Arzt die Hand.

»Danke für Ihre Hilfe, es war mir ein Vergnügen. Wir müssen zurück.«

Tosten Friis sah ihnen nach, als sie zum Wohnmobil gingen.

»Ich hoffe für die Familien, dass Sie die Täter finden«, rief er ihnen nach.

Sie fuhren gerade über die Storebæltsbrücke, als Lykkes Telefon klingelte.

»Krogh«, sagte sie, bevor sie den Anruf annahm. »Ja, Teit am Apparat. Hej, Krogh … Was? … Wir haben ein bisschen in Seeland recherchiert, sind jetzt aber auf dem Weg zurück nach Melum … Was? …« Sie beugte sich mit einem Ruck vor, dass der Sicherheitsgurt kaum nachkam. Rudi ließ einen Moment die Fahrbahn aus den Augen und warf ihr einen Blick zu. »Wann? … Aha … Und wie geht es ihm? … Gut, aber … Was? … Um Himmels willen!« Es entstand eine längere Pause, in der sie zuhörte. »Ja, wir kommen sofort. Wie heißt der Ort? … Ich finde das mit dem Navi … Wie lange? Eine halbe Stunde, denke ich, vielleicht etwas länger … Ja, wir sehen nach ihm. Bis dann.«

Sie beendete das Gespräch.

»Villads Geertsen ist aufgetaucht. Er war in einem Schuppen im Wald eingesperrt, aber es ist ihm gelungen zu entkommen.«

Rudi blickte von der Straße auf, als sie am westlichen Pylon vorbeifuhren und ein Windstoß den Camper schüttelte.

»Sehr gut.«

»Ja, aber etwas anderes ist nicht so gut. Rosa Molbergs Leiche wurde gefunden.«

39

Der Fundort lag sorgfältig versteckt im Wald von Frekved. Die Zufahrt von der Landstraße war eine einfache Radspur, man musste die Gegend kennen, um den Schuppen zu finden. Die Sonne war untergegangen, als Lykke und Rudi eintrafen, und nur weil ein uniformierter Beamter am Straßenrand stand und ihnen Zeichen gab, übersahen sie die Zufahrt nicht.

Der Beamte öffnete das rot-weiße Plastikband der Polizei, das zwischen zwei Bäumen gespannt war, damit sie durchfahren konnten. Lykke ließ ihn ins Wohnmobil, gemeinsam fuhren sie weiter auf der überwucherten Spur in dem einsamen Waldstück.

»Da vorn gabelt sich der Weg«, sagte der Beamte, der sich als Tommy Jensen vorgestellt hatte. Er sah sehr jung und ziemlich blass aus. Er fror. »Wir müssen nach links.«

»Ich hoffe, uns kommt niemand entgegen, sonst müsste einer von uns zurücksetzen«, erwiderte Rudi und fuhr langsam über den holprigen Untergrund, während die Scheinwerfer tanzten.

»Alle relevanten Fahrzeuge sind bereits dort«, erklärte Tommy, der am Tisch saß und sich an der Kante festhielt. »Es fehlt nur der Rechtsmediziner, der Krankenwagen kommt später, um sie zu holen … glaube ich.«

»Ist das Ihr erster Mord, mein Freund?«

Der Bursche nickte matt.

»Und ausgerechnet Rosa. Ich bin in Melum aufgewachsen, ich kenne viele Leute dort, obwohl ich inzwischen in Esbjerg wohne. Ich bin umgezogen, als sie verschwand, die Kinder meiner Schwester haben mit ihr gespielt.«

»Der erste Mord hinterlässt immer besondere Spuren«, sagte Lykke, als sie die Gabelung erreichten.

»Jetzt hat die Familie zumindest Gewissheit«, fuhr der junge Beamte fort. »Und wir wissen jetzt, dass es Mord war, denn sie wird sich wohl kaum selbst eingegraben haben.«

»Kennen Sie die Familie Molberg?«

»Nicht gut. Die Eltern wurden ein halbes Jahr nach Rosas Verschwinden geschieden. Die Mutter ist mit der kleinen Schwester weggegangen, und der Vater erlitt einen Nervenzusammenbruch und wurde eingewiesen. Er verlor seinen Job in Julius Stamfeldts Fabrik. Die ganze Familie brach auseinander. Es gab jede Menge Druck von Journalisten und unglaublich viel Gerede im Ort. Ich habe Laurits Molberg seitdem ein paarmal getroffen. Er sieht nicht gut aus. Er ist in den anderthalb Jahren um zehn Jahre gealtert. Armer Kerl. Ich hoffe, der Täter wird gefasst, jetzt, da Rosa gefunden wurde.«

»Uns zumindest hilft es«, bestätigte Lykke.

»Hier links ist es.«

Hinter einer Reihe dichter Nadelbäume erleuchteten kräftige Scheinwerfer den pechschwarzen Wald. Die Reifenspur ging geradeaus weiter, ein Abzweig führte zum Fundort. Entlang der Spur standen ein Fahrzeug der Kriminaltechnik, ein Streifenwagen und ein drittes Auto. Rudi parkte daneben, sie stiegen aus. Lykke atmete in der kalten Nachtluft tief durch. Entfernt hörte sie das Rauschen des Meeres. Vom Fundort erklangen gedämpfte Stimmen. Im Gänsemarsch gingen sie einen mit kleinen Fähnchen markierten Weg entlang und erreichten die Lichtung. Ein größerer Schuppen stand dort im Scheinwerferlicht. Einer der Projektoren war auf ein Loch im Boden an einer Ecke des Schuppens gerichtet. Darin hockte ein Techniker im Overall und fotografierte, während ein anderer mit einer Schaufel wartete.

Etwas entfernt standen Frank Joveen und Mogens Krogh.

Krogh kam ihnen mit einem düsteren Gesichtsausdruck entgegen.

»Zumindest haben wir sie gefunden.«

»Sind Sie sicher, dass es Rosa ist?«

»Sie hat ein kleines selbst gebasteltes Armband, es ist eines der Kennzeichen, mit denen wir nach ihr suchten. Die Größe der Hand passt ebenfalls. Kresten Osmann und ein paar seiner Leute sind unterwegs. Wenn sie fertig sind, graben wir sie ganz aus. Im Moment werden nur die allerersten Dokumentationen vorgenommen. Kommen Sie.«

Rudi und Lykke folgten ihm. Sie grüßten Joveen. Das Loch war an der tiefsten Stelle ungefähr einen halben Meter tief. Teile eines Leinensacks mit Aufdruck waren sichtbar, aus einem Riss im Sack ragte ein teilweise skelettierter Arm mit einer kleinen Hand. Lykke spürte einen Stich im Magen und schloss die Augen.

»Der Sack stammt aus Stamfeldts Korn- und Futtermittelfabrik, aber interpretieren Sie nicht allzu viel in dieses Detail«, informierte sie Krogh. »Es gibt viele solcher Säcke, sie sind leicht zu beschaffen. Wir hoffen, dass wir nicht nur die DNA des Mädchens finden, aber das wird schwierig nach der ganzen Zeit in der Erde.«

»Dürfen wir uns im Schuppen umsehen?«, fragte Lykke.

»Bitte, wir sind fertig«, antwortete einer der Spurensicherer.

Im Schuppen standen lediglich ein Stapel Brennholz und ein Eimer in der Ecke. Der Fluchtweg war im Scheinwerferlicht deutlich zu erkennen. Lykke ging in die Hocke und betrachtete die Schäden an den Boden- und Wandbrettern.

»Das hat der Junge ziemlich gut gemacht, oder?«

»Ein Mini-Houdini«, sagte Joveen. »Ein zäher kleiner Bursche. Damit hatte der Täter offensichtlich nicht gerechnet. Wir haben mitgenommen, was hier sonst noch war: eine Matratze, eine Decke, einige Flaschen Mineralwasser und ein paar Schachteln, in denen Essen transportiert wurde. Wir hoffen, darauf Fingerabdrücke oder andere Spuren zu finden.«

»Was ist mit Reifenabdrücken?«

»Haben wir genommen.«

»Ach, so etwas könnt ihr hier in der Provinz auch«, flachste Rudi.

Während Mogens Krogh weiter über Villads' Flucht berichtete, starrte Lykke in das offene Loch in der Erde, aus dem Rosa Molbergs kleine Hand in dem grellen Scheinwerferlicht zu sehen war. Bei dem Anblick traten ihr Tränen in die Augen, allerdings kehrte sie den Männern den Rücken zu, sodass sie es nicht bemerkten.

»Glaubt ihr wirklich, dass ein Wolf sie ausgegraben hat?«, fragte sie.

»Das behauptet Villads«, antwortete Krogh. »Er konnte nur sehr kurz vernommen werden, bevor er zur Beobachtung ins Krankenhaus gebracht wurde. Der Junge ist naturinteressiert, aber erst elf Jahre alt, und wir alle kennen die lebhafte Fantasie von Elfjährigen. Ich glaube eher, es war ein großer Hund.«

»Ich habe gehört, dass hier in der Gegend Wölfe beobachtet wurden«, erklärte Joveen. »Nicht sehr häufig, aber es ist vorgekommen.«

»Ich habe gelesen, dass sie in Dänemark abgeschossen werden«, sagte Rudi.

»Das ist illegal. Sie stehen unter Naturschutz.«

»Hätte jemand den Wolf erschossen, wäre Rosa vielleicht nie gefunden worden«, seufzte Lykke.

»Wahrscheinlich nicht, aber ich glaube noch immer, dass es ein großer Hund war«, insistierte Krogh.

»Der ja jemandem gehören müsste«, meinte Rudi, als ein lautstarkes Motorengeräusch in dem stillen Wald ertönte.

Sie gingen hinaus.

Lykke konnte geradezu physisch spüren, wie das Fahrzeug über den holprigen Untergrund rumpelte. Lose Teile rasselten, der Motor knurrte hitzig.

»Ich hoffe nicht, dass das der Fahrstil des Krankenwagens ist«, bemerkte Rudi.

Der Wagen hielt hinter den Tannen, der Motor wurde abgestellt. Eine Tür knallte zu, jemand kam angelaufen. Die Polizisten warteten. Laurits Molberg rannte mit abstehenden Haaren auf die Lichtung zu, seine Jacke flatterte. Er sah aus wie jemand, der von einem Wolf gejagt wird.

»Wo ist sie? Wo ist es?«, schrie er, während er sich verzweifelt umsah. »Ich will sie sehen, wo liegt sie?«

40

Frank Joveen war der Erste, der reagierte. Er ging dem aufgebrachten Mann entgegen, Rudi folgte ihm. Sie hielten Molberg, der das Loch bei den Scheinwerfern entdeckt hatte, freundlich, aber bestimmt auf. Die blutunterlaufenen Augen rollten wie Kugeln im Gesicht des Vaters, er stank nach Schnaps.

»Bitte bewahren Sie Ruhe, Herr Molberg«, versuchte der Chef der Kriminaltechnik den Mann zu beruhigen. »Wir kümmern uns darum. Wir haben alles unter Kontrolle.«

»Lassen Sie mich los! Ich will sie sehen.«

»Nein!«, erklärte Rudi und hielt den großen Mann fest. »Ich bin selbst Vater, und glauben Sie mir, Sie möchten gar nichts sehen.«

Molberg wehrte sich, aber die beiden Männer blieben hart.

»Lasst mich los, verflucht nach mal!«

Krogh kam dazu.

»Er hat recht, Molberg. Du wirst es bereuen. Das würde dir für den Rest deines Lebens auf der Netzhaut kleben. Erinnere dich an deine Tochter, wie sie war.«

»Ich muss sicher sein! Ich will sie identifizieren.«

»Das machen wir per DNA«, widersprach Krogh. »Später.«

Einer der Spurensicherer hatte eine Eingebung und legte eine Decke über das Loch, um die Situation zu entspannen. Molberg beruhigte sich, senkte den Kopf und weinte wie ein Kind. Die Polizisten ließen ihn los. Der Mann leistete keinen Widerstand mehr, er verbarg nur noch das Gesicht in den Händen.

»Wir haben versucht, dich zu erreichen«, sagte Krogh. »Meine Leute haben angerufen und waren bei dir auf dem Hof. Wo warst du?«

»Bei Freddys. Irgendjemand kam rein und sagte, man hätte hier draußen eine Kinderleiche gefunden.«

Molberg wischte sich die rot geäderten Augen aus. Er starrte verzweifelt auf das abgedeckte Loch.

»Wer hat …? Wie ist es passiert? Wer hat sie gefunden?«

»Villads Geertsen. Er wurde hier gefangen gehalten, konnte sich aber befreien.«

Laurits Molberg sah verständnislos und gleichzeitig wütend aus.

»Aber … aber … er kann doch nicht dieses Loch gegraben haben, wenn er eingesperrt war. Ihr lügt mich doch an. Ich will die Wahrheit wissen. Verflucht, wer hat das Loch gegraben?«

»Ein Wolf«, antwortete Lykke.

Molberg glotzte sie an.

»Verarschen Sie mich?«

»Oder ein großer Hund«, fügte Krogh hinzu. »Er hat Rosa ausgegraben. Es gibt Kratzspuren von Pfoten am Boden.«

»Ich glaube das nicht. Erzählt mir die Wahrheit!«

Molberg sah aus, als würde er sich auf jeden stürzen, der ihm im Weg stand.

»Es *ist* so, wie wir sagen«, beteuerte Krogh. »Der Junge wurde in dem Schuppen gefangen gehalten. Es ist ihm gelungen, ein Loch in die Rückwand zu brechen. Einige Bretter waren verfault, sodass er Teile davon abbrechen konnte. Während er im Schuppen war, hörte er ein Tier kratzen. Als er hinaussah, sah er einen großen Hund … oder einen Wolf. Er muss Rosa gerochen und angefangen haben zu graben. Hunde halten sich an Aas, wenn sie hungrig sind. Ich habe selbst einen Hund, ich weiß, wovon ich rede.«

»Nennst du Rosa *Aas?*«

»Jetzt beruhigen Sie sich, Molberg«, sagte Rudi entschieden. »Wir versuchen zu klären, was hier passiert ist, und Sie stören mit Ihrem Auftritt die Ermittlungen. Tatsächlich haben Sie überhaupt kein Recht, hier zu sein, also reißen Sie sich zusammen, okay?«

Der erregte Mann starrte den Deutschen an. Seine Augen schleuderten Blitze, doch dann schien die Wut in Trauer umzuschlagen. Das Gesicht verzerrte sich, wieder weinte er in seine Hände.

»Entschuldigung, Entschuldigung, ich weiß nicht, was in mich gefahren ist. Ich habe diese Situation seit mehr als einem Jahr gefürchtet und erwartet, und nun ist es passiert …«

Lykke wusste, wie ihm zumute war. Alle verstanden es. Solange man das Mädchen nicht gefunden hatte, gab es noch Hoffnung. Das war nun unwiderruflich vorbei. Molberg ließ die Hände fallen, ihm war es egal, dass ihm die Tränen die Wangen hinunterliefen.

»Ich war in der Hölle, seit Rosa verschwand. Jetzt gehe ich dorthin zurück.«

»Wollen Sie versuchen, uns zu helfen, ihren Mörder zu finden?« Rudi wandte sich an den Mann.

Molberg warf ihm unter den buschigen Brauen einen scheelen Blick zu, ein harter Ausdruck zeigte sich auf seinem verwüsteten Gesicht.

»Wie denn? Ich würde alles tun.«

»Sie wissen, dass Charlie Simonsen und seine Lebensgefährtin Tina Fromm ermordet wurden?«

»Was hat das mit Rosa zu tun?«

»Derjenige, der Rosa entführt hat, ist möglicherweise die Person, die auch das Pärchen ermordet hat«, erklärte Lykke. »Die beiden könnten die Identität des Täters herausgefunden und versucht haben, den Betreffenden zu erpressen. Was allerdings schiefging.«

»Unser Täter ist ein vorsichtiger Typ, der sehr genau recherchiert, bevor er zuschlägt«, fügte Rudi hinzu. »Er zieht es vor, die Umstände gründlich zu untersuchen, um keinen Fehler zu begehen. Wir nehmen an, dass Charlie Simonsen und Tina Fromm in den Besitz von etwas gelangten, das ihn entlarven könnte.«

»Und was sollte das sein?«, fragte Molberg mit einem halb zugekniffenen Auge.

»Das wissen wir nicht«, antwortete Lykke. »Etwas, das ihn mit Rosa in Verbindung bringt. Wenn Sie sich an die Zeit erinnern, als Ihre Tochter verschwand, gab es da Personen, die regelmäßig zu Ihnen nach Hause kamen?«

»Jede Menge. Sowohl Leute aus dem Dorf wie von außerhalb, einige meiner früheren Kollegen bei Stamfeldt und Kunden, deren Autos ich repariert habe. Und Klienten meiner Frau. Es hat nie mit irgendjemandem Probleme gegeben.«

»Was ist mit Charlie Simonsen und Tina Fromm?«, wollte Krogh wissen. »Haben sie dich auch besucht?«

»Nie. Die beiden Loser würde ich nicht mal mit der Feuerzange anfassen. Ich kenne sie nur durch das Gerede im Ort und von Freddys.«

»Gab es einen Einbruch, den Sie nicht angezeigt haben?«

»Nein, aber das Haus war niemals abgeschlossen, bevor … bevor Rosa verschwand. Es war nicht nötig. Damals war Melum ein friedlicher kleiner Ort.«

»*All right*«, erklärte Krogh. »Polizeiassistent Jensen wird dich jetzt nach Hause fahren, damit die Fachleute hier in Ruhe arbeiten können.«

»Ich kann sehr gut selbst fahren«, behauptete Molberg mit einem trotzigen Gesichtsausdruck und zog den Rotz hoch.

»Nein, kannst du nicht. Du hast Schnaps getrunken, und wenn du dich weiter widersetzt, nehme ich dich mit zu einer Blutprobe, verstanden?«

»Was ist mit meinem Wagen?«

»Jensen fährt dich damit nach Hause. Tommy, ich hol dich auf dem Heimweg ab.«

»Jawohl.«

Molberg warf ihnen noch einen Blick zu und ging dann. Tommy Jensen folgte ihm.

»Armer Kerl«, meinte Rudi und sah ihnen nach. »Ich kann mir kaum vorstellen, wie mies es ihm gehen muss.«

»Ich schon, und ich wüsste, was ich zu tun hätte, wenn ich an seiner Stelle wäre«, erwiderte der Ermittlungsleiter.

»Was denn?«, wollte Lykke wissen.

»Ich würde versuchen, das Schwein zu finden, das meine Tochter auf dem Gewissen hat.«

41

Kurz nachdem Tommy Jensen mit Laurits Molberg gefahren war, kamen Kresten Osmann und ein Assistent. Die Hälfte des Sacks lag unter dem Schuppen, und auf Anweisung des Rechtsmediziners wurde nun unter den Bodenbrettern gegraben, um die Leiche freizulegen.

»Es ist wirklich beeindruckend, wie der Junge es geschafft hat, aus diesem Schuppen zu entkommen«, sagte Rudi, als er und Lykke eine Stunde später beim Tagesgericht im Melum Kro saßen. »Ihm stand ja da drinnen überhaupt kein Werkzeug zur Verfügung.«

»Das wundert mich auch.« Lykke schenkte sich noch ein Glas Wein ein. »Und ich freue mich darauf, seine Erklärung zu hören.«

»Tja, aber was den Täter betrifft, müssen wir davon ausgehen, dass Rosas Leiche vergraben wurde, *bevor* der Schuppen gebaut wurde.«

»Der springende Punkt ist, ob er wusste, dass damit das Versteck der Leiche getarnt wird. Wir müssen herausfinden, wem der Schuppen gehört.«

»Vermutlich doch Julius Stamfeldt? Krogh hat gesagt, das ganze Waldstück gehört ihm. Morgen reden wir mit diesem lokalen Gulaschbaron. Der Name Stamfeldts ist in diesem Fall inzwischen oft genug gefallen.«

»Der Sack stammt jedenfalls aus seiner Fabrik, aber wie Krogh schon sagte, ist das kein Beweis.«

»Einverstanden, aber vielleicht können wir so den Täter weiter einkreisen.« Rudi legte Messer und Gabel beiseite und griff nach seinem Glas. »Er will sich absichern, dass die Leiche nicht gefunden wird, vermutlich aus Angst vor einer DNA-Spur, also sucht er nach einer todsicheren Stelle.« Er trank einen Schluck. »Vielleicht war er am Bau des Schuppens beteiligt. Es könnte auch jemand sein, der wusste, dass dort ein Schuppen gebaut werden sollte.«

»Das wäre trotzdem ein unglaublicher Zufall«, entgegnete Lykke. »Ich glaube nicht, dass er Rosa kidnappte, sie tötete und ganz zufällig genau dort vergrub, wo später ein Schuppen gebaut wurde.«

»Nein, aber er ist vielleicht auf die Idee gekommen, nachdem er das Verbrechen begangen hat, eben weil er vom Bau des Schuppens wusste. Ein zufälliges Zusammentreffen. Ich habe das Gefühl, dass der Mord nicht geplant war. Ich bin überzeugt, dass wir einen Pädophilen jagen, aber die Situation kann sich auf eine Weise entwickelt haben, dass er in Panik geriet.«

»Meinst du, er hat die Kinder beobachtet und zugeschlagen, als Rosa in den Wald lief, um nach ihren Spielkameraden zu suchen?«

»Er könnte auch aus anderen Gründen im Wald gewesen sein. Ein Vogelliebhaber, ein Forstarbeiter oder ein Jogger. Laut Molberg war Rosa ein vertrauensvolles kleines Mädchen. Sie ahnte nichts Böses. Er lockte sie mit sich, sie bereute es, versuchte zu schreien, er geriet in Panik. Plötzlich stand er mit einer Leiche da und wusste nicht, was er machen sollte.«

»Es war geplant«, widersprach Lykke. »Warum hätte er sonst die Schuhe so aufstellen sollen wie Peik Gravesen?«

Rudi aß weiter. »Wir wissen nicht, wer die Schuhe unter den Busch gestellt hat. Es könnte das Mädchen selbst gewesen sein. Außer den Fingerabdrücken der Eltern fanden sich keine weiteren Spuren darauf. Molberg hat ausgesagt, Rosa sei ganz vernarrt in ihre neuen Schuhe gewesen. Und es passierte in der Nähe des Feuerlöschteichs. Wenn sie am Rand ein bisschen plantschen wollte, hat sie die Schuhe möglicherweise vorher selbst ausgezogen.«

»Und dann kam der Täter zufällig vorbei?«

»Warum nicht? Vielleicht glaubte er, Rosa würde barfuß herumlaufen, und hat nicht weiter darüber nachgedacht. Vielleicht hat er die Schuhe gar nicht gesehen.«

»Hm, Rosa hat mit den anderen Kindern Verstecken gespielt. Warum sollte sie plötzlich im Feuerlöschteich plantschen wollen?«

»Sie war sechs Jahre alt, Lucky. Sie ging in den Wald und sah das Wasser, es war ein warmer Sommerabend, sie wollte die Zehen hineinstecken. Die Aufmerksamkeit von Kindern ist schnell abgelenkt, wenn sie etwas Interessantes entdecken.«

»Ich war als Kind nicht so. Ich habe immer alles beendet. Wenn ich in einem Malbuch eine Zeichnung ausgemalt habe, dann habe ich alle Felder ausgefüllt und nicht die Hälfte ausgelassen. Alles musste ausgemalt sein. So war es auch mit meinen Spielsachen. Alles wurde peinlich genau aufgestellt, alles hatte seinen Platz.«

»Deine Mutter muss dich geliebt haben.«

Lykke nickte, obwohl sie das Gefühl hatte, dass ihre Mutter Tenn mehr gemocht hatte, Lykkes zwei Jahre ältere Schwester.

Rudi lachte amüsiert.

»Was ist?«

»Ich sehe gerade Lykke als Fünfjährige vor mir, mit Rattenschwänzchen und verschränkten Armen, sehr wütend, weil irgendjemand ihre Puppen umgestellt hat.«

Erstaunlicherweise erinnerte sich Lykke an eine Episode, die sich beinahe so abgespielt hatte. Es handelte sich allerdings um die Einrichtung des Puppenhauses, die ihre Mutter beim Putzen durcheinandergebracht hatte.

»Warst du ein Nerd als Kind?«

Sie sah ihn empört an, allerdings mit einem Lächeln.

»Überhaupt nicht, ich war nur … na ja, vielleicht ein bisschen.«

Der Kommissar blickte vor sich hin.

»Ich hatte auch seltsame Ideen. Als Achtjähriger war ich in den Sommerferien bei meiner Großmutter. Ihr wurden ein paar große Töpfe aus einer Fabrik geliefert. Ich dachte, es könnte doch lustig sein, sich die Fabrik anzusehen, daher versteckte ich mich auf der Ladefläche des Lastwagens. Das Problem war nur, dass der Fahrer direkt nach Hause fuhr. Er wohnte fünfundachtzig Kilometer von meiner Oma entfernt und hat ein ziemlich dummes Gesicht gemacht, als ich von der Ladefläche krabbelte. Gut, dass wir uns nicht als Kinder begegnet sind. Das wäre total schiefgegangen.«

»Das wäre auch schwierig gewesen, Rudi. Denn als ich sechs Jahre alt war, warst du …?

»Mit meiner Ausbildung als Polizist fertig. Ich hatte ein Grübchen im Kinn und sah in meiner Uniform wunderbar aus. Du hättest dich auf der Stelle verliebt.«

Sie schüttelte den Kopf, lachte aber. Rudi Lehmann war charmant, und sie ließ ihm Sprüche durchgehen, die sie normalerweise als platt oder provozierend empfunden hätte.

»Du bist ein attraktiver Mann, Rudi, aber du hast schon einige Geburtstage hinter dir, oder?«

»Einundsechzig«, erwiderte er auf Deutsch. »Wir werden alt in meiner Familie. Gute deutsche Gene.«

42

In der Nacht hatte Lykke wieder einen Albtraum, nachdem sie ein paar Stunden mit dem Einschlafen gekämpft hatte. Mit der Zeit hatte sie einen gewissen Abstand zu Grys Tod entwickelt, dadurch wurden die Trauer und der Verlust jedoch nicht wirklich geringer. Sie hatte nur gelernt, damit zu leben, weil sie keine andere Wahl hatte.

An normalen Arbeitstagen kam es selten vor, dass sie schlaflos dalag, doch nach der Begegnung mit Peik Gravesen, dem Fund von Rosa Molberg und anschließend einer schwer verdaulichen Portion südjütländischen Weißkohlpuddings hatte sie das Gefühl, sie würde von einer Dampfwalze überrollt.

Rudi hatte von einem seiner alten Fälle erzählt, bei dem es um Straßenräuber aus Hannover ging, während er zwei große Stücke Christiansfelder Honigkuchen vertilgte. Ihm dabei zuzusehen hatte ihren Drang, sich übergeben zu müssen, nicht gerade vermindert. Sie wollte nur noch auf ihr Zimmer und sich hinlegen. Allerdings musste sie Odín noch die tägliche »Gutenachtgeschichte« über die Entwicklung des Falls schicken.

Rudi bemerkte ihren Zustand und beendete die Mahlzeit.

An der Rezeption steuerte Lykke direkt auf die Treppe zu.

»Geht's dir nicht gut?«

»Nein, ich bin nur satt.«

»Mach es wie ich: Mäßige dich.«

»Gute Nacht, Rudi.«

»Sagen wir, um acht Uhr zum großen Frühstücksbuffet?«

»Don't push it.«

Er lachte.

»Gute Nacht, Lucky.«

Der Traum hatte angenehm begonnen. Sie befand sich in einem Blumenfeld, es war heiß, die Sonne brannte, und die Welt ruhte in der Hitze, wie an dem Abend, als Rosa Molberg verschwand.

Das Feld bestand aus Sonnenblumen, die so groß waren wie sie selbst. Sie hörte ein Kind rufen. Es war Gry. Sofort reckte sie den Hals, doch die schwankenden Sonnenblumen versperrten ihr die Sicht. Sie zwängte sich in Richtung der Rufe durch das Feld. Jetzt hörte sie auch das Meer und die Wellen, die an die Küste schlugen. Sie schwitzte heftig, denn sie hatte ihre dicke Winterjacke an und eine Mütze auf. Sie fegte die Sonnenblumen zur Seite. Lief hastig über das holperige Feld. Zwischen den Stängeln öffnete sich eine Lücke, das Wattenmeer erstreckte sich vor ihr. Jemand stand in der Ferne und winkte ihr zu.

»Es könnten die Straßenräuber aus Hannover sein«, ertönte Rudis Stimme, aber das ergab keinen Sinn, denn er stand dort draußen an dem Seezeichen, wo sie Bjarke Laumann gefunden hatten.

Wieder hörte sie Gry und lief weiter übers Watt. Der Sand gab nach, es war schwer, darauf zu laufen. Der Boden schwankte. Sie sank ein und musste von Seegrasbüschel zu Seegrasbüschel springen, aber plötzlich stand sie an dem Seezeichen, wo ein paar nackte Kinderfüße aus dem Sand ragten. Sie erkannte Grys weiße Sommerschuhe, die ordentlich neben dem Seezeichen standen. Die Schnürbänder fehlten.

»Es ist ein Plagiator«, sagte Peik Gravesen, aber er war nicht dort.

Gry strampelte mit ihren kleinen Beinen und weinte unter dem Sand. Lykke warf sich auf die Knie und grub, so schnell sie konnte, im Watt, das jetzt aus einer Mischung aus Schlick und Schlamm bestand. Sie versuchte, das Wasserloch zu leeren, doch es war eine Sisyphos-Aufgabe.

»Versuch es damit«, sagte Thomas und hielt ihr eine Schaufel hin, die löchrig wie ein Käse war.

Sie ignorierte ihn und grub mit den Händen weiter. Der Schlick wurde zu reinem Sand. Etwas Hartes und Blankes kam zum Vorschein. Der Deckel der Schachtel, die Bjarke Laumann versteckt hatte. Sie zog daran, der Deckel löste sich, aber der Rest der Schachtel war nicht da. Darunter war nur noch mehr Sand. Die Innenseite des Deckels war ein Spiegel. Sie sah hinein und erblickte den Umriss einer Person, die sich von hinten an sie anschlich. Das Metall konnte das Gesicht nicht reflektieren, aber sie wusste, wer es war. Der Mann mit dem Kampfhund, der indirekte Mörder ihres Kindes, der vom Tatort verschwunden war. Der Feigling hob etwas Längliches über ihren Hinterkopf. Eine Keule. Er schwang sie vornüber und …

Lykke riss die Augen auf, ihr Puls hämmerte. Die Bettdecke und das Laken waren nass geschwitzt, obwohl es im Zimmer kühl war. Das Reetdach stöhnte im Nordseewind.

Sie wankte ins Badezimmer, während sich ihr Herzrhythmus allmählich stabilisierte, riss sich das T-Shirt vom Leib und warf es auf den Boden, dann trocknete sie sich mit einem Handtuch ab und trank zwei Gläser Wasser. Sie blickte in den Spiegel. Ihre Stirnhaare waren triefend nass, Schweiß perlte im Nacken, aber ihrem Magen ging es besser, die Übelkeit war verschwunden.

Sie ging zurück ins Zimmer und trat an das schräge Dachfenster. Es stand einen Spalt weit offen, sodass der kalte Herbstwind mit einem Hauch von Meer hereinwehen konnte. Es war nicht sonderlich klug, dort zu stehen und auszukühlen, aber es war ein gutes Gefühl. Lykke sah hinaus in die Nacht. Der Mond war drei viertel voll und schien auf die Baumkronen. Dahinter erahnte sie den Umriss des Aussichtsturms.

So wie ich den Umriss von Grys Mörder erahnte, ging ihr durch den Kopf.

In dieser Nacht blieb es ruhig, sie hörte keine Schreie, aber sie hatte einen Gedanken, eine Idee, wo Bjarke Laumann die Schachtel versteckt haben könnte.

43

Als Lykke um zehn Minuten nach acht in den Gastraum kam – nachdem sie einen Bogen um den Hund des Gasthofes gemacht hatte, der in der Rezeption lag und schlief –, saß Rudi bereits an ihrem angestammten Tisch. Neben ihm stand ein voll beladener großer Teller mit Rührei und Bacon, Toast mit Käse, Baked Beans, zwei Kopenhagenern und ein paar Scheiben Graubrot mit Presskopf und Pastete.

»Guten Morgen, gnädige Frau, gut geschlafen?«, begrüßte er Lykke munter auf Deutsch und goss Kaffee in eine Tasse, die neben einem großen Glas Juice stand. Allerdings sprach er mit gefüllten Hamsterbacken, sodass sein Gruß kaum verständlich war.

»Ja, danke, und du?«

»Wunderbar, ein guter Tag, um Schurken zu fassen.«

Lykke ging es besser. Nach einer erfrischenden Dusche hatte sie einen kleinen Spaziergang rund um den Gasthof unternommen, wo kleine Vögel in den Hagebuttenbüschen in der morgendlichen Sonne zwitscherten und der scharfe Wind aus Westen dem Gesicht guttat.

»Darf ich Ihnen eine Tasse des berühmten Melum-Kro-Mokkas einschenken?« Der Kommissar schwenkte die Kanne.

»Wenn du mit Mokka schwarzen Kaffee meinst, ja.«

»Der ist hervorragend. Ich glaube, unser lieber Wirt ist ein Kaffeeconnaisseur. Es ist einer der Besten, die ich je getrunken habe.«

Lykke holte sich eine kleine Schale frischer Früchte und eine Scheibe Knäckebrot vom Buffet und setzte sich. Rudi warf einen skeptischen Blick auf ihre Portion und runzelte die Stirn.

»Weißt du nicht, dass Schlemmerei eine der sieben Todsünden ist, Lucky?«

»Das habe ich gestern Abend gelernt.« Sie schnaufte, dass ihre Stirnhaare in die Luft flogen.

»Also doch eine harte Nacht?«

»Verschwitzt und schlaflos. Um es kurz zu machen …«

Sie beschrieb ihm den Albtraum. Er wurde ernst.

»Diese Geschichte mit Gry tut mir leid.«

»Es war nur ein Traum, aber mir kam dabei eine Idee.«

»Ja?«

»Wir waren noch nicht am Fundort. Ich rede von Bjarke Laumann. Vielleicht sollten wir heute dorthin fahren. Nach der Leichenschau.«

»Außer Sand gibt es da nicht viel zu sehen, wohlgemerkt, wenn Ebbe ist.«

»Ist es. Ich habe den Tidenkalender überprüft.«

»Was hast du im Sinn?«

»Die Schachtel aus der SMS. Vielleicht hat Bjarke sie dort draußen vergraben.«

Der Kommissar aß einen Happen.

»Ich weiß nicht … Um sie wiederzufinden, wäre es ein ziemlich dämliches Versteck. Du kannst die Stelle nicht ordentlich markieren, das Meer kann den Sand fortspülen und die Schachtel ins Meer treiben, und dabei habe ich nicht einmal erwähnt, dass das Gebiet den Großteil der Zeit unter Wasser liegt.«

»Er hat in der SMS explizit geschrieben: ›Die Schachtel ist meine Garantie.‹ Vielleicht war es gar nicht beabsichtigt, die Schachtel wiederzufinden, deshalb könnte er trotzdem gemeint haben, dass sie ihn absicherte und der Täter nicht wagte, ihm etwas zu tun.«

»Okay, aber wie sichert man sich dagegen ab, dass ein kleinerer Gegenstand nicht auf die eine oder andere Weise im Meeresboden verschwunden ist, wenn man ihn irgendwann braucht? Das muss er sich doch überlegt haben, es sei denn, er war ein kompletter Idiot.«

»Und das war er nicht. Ich glaube, Bjarke ist mit der Absicht hinausgegangen, die Schachtel zu vergraben.« Sie stach vorsichtig in ein Stück frische Ananas. »Was sollte ein kleinkrimineller Dealer und Einbrecher aus Kopenhagen sonst im Watt verloren haben? Vögel beobachten?«

»Austern klauen. Die sich verkaufen lassen. Du hast Børge Nielsen doch gehört.«

»Die Polizei hat weder einen Eimer noch eine Tasche bei der Leiche gefunden. Lasse Espersen und Villads auch nicht.«

»Vielleicht hat der Täter die Sachen inklusive der Schachtel mitgenommen.«

»Es könnte aber auch sein, dass er es nicht getan hat. Es hat zwischen dem Zeitpunkt, an dem Bjarke zuletzt in Melum gesehen wurde, und dem Fund seiner Leiche mehrere Fluten gegeben. Bis zu einem gewissen Gewicht kann alles um ihn herum ins Meer getrieben sein, und das könnte bedeuten, dass der Täter gar nichts hat.«

Der Kommissar legte Messer und Gabel beiseite.

»Gut, wir fahren da raus, aber abgesehen von der Leichenschau haben wir heute noch ein paar andere Aufgaben.«

»Welche?«

»Ein Gespräch mit Villads und ein Besuch in Stamfeldts Korn- und Futterstofffabrik. Ich möchte Julius Stamfeldt tief in die Augen schauen. Ihm gehört das Waldstück von Frekved, wo Rosa gefunden wurde, und ihre Leiche lag in einem Sack seiner Fabrik. Außerdem hat Laurits Molberg für ihn gearbeitet, bis er gefeuert wurde.«

»Guter Punkt«, lobte Lykke. »Die Leichenschau ist um zehn, was machen wir zuerst, wenn es überstanden ist?«

»Das musst du doch am besten wissen. Du bist doch die Tidenexpertin.«

Rudi hob die Kaffeetasse und zwinkerte ihr zu.

44

Die Leichenschau von Bjarke Laumann war unangenehm, für Lykke aber eine notwendige Probe gewesen. Die Leichenschau von Rosa Molberg war ein Albtraum.

Um zehn Uhr standen sie wieder im Sektionssaal des Sydvestjysk Sygehus. Lykke blickte auf das Tuch über einem kleinen Bündel, das in dem unpersönlichen Neonlicht auf dem Obduktionstisch lag. Die Größe des Körpers traf sie wie ein Schlag in die Magengrube. Es war so gut wie nichts geblieben.

Außer dem Rechtsmediziner und Rudi Lehmann waren Mogens Krogh und Sara Graugård anwesend. Die Beamten grüßten sich schweigend, Sara mit einem kleinen Lächeln, und sogar der Ermittlungsleiter ließ sich zu einer Geste hinreißen, die man als Entgegenkommen interpretieren konnte.

»Wir können anfangen, Kresten. Es kommt niemand mehr.«

Kroghs Stimme klang tonlos in dem klinischen Raum. Kresten Osmann schloss die Tür zum Flur und stellte sich ans Ende des Tisches. Das Licht der Obduktionslampe spiegelte sich in einem Brillenglas und blendete Lykke. Sie trat einen Schritt beiseite. Der Geruch nach Formalin lag wie eine unsichtbare Decke über ihnen.

»Eine endgültige Verifizierung der Identität kann erst mit Sicherheit erfolgen, wenn wir die Ergebnisse der DNA-Analyse bekommen, aber ich wage bereits jetzt zu behaupten, dass es sich um Rosa Molberg handelt.«

Er hielt eine versiegelte durchsichtige Tüte in die Luft.

»An dem Leichnam wurde dieses Armband gefunden. Es ist aus dünnem Leder gefertigt und mit bunten Plastikringen versehen. Ich habe ein paar Fotos gemacht und an dich geschickt, Mogens.«

Krogh nickte düster.

»Ich habe sie Laurits Molberg gemailt. Er bestätigt, dass es sich um das Armband handelt, das Rosa im Kindergarten gebastelt hat. Er meinte, es müssten zwei sein, eins an jedem Handgelenk. Das Mädchen liebte die Armbänder und trug sie ständig, auch in der Badewanne oder wenn sie schlief.«

»Wir haben nach dem anderen Armband am Fundort gesucht, konnten es aber nicht finden«, fügte Sara hinzu.

»Die spurentechnischen Untersuchungen am Schuppen sind noch nicht beendet, es könnte also noch auftauchen«, ergänzte Krogh.

Osmann ergriff wieder das Wort.

»Ich habe das Zahnschema des Mädchens angefordert. Es müsste im Laufe des Vormittags kommen, wenn es nicht bereits in meinem Eingangsordner liegt. Außerdem habe ich die üblichen rechtsmedizinischen Untersuchungen vorgenommen. Sie hat fünfzehn, sechzehn Monate in der Erde gelegen, ohne einen anderen ›Schutz‹ als den Leinensack. Viel ist nicht mehr vorhanden.«

Es herrschte eine ohrenbetäubende Stille, als der Rechtsmediziner vorsichtig das Tuch entfernte. Lykke bohrte die Fingernägel in die Handflächen und atmete schwer durch die Nase. Der Anblick von Grys entseeltem Körper im Krankenhaus flimmerte als unterbewusster Cut durch ihren Hinterkopf. Rudi warf ihr einen Blick zu. Sie entspannte ihre Finger.

Das Mädchen war beinahe mumifiziert. Die Größe wies auf ein Kind im Alter von fünf, sechs Jahren hin, das Geschlecht ließ sich nicht unmittelbar feststellen. Sie lag halb auf der Seite, halb auf dem Rücken, nackt, grauschwarz und ganz dünn, die Rippen und größeren Knochen zeichneten sich deutlich ab. Der Kopf schien nur noch ein Schädel mit einer lederähnlichen Haut zu sein, die Haare waren dünn, aber im Großen und Ganzen noch vorhanden. In ihrem Gesicht waren keinerlei Züge mehr zu erkennen. Die eingesunkenen Augen lagen schwarz und tief in ihren Höhlen und glotzten in die Obduktionslampe. Der Mund stand offen, sodass die kleinen Zähne darin zu ahnen waren.

»Kannst du schon etwas zur Todesursache sagen?«, erkundigte sich Sara Graugård.

»Es gibt keine sichtbaren Schädelverletzungen, mit größter Wahrscheinlichkeit ist sie erstickt worden. Entweder wurde ihr die Kehle zugedrückt oder aber Mund und Nase, das heißt, der Täter hat ihr die Hand auf die untere Hälfte des Gesichts gelegt. Vermutlich auch, um zu verhindern, dass sie schrie.«

»Wurde sie so gefunden?«, erkundigte sich Lykke. »Nackt, meine ich.«

»Nein, sie war mit einem Kleid und Höschen bekleidet. Ich habe die Kleidung abgeschnitten und zur Analyse geschickt. Sie trug keine Strümpfe.«

»Können Sie etwas sagen …? Wurde sie vergewaltigt oder in anderer Weise misshandelt?«, fragte Rudi.

»Die Zeit hat dem Körper ziemlich zugesetzt. Sie lag ungefähr anderthalb Jahre in der Erde, und der Zersetzungsprozess wurde von Würmern und Käfern begleitet, aber abgesehen davon, dass der Finder sie angefressen hat, kann ich keine Verletzungen oder Brüche feststellen. Alle Knochen sind intakt. Ich glaube nicht, dass sie sexueller Gewalt ausgesetzt war, jedenfalls keinem Geschlechtsverkehr.«

»Was meinst du damit, dass der Finder sie angefressen hat?« Krogh sah den Rechtsmediziner an.

Der Körper lag mit gespreizten Beinen da, der linke Arm ragte halb in die Luft. Kresten Osmann zeigte mit einem Skalpell auf den rechten Arm.

»Wie du siehst, fehlen die beiden vorderen Glieder des Mittelfingers der rechten Hand. Sie wurden abgebissen, und der Bruch ist frisch. Ich vermute, es war unser Freund, der Wolf. Ob es während des Ausgrabens passierte oder ob er es getan hat, weil er Hunger hatte, weiß ich nicht, aber er war jedenfalls eifrig. Vermutlich hat er ein Loch in den Sack gerissen, um an die Haut über dem Nabel zu kommen. Hier und hier gibt es Spuren.«

»Verdammtes Mistvieh«, zischte Mogens Krogh. »Wenn ich ihn je sehe, knall ich ihn ab, geschützt oder nicht.«

»Gestern meinten Sie noch, es wäre ein Hund«, bemerkte Rudi.

»Ein Hund würde so etwas nie tun.«

Lykke erinnerte sich, dass Krog im Wald das genaue Gegenteil gesagt hatte, ganz unbeeindruckt war der Ermittlungsleiter also auch nicht.

Kresten Osmann zog hinter seiner Brille die Brauen zusammen.

»Ich habe Hunde, und die gehen auch an Aas. Ich finde, du gehst zu hart mit dem Wolf ins Gericht, Mogens. Hätte er sie nicht aufgespürt, hätten wir die Leiche vermutlich nie gefunden. Jetzt hat diese Tragödie zumindest für die Familie ein Ende.«

»Abgesehen davon, dass die Medien sich darauf stürzen werden, wenn der Fund bekannt wird.«

Lykke schloss die Augen, öffnete sie aber sofort wieder. Es war schlimm, Rosa Molbergs klägliche Überreste zu sehen, aber noch schlimmer war der Gedanke an den Abschied von Gry. Die Situation und der Sektionssaal verstärkten die Gefühle, die an die Oberfläche drangen wie Blasen aus einem unterirdischen Vulkan. Der Anblick ihrer Tochter war ihr auf die Netzhaut tätowiert, die meiste Zeit konnte sie ihn jedoch verdrängen.

»Wir müssen den Verantwortlichen finden«, erklärte Krogh grimmig. »Er darf nicht davonkommen.«

»Vielleicht hilft uns die Analyse der Kleidung weiter«, hoffte Lykke.

»Was ist mit den Spuren auf der Lichtung?«, fragte Rudi.

»Wir haben Abgüsse von Reifenspuren und Schuhen«, sagte Sara Graugård. »Die jüngsten Fußspuren stammen vermutlich von dem Mann, der Villads Geertsen gekidnappt hat. Wir haben einen Stiefelabdruck der Größe 46 vor der Tür gefunden und Abdrücke der Größe 41, die Villads zugeordnet werden können, denn sie wurden alle rund um das Loch gefunden.«

»Und die Reifenspuren?«

»Laut dem Jungen kam der Kidnapper in einem Wagen mit Dieselmotor, es gibt also einige Möglichkeiten.«

»Gibt es ältere Reifenabdrücke?«, wollte Lykke wissen. »Rosas Mörder ist doch sicher auch mit dem Auto gekommen.«

»Wir haben mehrere andere Abdrücke gefunden, aber sie sind alle zu alt. Wir vermuten, dass diese Spuren beim Bau des Schuppens entstanden und nichts mit Rosas Mörder zu tun haben.«

»Vielleicht brauchen wir nur einen Abdruck«, warf Rudi ein.

Die anderen sahen ihn verwundert an.

»Was meinen Sie?«, erkundigte sich Krogh.

»Wenn Rosas Mörder und Villads Geertsens Kidnapper ein und dieselbe Person ist.«

45

»Sein Gesicht sah aus wie eine Maske. Er kam plötzlich aus dem Nebel und schwang eine lange Kette. Lasse wurde am Kopf getroffen und stürzte zu Boden. Ich lief, so schnell ich konnte, der Mann hat mich verfolgt. Ich hatte gehofft, mich im Nebel verstecken zu können, aber er war schnell. Und dann bin ich über einen großen Stein gestolpert und fiel mit der Stirn in den Sand, danach erinnere ich mich an nichts mehr, bis ich im Schuppen wieder aufwachte. Ich glaube, er hat mich mit etwas betäubt, was im Essen war.«

Villads blickte vor sich hin, während er die Ereignisse noch einmal rekapitulierte. Er saß in seinem Krankenbett mit zwei großen Kissen im Rücken und sah ein bisschen blass, aber durchaus gesund aus. Er hatte ein Bad genommen und etwas gegessen und war von einem Arzt untersucht worden. Geholfen hatte auch eine durchschlafene Nacht, obwohl er seltsame Träume gehabt hatte.

Das Krankenzimmer war voll. Außer Lykke, Rudi und Mogens Krogh befanden sich noch eine Krankenschwester und Villads Eltern im Raum. Sie sahen müde, aber glücklich aus. Die Mutter schien nicht mehr geschlafen zu haben, seit ihr Sohn gekidnappt worden war. Nun wollte sie seine Hand nicht mehr loslassen.

»Konntest du sein Gesicht sehen, als er in den Schuppen kam?«, wollte Rudi wissen.

Villads schüttelte den Kopf.

»Beim ersten Mal war es draußen dunkel, und er leuchtete mir mit einer kräftigen Taschenlampe direkt in die Augen. Beim zweiten Mal tat ich so, als sei ich bewusstlos, weil er mich nicht noch einmal betäuben sollte, aber ich habe kurz hingesehen.

Sein Gesicht war mit einem Nylonstrumpf maskiert, genau wie im Film.«

»Gute Idee, sich bewusstlos zu stellen«, lobte Lykke. »Hat er etwas zu dir gesagt?«

»Er befahl mir nur, etwas zu essen. Ich glaube, er hat seine Stimme verstellt.«

»Meinst du, du würdest sie wiedererkennen?«, fragte Mogens Krogh.

»Nein, er hat geflüstert, um sie zu verstellen.«

»Konntest du sehen, was er anhatte?« Wieder stellte Rudi die Frage.

»Im Schuppen trug er schwarze Wanderstiefel und Jeans, aber draußen im Watt hatte er Gummistiefel, eine dunkle Hose und möglicherweise einen langen Mantel an. Ich glaube, er hatte keine Mütze auf, denn ich habe seine Haare gesehen. Sie waren dunkel und dicht, vielleicht schon ein bisschen grau.«

»Sehr gut, Villads. Dein Lehrer hat uns erzählt, dass der Mann draußen im Watt gehustet hat«, sagte Lykke. »Hast du das auch gehört?«

»Ja, und ich dachte, es sei Lasse. Er hat sonst nicht gehustet an dem Tag, aber daran habe ich in dem Moment gar nicht gedacht. Ich war zu sehr mit dem toten Mann beschäftigt. Sein Gesicht guckte aus dem Sand. Wissen Sie, wer es war?«

»Ein Krimineller aus Kopenhagen, der ein Haus in Melum gemietet hat.«

Villads richtete sich mit einem eifrigen Gesichtsausdruck im Bett auf.

»War er der Einbrecher?«

Lykke und Rudi tauschten einen Blick mit dem Ermittlungsleiter aus.

»Was meinst du?«, fragte Krogh. »Welche Einbrüche?«

»In der Schule wurde darüber geredet.«

»Was denn?«

»Es hat in Melum mehrere Einbrüche gegeben. Auch in der Schule. Es wurden ein paar Computer gestohlen, habe ich gehört. Aber auch in Wohnungen wurde eingebrochen. Inas Vater – Ina ist eine Klassenkameradin von mir – kam nach Hause und hat etwas im Haus gehört. Er sah, wie ein Mann weglief. Er hatte ein bisschen Geld und den Schmuck von Inas Mutter geklaut. Und beim Arzt wurden Medikamente gestohlen. Inas Vater meinte, das hätten die beiden Drogenabhängigen und einer, den er den Kopenhagener nannte, getan, aber er hätte keine Beweise.«

»Hat er den Einbruch angezeigt?«, fragte Krogh mit gerunzelter Stirn. »Ich meine, der Vater deiner Klassenkameradin.«

»Weiß ich nicht. Ina hat das einfach so erzählt.«

»Kannst du dich an noch etwas von dem Mann mit der Kette erinnern?«, kam Rudi noch einmal auf die Ereignisse im Watt zurück.

»Sein Wagen hat einen Dieselmotor. Das konnte ich hören, obwohl ich den Wagen selbst nicht gesehen habe. Ich glaube, es war ein Lieferwagen oder ein anderes großes Auto. Vielleicht ein SUV.«

»Das ist gut, Villads.«

»Wie geht es Lasse? Darf ich ihn sehen?«

»Lasse hat eine große Wunde im Gesicht, aber er ist auf dem Weg der Besserung«, erklärte die Krankenschwester. »Du kannst später mit ihm reden. Ich finde, wir sollten Villads jetzt in Ruhe lassen.«

»Ich fühle mich total gesund.«

»Du bist aber nicht so gesund, wie du glaubst. Du musst dich jetzt ein bisschen ausruhen. Du bist dehydriert und hast ein wenig Fieber. Eine weitere Unterhaltung mit der Polizei muss warten.«

»Hier ist unsere Nummer, Villads«, sagte Rudi und gab dem

Jungen eine Visitenkarte. »Du kannst einfach anrufen, wenn dir noch etwas einfällt und du meinst, es könnte wichtig sein.«

Die Polizisten gingen zur Tür.

»Was ist mit …? Was ist mit der Leiche unter dem Schuppen?«, hielt Villads sie zurück. »Ist es Rosa?«

»Ja«, antwortete Krogh. »Aber ich muss dich und deine Eltern bitten, es nicht weiterzuerzählen, bevor wir …«

»Zu spät«, unterbrach ihn Villads' Vater. »Heute Morgen beim Bäcker haben alle darüber geredet.«

46

»Es ist unglaublich, dass Villads nicht nur eine, sondern zwei Leichen gefunden hat«, meinte seine Mutter, als die Eltern die Polizisten auf den Flur hinausbegleiteten. »Wie groß ist die Wahrscheinlichkeit für so etwas?«

»Das …«

Jens Geertsen unterbrach sich selbst, um zu husten.

»Erkältet, Herr Geertsen?«, erkundigte sich Mogens Krogh.

»Ich habe Schnupfen seit … Ich hoffe doch, dass ich nicht unter Verdacht stehe?«

»Im Augenblick haben viele Husten und Schnupfen«, beruhigte ihn Lykke. »Es ist die Jahreszeit.«

»Wenn es nur eine Erkältung ist«, sagte Maria Geertsen. »Ich denke an die arme Familie Molberg. Stellen Sie sich vor, ein Kind auf diese Weise zu verlieren. Ich weiß nur, wie ich gelitten habe, bis Villads gefunden wurde.«

»Ich bin wirklich stolz auf ihn«, erklärte ihr Mann. »Dass er ausgebrochen ist und dabei sogar noch Rosa gefunden hat.«

»Es ist beeindruckend«, bestätigte Rudi.

»Ich verstehe nicht, was mit Melum los ist«, fuhr Maria Geertsen fort. »Wer ist für all das in unserem kleinen, friedlichen Dorf verantwortlich?«

»Wir arbeiten mit mehreren Theorien«, antwortete Krogh.

»Könnte es ein und dieselbe Person sein, die nicht nur Villads kidnappte und seinen Lehrer niederschlug, sondern auch Bjarne Lovmand vergrub und die beiden Drogenabhängigen ermordete?«

»Er hieß Bjarke Laumann«, korrigierte Krogh. »Haben Sie gehört, ob andere im Ort über ihn gesprochen haben?«

»Nein«, erwiderte Jens Geertsen. »Ich weiß nur, wer diese Drogenabhängigen waren. In Melum weiß das jeder.«

Lykke zog ihr Telefon aus der Tasche. Sie zeigte ihnen das Polizeifoto von Laumann.

»Erkennen Sie ihn wieder?«

Das Ehepaar blickte auf das Display.

»Ja. Er hing mit Charlie herum, diesem ehemaligen Soldaten«, sagte Maria Geertsen. »Charlie verkaufte Rauschgift und seine Freundin an andere Männer. Sie hatten oft Fremde in ihrem Haus, meist Leute, die nicht in Melum wohnen. Ich habe gesehen, wie sie im Brugsen Bier kauften. Sie feilschten mit dem Inhaber über den Preis.«

»Ich habe Laumann auch woanders gesehen«, überlegte Jens Geertsen. »Wo, zum Teufel, war das? … Ja, sicher, im Wartezimmer des Doktors.«

»Wer ist Ihr Arzt?«, fragte Krogh nach.

»Rasmus Frederiksen. Er hat seine Praxis im Ärztehaus von Ribe.«

»Wo auch Theodor Stamfeldts Praxis ist?« Lykke sah Jens Geertsen an.

»Ja. Stamfeldt ist Molbergs Arzt. Er hat einige Patienten aus

Melum. Vielleicht kann er Ihnen helfen. Er weiß eine Menge über diese Kinderschänder.«

»Wissen Sie, ob Laumann zu Stamfeldt wollte?« Rudi wandte sich nun an Geertsen. »Es gibt ja noch drei weitere Ärzte im Haus.«

»Nein, aber das ist durchaus denkbar. Die Ärzte haben ein gemeinsames Wartezimmer. Stamfeldt ist ein guter Psychiater, und Kriminelle haben doch sicher auch psychische Probleme?«

»Sein Vater ist Multimillionär«, sagte Maria Geertsen. »Ihm gehört die Korn- und Futtermittelfabrik. Sie wohnen in einem Schloss in Esbjergs mondänstem Viertel. Er hat fünf Sportwagen, und seine Frau trägt Pelze, auch im Sommer. Sie sind ziemlich versnobt, kommen aber von ganz unten. Julius Stamfeldts Vater war Arbeiter und die Mutter Waschfrau, aber ihre Herkunft haben sie längst vergessen.«

»Das ist Gerede, Maria.«

»Nein, das ist allgemein bekannt. Der alte Stamfeldt ist so etwas wie ein Diktator. Es heißt, Theodor und seine Schwester hätten eine harte Kindheit gehabt. Sie waren nie gut genug.«

»Also, Maria …«

»Das habe ich jedenfalls gehört, aber Theodor Stamfeldt hat bewiesen, dass er es auch allein schafft. Er hat ein paar nette Kinder und eine hübsche Frau, die mal Miss Südjütland gewesen ist.«

»Viel mehr kann man nicht erreichen«, bemerkte Rudi, ohne das Gesicht zu verziehen.

»Was ist mit Villads?«, erkundigte sich seine Mutter mit einem ängstlichen Gesichtsausdruck. »Wenn der Kidnapper bemerkt, dass er entkommen ist, zählt er möglicherweise zwei und zwei zusammen und vermutet, dass der Junge im Krankenhaus ist.«

»Villads ist in Sicherheit«, erwiderte Krogh. »Ich lasse das Zimmer bewachen, und wir haben auch ein paar Leute im Wald, falls der Täter dort auftauchen sollte.«

Sie verabschiedeten sich von den Eltern. Der Ermittlungsleiter begleitete Lehmann und Teit bis zum Ausgang.

»Villads wurde gefangen gehalten, aber warum?«, begann Lykke. »Ich glaube in diesem Fall nicht wirklich an Pädophilie, sonst wäre etwas passiert, aber was verbindet den Jungen mit dem Täter?«

»Der Fund von Laumanns Leiche.«

»Wir müssen uns fragen, aus welchem Grund der Kopenhagener und die beiden Junkies getötet wurden«, erklärte Krogh.

»Alle drei waren kriminell«, antwortete Rudi.

»Ich glaube«, fuhr Krogh fort, »Bjarke Laumanns Feinde haben ihn in Melum aufgespürt und dann einen Anruf getätigt. Sie haben einen Auftragskiller bestellt.«

»Und wie passen Charlie Simonsen und Tina Fromm in diese Gleichung?«, warf Lykke skeptisch ein.

»Vielleicht waren sie Zeugen von Laumanns Tod«, schlug Krogh vor. »Nur weil er im Watt begraben wurde, ist es nicht sicher, dass er auch dort ermordet wurde.«

»Charlie Simonsen und Tina Fromm wurden misshandelt«, widersprach Lykke, die als Erste aus der Eingangstür trat und zum Parkplatz ging, wo ihnen ein eiskalter Wind entgegenschlug. »Der Täter versuchte, Informationen von ihnen zu erhalten. Das passt nicht zu einer Zeugensituation.«

»Genau«, unterstützte Rudi sie. »Charlie und Tina müssen etwas Konkretes über Laumann oder den Mord an ihm gewusst haben. Informationen, die man durch Folter von ihnen erzwingen wollte. Haben Sie Anzeigen der Einbrüche, von denen Villads redete?«

»Das ist nicht mein Ressort, aber ich überprüfe es. Ich glaube nur nicht, dass man für ein paar Computer und etwas Bargeld und Schmuck drei Menschen umbringt und ein Kind entführt.«

»Wenn jemand etwas aufbewahrt, das nicht ans Licht soll«,

erwiderte Lykke und schlug ihren Kragen hoch. »Laumann hat eine SMS geschickt, in der es um ein Geheimnis ging, das er in einer Schachtel versteckt hat. Vielleicht wurde der Diebstahl deshalb nicht angezeigt.«

Der Ermittlungsleiter kniff misstrauisch ein Auge zusammen.

»Eine SMS?«

»Ich bekam eine Nachricht, bevor ich hierherkam. Es war ein Hilfeschrei. Laumann war verzweifelt. Er …«

Krogh stemmte mit einem grimmigen Gesichtsausdruck beide Fäuste in die Seiten.

»Wie gut kannten Sie den Kerl eigentlich?«

»›Kennen‹ ist ein weites Feld. Belassen wir es dabei, dass ich wusste, wer er ist. Kopenhagen ist ein größeres Provinzloch, als Sie vielleicht glauben. Mein Chef hat sich für meine Beteiligung an diesen Ermittlungen eingesetzt, tatsächlich bestand er darauf, dass ich sie übernehme, weil er der Meinung ist, es könnte möglicherweise von Vorteil sein, dass ich ihn kannte. Sie müssen sich also keine Gedanken machen.«

Lykke hörte, dass es sich wie eine kleine Verteidigungsrede anhörte.

Krogh rümpfte skeptisch die Nase.

»Hm, *all right*, aber von nun an möchte ich wissen, was Sie tun und lassen. Und ich würde mich freuen, wenn ich regelmäßig auf dem Laufenden gehalten werde.«

»Werden wir tun.«

»Na, nichts für ungut. Sie müssen es mir sagen, wenn ich Ihnen behilflich sein kann.«

»Sie dürfen gern den Strafzettel übernehmen, den ich vor ein paar Tagen hier auf dem Parkplatz bekommen habe«, meinte Rudi.

»Sagen wir, derjenige, der als Erster einen der Fälle aufklärt, braucht nicht zu bezahlen.«

47

»Na, Lucky, ich hoffe, du bist gut im Graben.« Rudi reichte ihr eine Schaufel.

Lykke tat so, als sähe sie die Schaufel nicht, und beschäftigte sich mit ihrem Telefon.

Sie standen auf dem Deich. Saltvandssøen, der sogenannte Salzwassersee unmittelbar an der Grenze zu Deutschland, lag hinter ihnen, das Wohnmobil parkte auf dem Parkplatz am Ende der Sackgasse, die von der deutsch-dänischen Grenze durchschnitten wurde. Vor ihnen erstreckte sich, soweit das Auge reichte, die mächtige Fläche des Wattenmeeres – bis es irgendwo am Horizont mit dem Himmel verschmolz. Ein kräftiger Wind war der Vorbote des Sturms, vor dem in den nächsten Tagen gewarnt wurde, aber im Augenblick schien die Sonne, und die Luft war gesättigt von Salzwasser und unberührter Natur.

»Da draußen fliegt ein Graureiher«, erklärte Rudi mit einem Fernglas vor den Augen.

»Sieht eher nach einem Fischreiher aus.«

»Habe ich doch gesagt.«

»Wenn du dich auf die Schaufel konzentrierst, übernehme ich die Bestimmung der Vogelarten.«

»Du meinst, mit anderen Worten, ich soll graben, obwohl es *deine* Idee war? Eine Schande, dass die Frauenemanzipation Dänemark nie erreicht hat.«

Lykke lachte.

»Mit der Schaufel, deinem Hut und dem Fernglas siehst du aus wie Dirch Passer in *Die Schnepfe.*«

»Dirk wer?«

»Dirch Passer. Einer der größten Komiker Dänemarks. Er hat mal in einem Sketch über Ornithologen mitgespielt.«

»Und du kannst jetzt in einem Sketch über Schatzjäger mitspielen. Bitte sehr.«

Sie wich der Schaufel aus.

»Jetzt schmoll nicht.«

»Ich schmolle nicht. Ich denke nur, wir verplempern unsere Zeit, und allzu viel Zeit haben wir nicht. Julius Stamfeldts Sekretärin sagte, er wäre gegen zwei wieder im Büro, also müssen wir hier spätestens um ein Uhr aufbrechen.

»Halb zwei.«

»Wir müssen auch noch etwas essen.«

»Wir überspringen das Mittagessen.«

Der Kommissar sah bestürzt aus.

»Bist du verrückt?«, stieß er auf Deutsch aus.

»Nach deinem Frühstück kannst du doch in den nächsten fünf Stunden unmöglich etwas essen wollen?«

»Du vergisst, dass ich von dir unfreiwillig in den Tiefbau versetzt werden soll. Ich brauche ein bisschen Bacon.«

»Du hast ein halbes Schwein gegessen. Gehen wir jetzt da raus, oder bleiben wir hier stehen und reden nur darüber?«

Sie kletterten die Grasböschung hinunter und gingen ins Watt. Lykke hatte die Koordinaten des Fundorts in ihrer Kompass-App gespeichert, sie mussten nur den Anweisungen folgen. Ein große Schar Strandläufer flog auf und fegte über den Sand, während einige Möwenschwärme in die entgegengesetzte Richtung flogen. Der Untergrund war hart, aber sie mussten ein paar Umwege nehmen, um einigen kleinen Seen auszuweichen. Lykke war nicht sicher, ob Salzwasser wirklich gut für ihre Stiefel war, aber umso mehr hatte sie einen Grund, sich neue Schuhe zu kaufen, sobald sie zurück in Kopenhagen war. Ihr Blick heftete sich ans Telefon, das ihnen die Richtung vorgab.

»Es ist ungefähr sechshundert Meter weiter in westnordwestlicher Richtung.«

»Ich kann das Seezeichen sehen«, sagte Rudi, der wieder das Fernglas vor den Augen hatte. »Es ist auf mehreren Fotos, die Kroghs Männer gemacht haben.«

Nach einem raschen Marsch hatten sie ihr Ziel erreicht.

Lykke rief ein Foto von der Ausgrabung der Leiche auf. Sie drehte sich ein wenig im Kreis, ging in die Hocke und hielt das Telefon mit ausgestrecktem Arm, während sie das Foto mit der Realität verglich.

»Jetzt hat das Seezeichen im Hintergrund den gleichen Abstand wie bei der Ausgrabung der Leiche. Bjarke muss … hier gelegen haben!«

Sie zeichnete mit der Stiefelspitze ein Kreuz in den Sand.

»Bitte sehr.«

Rudi betrachtete es skeptisch.

»Wieso glaubt du, dass diese verdammte Schachtel an derselben Stelle liegt wie er? Vielleicht hat er sie gar nicht vergraben. Der Täter könnte sie gefunden und mitgenommen haben.«

»Würdest du eine SMS schreiben, *bevor* du sicher bist, dass dein Geheimnis gut versteckt ist? Ich glaube, er schrieb die Nachricht, als er angegriffen wurde. Er stand noch immer am Ort des Verstecks, als er starb.«

»Dann hat der Täter ihn vielleicht auch beim Graben beobachtet und untersucht, was Bjarke verstecken wollte.«

Sie ging mit ausgestreckter Hand auf den Kommissar zu.

»Gib mir die Schaufel.«

Rudi weigerte sich. Er stellte sich ans Kreuz und begann zu graben. Sie schaute ihm gespannt zu. Zum Vorschein kamen zerbrochene Muschelschalen, halbe Sandwürmer und Steinchen, aber nichts sah nach einer Schachtel aus. Rudi grub circa dreißig, vierzig Zentimeter tief, dann hielt er inne.

»Versuch mal, vom Loch aus in einem Kreis zu graben.«

Er warf ihr einen scheelen Blick zu.

»Sei bloß froh, dass *Die Schatzinsel* eines meiner Lieblingsbücher ist. «

»Klingt langweilig.«

»Langweilig? Robert Louis Stevensen?«

»Ach, du meinst *Skatteøen*. Ja, das ist gut. Spielt da nicht Charlton Heston mit?«

Der Kommissar seufzte und grub weiter. Er arbeitete weiter, bis er schweißtriefend die Schaufel in den Sand steckte und sich aufrichtete.

»Wenn ich morgen wie Quasimodo aussehe, ist das deine Schuld.«

Er nahm den Hut ab und wischte sich über die Stirn.

Lykke übernahm die Schaufel. Sehr schnell merkte sie, dass es sich um harte Arbeit handelte, aber sie ließ sich nichts anmerken. Der Wind blies ihr ständig die Haare vor die Augen, und schon bald geriet sie ins Schwitzen. Rudi setzte sich auf eine der Eisenstangen des Seezeichens. Lykke zog den Reißverschluss ihrer Jacke auf. Sie fror an der Brust, aber sie wollte nicht aufgeben. Sie war sicher, auf dem richtigen Weg zu sein, außerdem würde Rudi sich über sie lustig machen, wenn sie unrecht hatte. Wenn sie ihn ansah, lächelte er nur und zuckte ein wenig die Achseln. Sie war gereizt, aber nicht sauer. Dazu hielt sie zu viel von ihm.

»Wie läuft's?«

Sie hatte über zwei Quadratmeter in einer beachtlichen Tiefe ausgegraben und dachte an eine alte Donald-Duck-Geschichte, in der Donald den ganzen Strand nach einem Edelstein umgräbt.

»Soll ich eine Schaufel mit einem größeren Blatt holen?«

»Halt die Klappe, Rudi.«

Sie grub weiter, musste aber schließlich zugeben, dass sie auf das falsche Pferd gesetzt hatte. Sie war sich ihrer Sache so sicher gewesen. Schweiß perlte unter ihrer Bluse, ihr Haar glich einem Knäuel Filzwolle. Es würde Stunden dauern, es auszukämmen.

»Du, Lucky!«

Sie hielt inne.

»Was ist?«

»Hast du einen Moment Zeit?«

»Nein.«

Verbissen arbeitete sie weiter, dann hörte sie das metallische Geräusch von etwas Rostigem, das im Wind klirrte.

»Ich finde, du solltest mal herkommen. Dann kannst du in deiner Freizeit weitergraben.«

Erschöpft gab sie auf. Der Kommissar hatte ihr den Rücken zugewandt und beugte sich über das Seezeichen. Sie ging zu ihm. Er stand an dem obersten Teil, dem Signalkopf. Darunter befand sich eine kleine Kammer mit einem Deckel, den er geöffnet hatte. Ein Fach für Reserveteile, wenn die blinkende Glühbirne ausgewechselt werden musste, die allerdings schon lange nicht mehr funktionierte. Doch Lykke starrte nicht auf eine Glühbirne. Sondern auf einen in einer Plastiktüte verpackten Gegenstand, den Rudi in den Händen hielt.

48

Die Tüte war mit einem festen Knoten versehen, aber ganz offensichtlich befand sich darin eine Schachtel.

»Bitte auspacken«, sagte Rudi, »es ist dein Verdienst.«

»Aber du hast sie gefunden.«

»Wärst du nicht auf die Idee gekommen, hätten wir sie nicht gefunden.«

Lykke schob ihm die Tüte zu.

»Mach du es. Du bist der Erfahrenere.«

Sie saßen am Tisch des Wohnmobils. Der Kommissar ahnte bei seiner jüngeren Kollegin eine gewisse Nervosität über den eventuellen Inhalt der Schachtel. In ihrem Fall ging es um Kinder, und er wusste, was sie verloren hatte. Eine gewisse Angespanntheit verspürte er allerdings auch. Er hatte Hunderte von Gegenständen aus unzähligen Kriminalfällen in den Händen gehalten, auch ausgesprochen unappetitliche und makabre Dinge, aber es war immer etwas Besonderes, wenn es um Kinder ging. Er streifte sich ein Paar Einweghandschuhe über und begann, den Knoten zu öffnen, ohne die Tüte zu zerreißen.

»Er hat sie … wirklich … fest verknotet.«

»Wahrscheinlich hatte er Angst, dass Wasser eindringen könnte.«

»Jetzt hab' ich's.«

Der Knoten löste sich. Vorsichtig öffnete Rudi die Tüte und schaute hinein. Lykke betrachtete ihn angespannt. Der Kommissar zog eine alte Zigarrenkiste heraus, die sofort Erinnerungen weckte. Die Kiste war mit der bekannten rot-braun-orangen Randleiste der Marke Sin Cara verziert. Die dollargrüne Banderole war auf der Rückseite. Sie erinnerte sich, wie ihr Vater mit seinem Taschenmesser eine jungfräuliche Kiste aufschnitt. Lykke konnte beim Anblick der Schachtel eine frisch angezündete Zigarre beinahe riechen. Kein sonderlich angenehmer Duft für ein Kind, außerdem hatte der Rauch im Hals gekratzt, aber sie wünschte, sie hätte es häufiger erlebt, weil ihr Vater so oft von zu Hause fort gewesen war.

»Merkwürdig«, sagte sie. »Mein Vater rauchte Sin Cara … bis er starb.«

»Waren sie zu stark?«

»Nein, es war ein Verkehrsunfall.«

»Das tut mir leid. Ich habe häufig darüber nachgedacht, was schädlicher ist: zu rauchen oder Auto zu fahren.«

»Jetzt mach sie schon auf, Rudi. Beeil dich!«

»Wenn es Zigarren sind, bin ich enttäuscht.«

Er entfernte ein paar dicke Gummibänder, stellte die Kiste zwischen sie und öffnete den Deckel. Es waren keine Zigarren. Der Inhalt sah auf den ersten Blick umgekehrt proportional zu ihren Erwartungen aus. Zwei Gefriertüten mit kleinen Dingen. Rudi hob sie hoch. Beide Tüten waren mit mehreren Gummibändern verschlossen.

»Sieht nicht nach sehr viel aus«, bemerkte Lykke.

Er zog die Gummibänder von der ersten Tüte und schüttete den Inhalt auf den Tisch: ein Polaroidfoto, ein kleines Armband und ein kleines Höschen. Das Foto zeigte ein fröhliches Mädchen im Alter von fünf oder sechs Jahren in einem hellroten Bikini mit weißen Punkten. Ihr langes Haar wehte im Wind, den Hintergrund lieferten die schäumenden Wellen der Nordsee. Sie hielt einen grün-weißen Schwimmreifen mit Seepferdchenkopf in ihren ausgestreckten Händen, aber es war vor allem Rosas Gesichtsausdruck, der sich Lykke einbrannte. Ein rundes Gesicht mit einem kleinen spitzen Kinn und einem charmanten Lachen. Sie unterdrückte ein Keuchen und spürte, wie ihr kalter Schweiß ausbrach. Es gab eine große Ähnlichkeit – zumindest in ihrer Fantasie –, das Kind auf dem Foto hätte Gry sein können, wenn Gry so alt geworden wäre.

Rudi schüttete die zweite Tüte aus. Lykke zog ebenfalls Einweghandschuhe an. Die Dinge waren beinahe identisch mit denen der ersten Tüte: darunter ein Farbfoto von zwei kleinen Mädchen auf einem Kindergeburtstag. Sie hatten spitze Hüte auf dem Kopf, Papierlätzchen um den Hals und lachten, wobei sie beide dem Fotografen einen Löffel voll Torte präsentierten. Außerdem lagen eine rosafarbene Haarspange und ein entsprechendes Höschen auf dem Tisch.

»Trophäen«, sagte sie. Das Wort blieb im Campingbus hängen.

Rudi betrachtete das Armband. Es bestand aus dünnem Leder mit kleinen bunten Plastikperlen.

»Rosa Molbergs fehlender Schmuck.«

Lykke rief auf ihrem Telefon eine Fotoserie der Obduktion auf.

»Ja.«

Sie zeigte ihm das Foto des Armbands, das gereinigt in einer Schale von Kresten Osmanns *Chamber of Horrors* lag.

»Das ist Rosa am Strand. Ich erkenne sie von den anderen Fotos. Also hast du doch einen Schatz gefunden, Lykke, auch wenn er nicht allzu ermutigend ist.«

Sie betrachtete das Foto des Kindergeburtstags. Das größere Mädchen war dunkelhaarig und ebenfalls ungefähr fünf oder sechs Jahre alt, sie hatte den Arm um ein kleineres, blondes Mädchen mit Rattenschwänzchen gelegt. Beide lächelten breit mit ihren kleinen, regelmäßigen Milchzähnen.

»Ein schönes Alter.«

»Sie da …« Rudi zeigte auf das größere Mädchen. »Soffia Korlum?«

»Augenblick.«

Lykke klickte auf ihrem Telefon weiter. Währenddessen hielt der Kommissar die rosafarbene Spange ins Licht. Ein einzelnes Haar hing daran.

Triumphierend klatschte sie eine flache Hand auf den Tisch.

»Ich wusste es!«

»Was?«

Lykke legte das Foto des Kindergeburtstags neben das Display ihres Telefons, das den Aufmacher eines Boulevardblattes zeigte:

VERSCHWAND SPURLOS AUS EINEM SÜSSWARENLADEN
POLIZEI BEFÜRCHTET KIDNAPPING

Die Bildunterschrift lautete: »Die sechsjährige Soffia Korlum wollte Süßigkeiten kaufen und kehrte nicht nach Hause zurück. Die Behörden befürchten, dass ein weiteres Kind Opfer eines pädophilen Entführers wurde.«

»Also hatte Peik Gravesen recht«, stellte Rudi fest. »Dort draußen läuft ein Nachahmer herum. Mindestens einer.«

»Zumindest entlastet es Gravesen als Entführer von Soffia Korlum. Dann ist er es doch auf dem Videoband.«

»Vielleicht. Laumann kann die Kiste jedenfalls unmöglich bei Peik Gravesen gefunden haben, da sie Dinge von Rosa Molberg enthält, und zu diesem Zeitpunkt war der Verrückte längst in der Anstalt.«

»Ja. Und Bjarke fand heraus, wer Soffia und Rosa getötet hat. Und das kostete ihn das Leben.«

49

»Ich habe versucht, Molberg anzurufen, aber er geht nicht ans Telefon«, erklärte Mogens Krogh, als sie in der Spurentechnischen Abteilung der Polizei von Esbjerg standen. »Ich habe auf dem Anrufbeantworter hinterlassen, dass er uns zurückrufen soll.«

»Soll ich nach Melum fahren und nachsehen, ob er zu Hause ist?«, bot Sara Graugård an. »Vielleicht schläft er seinen Rausch aus? Ich habe von mehreren Seiten gehört, dass er ziemlich tankt, seit Rosa gefunden wurde.«

»Mach das, Sara. Das ist Rosa auf dem Polaroid, so viel sehe ich, aber er muss uns bestätigen, dass auch die anderen Sachen aus seinem Haus stammen.«

»Es sieht aus wie ein Privatfoto«, meinte Lykke.

»Das kann jeder gemacht haben. Der Täter zum Beispiel.«

»Das Armband ist identisch mit dem, das bei Rosas Leiche gefunden wurde«, erklärte Frank Joveen. »Und wir wissen von Molberg, dass Rosa zwei Armbänder hatte.«

»Wir müssen Kontakt zu den Kollegen in Aalborg aufnehmen, sie sollen bestätigen, dass das Mädchen auf dem anderen Foto Soffia Korlum ist«, sagte Krogh. Er sah bei diesem Gedanken nicht sonderlich begeistert aus. Der Fund würde nur die bangen Ahnungen der Familie Korlum bestätigen, dass ihre Tochter nicht mehr zurückkäme, aber vielleicht könnte das Foto sie auf die eine oder andere Weise zu ihrer Leiche führen. Solange es keine Leiche gab, war niemand tot, allerdings konnte auch kein Schlussstrich gezogen werden.

»Wir werden Wunden aufreißen«, gab Lykke zu bedenken.

»Das lässt sich nicht vermeiden.« Krogh räusperte sich. »Ich hoffe, dass dies zum entscheidenden Durchbruch führt. Laumann muss die Zigarrenkiste gefunden oder gestohlen haben, vielleicht aus der Wohnung des Täters. Und er hat zwei und zwei zusammengezählt. Das bestätigt zum Teil unseren Verdacht, dass es sich um einen Einheimischen handelt.«

»Könnten der Dieb und der Besitzer der Zigarrenkiste sich gekannt haben?«, überlegte Lykke. »Laumann war ein guter Freund von Charlie Simonsen und Tina Fromm. Sie verkehrten mit ganz unterschiedlichen Kriminellen, vielleicht ist der Schuldige unter ihnen zu finden?«

»Das müssen wir in unsere Überlegungen einbeziehen.«

»Lykke und ich haben heute Nachmittag einen Besuch in Stamfeldts Fabrik vereinbart«, informierte Rudi Krogh. »Ihm gehört das Waldstück, in dem Rosa gefunden wurde. Er muss etwas über den Schuppen wissen.«

»Daran habe ich auch schon gedacht«, erwiderte Krogh.

»Hat Stamfeldt noch andere Fabriken?«, erkundigte sich Lykke. »Zum Beispiel bei Aalborg?«

»Weißt du das, Frank?«

Der Chef der Kriminaltechnik hielt die rosafarbene Haarspange in der Hand, um das dunkle Haar für eine DNA-Analyse sicherzustellen. Er schüttelte den Kopf.

»Ich weiß, dass sie ganz Dänemark beliefern und einen Teil der Produktion exportieren, aber soweit ich weiß, wurde immer nur in Südjütland produziert. Wenn es eine Filiale in Nordjütland gibt, habe ich zumindest noch nie davon gehört.«

»Schauen wir mal, ob wir etwas aus Stamfeldt herausbekommen.« Rudi sah auf die Uhr. »Wir müssen los, Lucky, wenn wir unterwegs noch eine Wurst essen wollen.«

Sie sah ihn mit unschuldiger Miene an.

»Wir könnten uns auch einen frischen Salat to go kaufen.«

»Aber wieso? Ich habe mein Kaninchen nicht mitgebracht.«

Krogh lachte. Es war geradezu befreiend, es zu hören.

50

STAMFELDTS KORN- UND FUTTERMITTEL türmte sich in Form eines gewaltigen Gebäudes mit mindestens zehn Stockwerken über der Landschaft auf. Lange Lagerhallen breiteten sich wie die Tentakel eines Tintenfischs darum aus. Das Gelände war eingezäunt, der Zugang nur über einen Wächter am Haupttor möglich.

»Wir möchten mit Julius Stamfeldt sprechen.«

Rudi hielt seinen Ausweis aus dem Fenster.

Der Wachmann war ein korpulenter Rothaariger mit Schirmmütze und etwas zu stramm sitzender Uniform. Mit einem trägen Gesichtsausdruck stützte er den Kopf auf die Hände.

»Polizei Flensburg? Sind Sie da nicht ein bisschen weit nördlich?«

»Das haben sie meinen Opa 1940 auch gefragt, aber Hitler ist tot, und ich habe friedliche Absichten. In meiner Begleitung ist die dänische Polizei, wenn ich Ihnen damit eine Freude machen kann.«

Er zeigte mit dem Daumen auf Lykke, die den bekannteren dänischen Polizeiausweis hochhielt.

»Haben Sie einen Termin?«

»Um zwei. Es geht um Mord, Sie dürfen sich gern ein wenig beeilen.«

Der Mann wurde blass und richtete sich auf.

»Geht's um das Mädchen, das man in dem Waldstück fand? Im Fernsehen haben sie den ganzen Vormittag darüber geredet.«

Rudi sah auf die Uhr.

»Es ist fünf nach zwei. Ich glaube, Ihr Chef ist ein pünktlicher Mann.«

Der Kommissar schätzte den Wachmann auf unter dreißig Jahre. Vermutlich hatte man keinen anderen Job für ihn gefunden. Vielleicht war er nicht zu dumm, um zu arbeiten, in jedem Fall aber war er träge. Das änderte sich jetzt.

»Augenblick.«

Der Wachmann bediente hektisch die Gegensprechanlage. Er verhaspelte sich mehrfach.

»Die Torwache, Majken. Die Polizei ist hier. Sie wollen mit dem Chef sprechen.«

»Er ist noch in einer Besprechung. Worum geht's denn?«

Rudi legte einen Finger auf die Lippen. Der Wachmann warf ihm einen Blick zu.

»Öh, das ist wohl vertraulich. Ich glaube, es ist wichtig.«

»Schick sie rein«, antwortete die Stimme.

Der Wachmann wies ihnen durch die Luke bereitwillig den Weg.

»Sie müssen nur zum Hauptgebäude fahren und die Tür nehmen, über der ›Empfang‹ steht, dann werden Sie zu Herrn Stamfeldts Büro gebracht.«

Rudi hielt den Daumen hoch, als das Tor sich öffnete. Lykke brach in Gelächter aus.

»Du hast deine eigene Art, Bulle zu sein.«

»Manchmal ist es notwendig. Es geht um Psychologie.«

»War dein Großvater während des Krieges wirklich in Dänemark?«

Er parkte und blinzelte ihr zu.

»Das werde ich dir bei einer anderen Gelegenheit erzählen.«

Julius Stamfeldt erwartete sie hinter einem gewaltigen Schreibtisch, als eine Sekretärin sie in sein Büro führte. Er paffte eine große Zigarre, und Lykke ging durch den Kopf, dass ihm nur ein Stetson-Hut fehlte, damit er aussah wie ein amerikanischer Ölmagnat. Stamfeldt legte die Zigarre in einem beeindruckenden Aschenbecher ab, bevor er auf sie zukam und ihnen mit einem freundlichen Gesichtsausdruck die Hand gab. Allerdings war in den blauen Augen des Mannes auch etwas Kaltes und Kontrolliertes zu erkennen. Sie vermutete, dass man es ohne eine ordentliche Portion Coolness und Rücksichtslosigkeit im Geschäftsleben nicht so weit bringen konnte.

Sie wiesen sich aus.

Stamfeldt nickte nur, nicht sonderlich überrascht. Er sah älter aus als Rudi, wie ein Mann, der viele Jahre hart gearbeitet und zu wenig geschlafen hat. Stamfeldt war groß und stattlich, hatte einen Vollbart und dichtes, ordentlich frisiertes Haar. Die Hände waren gepflegt – wenn er sich tatsächlich aus dem Dreck emporgearbeitet hatte, war das lange her. Der Anzug, inklusive

Weste und Seidenkrawatte, hatte mit Konfektionskleidung nichts zu tun und passte zu den italienischen Schuhen.

Das Büro entsprach seinem Besitzer und hatte die Größe von Lykkes gesamter Wohnung. Von der obersten Etage aus blickte man auf Felder und die Nordsee am Horizont, in deren Wellen die Sonne glitzerte. Der Raum war im klassisch englischen Stil eingerichtet, mit hohen Holzpaneelen, Originalgemälden aus dem frühen 19. Jahrhundert und exotischen Hirschen mit gewundenen Gabelgeweihen, deren hübsche tote Köpfe an den Wänden hingen.

Lykkes Magen verkrampfte sich erst, als ihr Blick auf einen großen Schäferhund fiel, der in der Ecke an der Heizung lag. Der Hund rührte sich nicht vom Fleck, aber sie hatte den Eindruck, dass das Biest sie anstarrte – und nur sie. Sie bemühte sich, nicht zurückzustarren.

»Darf ich Ihnen etwas zu trinken anbieten?«, fragte der Direktor.

Auf einem Tisch standen mehrere Thermoskannen und Mineralwasserflaschen. Lykke ging davon aus, dass das Gespräch nur kurz sein würde, aber Rudi wollte offenbar den Moment genießen.

»Eine Tasse Kaffee wäre nett«, antwortete er und rieb sich die Hände. »Draußen ist es kalt geworden.«

»Frau Teit?«

Sie fühlte sich ein wenig geschmeichelt, als sie bemerkte, dass der Kornbaron auch charmant sein konnte.

»Ist das Tee?«

»Ja, sicher. Grün oder schwarz?«

»Schwarz, danke. Ohne Milch oder Zucker.«

»Bitte, setzen Sie sich.«

Stamfeldt wies auf eine Sofagruppe in der Ecke, während er servierte. Lykke wählte einen Platz, von dem aus sie den Hund nicht sehen konnte.

»Produzieren Sie hier Haferflocken?«, fragte Rudi leichthin. »Wie heißen die doch gleich auf Dänisch? … Havregyn!«

Julius Stamfeldt kam lächelnd mit einem Tablett.

»Das überlassen wir anderen. Wir produzieren Korn und Futterstoffe für die Industrie. Schweine, Hühner und Kühe sind unsere Spezialität.«

»Klingt fast nach unserem Job, oder, Lykke?«

Stamfeldt amüsierte sich.

»Sie haben Humor, Herr Lehmann, aber Sie sind doch sicher nicht gekommen, um mich zu unterhalten?«

»Nein, die Angelegenheit ist in der Tat ernst. Es geht um die Verbrechen, die hier in der Gegend in der letzten Zeit begangen wurden.«

Stamfeldts Lächeln verschwand, als er einschenkte.

»Ja, üble Geschichten. Ich habe es ein wenig in den Medien verfolgt. Ich hörte von dem Doppelmord in Melum vorgestern. Zwei Personen wurden in einem Aussichtsturm ermordet, und ein verschwundener Junge, der aber unversehrt gefunden wurde, oder?«

»Ja, er ist im Wattenmeer gekidnappt worden, direkt an der dänisch-deutschen Grenze, nachdem er mit seinem Lehrer einen leblosen Körper gefunden hatte. Der Lehrer wurde niedergeschlagen und der Junge von einem unbekannten Täter entführt und eingesperrt.«

Stamfeldt sah aufrichtig besorgt aus.

»Das ist hässlich, es sieht dem Südjütland, das ich kenne und liebe, so gar nicht ähnlich. Geht die Polizei davon aus, dass es einen Zusammenhang zwischen den verschiedenen Verbrechen gibt?«

»Wir können es nicht ausschließen«, erwiderte Rudi. »Der Junge wurde in einem Wald gefangen gehalten, der, soweit wir wissen, Ihnen gehört.«

Stamfeldt runzelte die Stirn.

»Welcher Wald? Mir gehören vier Wälder.«

»Laut Katasteramt heißt er Frekved Plantage. Er liegt zwanzig Kilometer nördlich von Melum und …«

»Ja, ja, der gehört mir. Man kann ihn hier vom Fenster aus erahnen. Ich gehe dort mit meinen Freunden auf die Jagd. Deshalb habe ich ihn gekauft. Die Öffentlichkeit hat nur begrenzten Zugang. Es wurden Fasanen ausgesetzt, und ich betreibe dort ein wenig Forstwirtschaft, aber es wird nur autorisiertes Personal beschäftigt. Ach ja, einigen Ornithologen habe ich gestattet, im Wald Nistkästen aufzuhängen. Sie sind der Ansicht, dass der seltene Raufußkauz in dem Waldstück nisten könnte. Er wurde mehrfach gehört. Es gibt dort eine sehr abwechslungsreiche Fauna. Deshalb kommen auch immer wieder ein paar Entomologen, um Schmetterlinge und andere Insekten zu sammeln. Offenbar leben dort einige bedrohte Arten.«

»Der Junge wurde mitten im Wald in einem Brennholzlager eingesperrt«, informierte Rudi den Kornbaron.

»Einem Brennholzlager? So etwas gibt es nicht im Wald von Frekved …« Stamfeldt lachte kurz auf. »Ach, Sie meinen die ›Jagdhütte‹?«

»Nein, es ist eher ein einfacher Schuppen«, warf Lykke ein. »Es gibt weder Fenster noch Möbel, nur Brennholz.«

»Wenn ich Jagdhütte sage, meine ich das eher sarkastisch«, erklärte Stamfeldt. »Vor zwei Jahren habe ich eine ausländische Firma mit fremden Handwerkern beauftragt, eine kleine Jagdhütte zu bauen. Zum einen brauchten sie ein ganzes Jahr, um überhaupt mit dem Bau anzufangen, und zum anderen haben sie den Auftrag missverstanden. Die Clowns haben statt einer Jagdhütte einen Brennholzschuppen gebaut. Und obendrein betrogen sie mich mit dem Material und verbauten minderwertiges, halbfaules Holz, um ihren Profit zu erhöhen. Sie waren längst über alle Berge, bevor mir klar wurde, dass man mich zum Narren gehalten hat. Ich habe mich schon oft darüber geärgert, wie naiv ich dieses Projekt angegangen bin. Ich habe die Firma verklagt, aber sie ging in Konkurs, und das Ganze endete mit einer Menge Kosten und Ärger. Stattdessen ließ ich eine Hütte in einem meiner anderen Wälder bauen, wo die Jagdverhältnisse besser sind. Ich glaube, die Forstarbeiter haben die Hütte hin und wieder für ihre Kaffeepausen genutzt, aber sonst kommt dort niemand hin.«

»Abgesehen von Kidnappern«, sagte Rudi. »Der Junge wurde genau dort gefangen gehalten. Der Täter hat ihm nichts angetan. Vielleicht hat er aber auch nur nicht genügend Zeit gehabt. Wir kennen das Motiv der Entführung nicht.«

Julius Stamfeldt schüttelte den Kopf.

»Das klingt absurd. Wer kommt denn auf solche Ideen?«

»Es ist leider noch viel schlimmer«, übernahm Lykke. »Obwohl der Täter den Jungen mehrmals betäubte, gelang es ihm, aus dem Schuppen auszubrechen und zu fliehen. Dabei fand er die vergrabene Leiche eines kleinen Mädchens, die inzwischen als Rosa Molberg identifiziert wurde.«

Stamfeldt staunte. »Rosa«, flüsterte er, »sind Sie sicher?«

»Es ist bestätigt. Die Leiche war unter dem Schuppen vergraben.«

Der Direktor sah aus, als sei ihm nicht wohl. Er erhob sich.

»Das arme Kind. Wir alle haben diesen Fall mit den Eltern verfolgt. Mein Sohn hatte unmittelbar mit ihnen zu tun, als er die Familie als Patienten annahm. Theodor ist Psychiater. Er ist Spezialist für Pädophilie und hat jahrelang auf diesem Gebiet geforscht. Er meinte, es könnte sich um einen Einheimischen handeln. Er nannte auch ein paar Namen und weihte die örtliche Polizei in seine Theorien ein, aber es kam zu keinen Verhaftungen.«

»Können Sie sich erinnern, welche Namen Ihr Sohn nannte?«, wollte Rudi wissen.

»Nein, ich hatte ja nichts mit seiner Arbeit zu tun. Theodor verglich nur das Verhalten des Mörders mit diesem wahnsinnigen Kannibalen aus Aalborg.«

»Peik Gravesen.«

»Könnte er Rosa im Wald begraben haben?«

»Nein«, antwortete Lykke. »Lange vor Rosa Molbergs Verschwinden wurde Gravesen in die geschlossene Abteilung von Slagelse gebracht, aber wir sind der Ansicht, dass ein anderer Pädophiler seine Methoden kopiert.«

»Das ist doch wirklich krank!«

Julius Stamfeldt ging zu seinem Schreibtisch und zündete die Zigarre wieder an.

»Wir würden gern wissen, wann genau der Schuppen im Wald gebaut wurde«, sagte Rudi. »Die Leiche wurde auf eine Weise vergraben, die darauf hinweist, dass der Täter vom Bau des Schuppens gewusst haben muss. Er hatte bloß das Pech, dass der Boden nur die Hälfte der Stelle abdeckte, wo er Rosa vergraben hatte, aber vielleicht lag es ja daran, dass die geplante Jagdhütte eine größere Fläche eingenommen hätte als der Schuppen. Es ist zumindest absolut unwahrscheinlich, dass es sich um einen Zufall handelt.«

Stamfeldt sah verwirrt aus.

»Sie glauben also … ja, was eigentlich? Dass einer der Handwerker die Leiche dort vergraben hat, weil er wusste, dass der Schuppen dort gebaut würde?«

»Oder eine andere Person, die über das Projekt Bescheid wusste.«

Stamfeldt richtete sich mit beleidigtem Gesichtsausdruck auf.

»Ich hoffe nicht, dass Sie mich verdächtigen.«

»Rosas Leiche wurde in einem Sack aus Ihrer Fabrik gefunden.«

Das Gesicht des Direktors lief rot an.

»Hören Sie! Wir produzieren und versenden jeden Monat Tausende dieser Säcke. In meiner Firma sind fünfhundert Mitarbeiter beschäftigt. Jeder kann ins Lager gehen und sich dort einen Sack besorgen. Außerdem gibt es sie überall, wo unsere Produkte verkauft werden.«

»Es wäre schön, wenn wir Sie ausschließen könnten«, erklärte Lykke. »Haben Sie ein Alibi für die infrage kommende Zeit?«

Der Direktor ging zum Schreibtisch und beauftragte seine Sekretärin, im Archiv nachzusehen. Zehn Minuten später betrat sie mit einer dicken Mappe das Büro. Stamfeldt schlug sie auf.

»Hier steht alles. Ich habe den Bau der Jagdhütte am 14. Mai vor zwei Jahren beauftragt, und diese Idioten haben dann im letzten Sommer gebaut, allerdings nicht die Jagdhütte, die ich bestellt hatte, sondern, wie gesagt, einen schlichten Schuppen zur Lagerung von Brennholz. Sie waren am 26. Juli fertig.«

»Wer wusste, dass auf der Lichtung etwas gebaut werden sollte?«, wandte sich Lykke an den Direktor.

Julius Stamfeldt blickte zur Decke.

»Warten Sie … Eine kleine Gruppe Angestellter hier im Haus und einige Forstarbeiter, die die Lichtung roden sollten. Und ein paar Bienenzüchter, deren Stöcke dort standen. Die Geschichte mit dem Schuppen habe ich meinen Jagdfreunden erzählt. Sie amüsierten sich über meine Dummheit, es wurde zum Running Gag, aber das sind normale, anständige Menschen, die keine kleinen Mädchen und Jungen entführen.«

»Was ist mit den Ornithologen?«, erkundigte sich Rudi. »Ich habe gehört, dass sie manchmal recht eigenartig sein können.«

»Von denen kann keiner etwas von dem Projekt gewusst haben, aber sicher können sie gesehen haben, wie der Schuppen gebaut wurde. Das kann ich nicht garantieren, dafür aber etwas anderes.«

»Was denn?«

Stamfeldt steckte sich mit einem triumphierenden Lächeln die Zigarre in den Mund.

»Ich war letzten Sommer vom 20. Juni an zwei Wochen auf Geschäftsreise in der Ukraine. Wir wollen dort ein Zweigwerk eröffnen. Ich habe Belege und eine Menge Zeugen für all meine Reisen.«

Rudi und Lykke sahen sich an. Das Abreisedatum lag eine knappe Woche vor Rosa Molbergs Verschwinden.

51

»Na, Lucky, ich finde, wir sollten die Ergebnisse zusammenfassen. Du hast doch nichts dagegen, dass ich dich Lucky nenne? Ist ja schließlich so etwas wie die englische Fassung von Lykke.«

»Du hast mich jetzt seit ein paar Tagen so genannt, ist schon in Ordnung.«

»Gut, man will sich ja nicht aufdrängen. So sind wir Deutschen.«

Tatsächlich fand sie es nett, dass Rudi diesen Kosenamen für sie gefunden hatte.

Sie hatten das Tagesgericht bestellt, Hacksteak. Nun warteten sie in der gemütlichen Gaststube auf ihr Essen.

»Was denkst du nach unserem kurzen Gespräch mit dem Kornbaron?«, wollte der Kommissar von Lykke wissen.

»Ein großer Mann, auch rein physisch, sieht tatkräftig aus und raucht Zigarre.«

»Gut beobachtet, aber hilft uns das weiter?«

»Der Mann im Watt war groß und kräftig. Die Trophäen lagen

in einer Zigarrenkiste, aber damit wird Julius Stamfeldt natürlich nicht automatisch zum Schuldigen.«

»Nein. Was ist mit Rosa? Glaubst du, die Entführung war geplant oder improvisiert?«

»Geplant.«

»Wieso?«

»Weil die Trophäen *vor* dem Mord eingesammelt worden sind. Hinterher wäre die Aufmerksamkeit zu groß gewesen. Jeder Besucher von Molbergs Haus wäre automatisch unter Verdacht geraten. Der Täter hat versucht, die Polizei auf eine falsche Fährte zu locken. Warum hätte er sonst die Schuhe so aufstellen sollen wie Peik Gravesen?«

»Wir wissen nicht, wer die Schuhe unter den Busch gestellt hat. Vielleicht war es Rosa.«

»Soffia Korlums Schuhe waren auch nach dem Gravesen-Muster aufgestellt, und wir haben in der Schachtel Trophäen von beiden Mädchen gefunden.«

Rudi hob anerkennend den Daumen.

»Point taken.«

Der Wirt stellte den beiden Polizisten eine Schüssel mit Hacksteaks mit Erbsen, Karotten und Soße auf den Tisch.

»Meine Güte, das nenne ich aber mal Hacksteaks«, sagte Lykke heißhungrig und legte sich eins auf den Teller. Es hatte beinahe die Größe eines ganzen Burgers.

»Wie gesagt, hier im Grenzland haben wir's nicht so mit der Kunst auf den Tellern«, erklärte der Wirt munter. »Ganz bestimmt kommen wir nicht in den *Michelin*-Führer. Aber dafür garantieren wir den Gästen das ganze Jahr über, dass sie satt werden.«

»Ah ja.« Rudi steckte sich einen ordentlichen Happen in den Mund, den er vorher in die Petersiliensoße getaucht hatte. »Das ist eines der Dinge, die ich bei den Dänen liebe. Ihr könnt Schwein noch besser zubereiten als wir.«

»Ich habe gehört, dem entführten Jungen geht's gut«, fuhr Skovsen neugierig fort. »Wissen Sie, was passiert ist?«

»Er hat der Polizei alles erzählt, woran er sich erinnern kann«, antwortete Lykke.

»Sein Lehrer wurde überfallen, nicht wahr?«

»Ja, aber er ist auf dem Weg der Besserung.«

»Na, dann ist es ja gut. Ich ... äh ...« Der Wirt kam näher heran, bückte sich ein wenig und senkte die Stimme, damit die anderen Gäste ihn nicht hörten. »Soweit ich es verstanden habe, handelt es sich um Laurits Molbergs kleines Mädchen, das im Wald von Frekved gefunden wurde? Armes Kind.«

Rudi hörte auf zu kauen.

»Haben Sie das aus der Presse?«

»Ja. Weiß man etwas ...?« Skovsen flüsterte. »Gibt es Verdächtige?«

»Das ist vertraulich«, gab Lykke zur Antwort.

»Ich frage ja nur, weil mich heute einige Journalisten ausgefragt haben.«

»Sie können ihnen sagen ...«, begann Rudi, der noch immer den Mund voll hatte.

»Ja?«

»Dass die Polizei die Öffentlichkeit informieren wird, sobald etwas Relevantes vorliegt.«

»Natürlich. Na, genießen Sie Ihr Essen. Einen schönen Abend noch.«

Nach dem Abendessen ließen sie sich in dem kleinen Kaffeesalon hinter der Bar nieder, wo keine weiteren Gäste saßen. Es war bereits ein kleines Ritual. Vor dem Fenster rüttelte der Wind in den Bäumen und fuhr in die schweren Balken des Gasthofes, dass das alte Holz ächzte, aber in dem kleinen Salon war es warm und gemütlich. Ein schriller Kontrast zu dem bösen Schleier, der über Melum lag.

Weder Rudi noch Lykke glaubten noch, dass rachsüchtige Gläubiger der Grund für Bjarke Laumanns Tod waren.

»Ich fasse zusammen, was wir bisher haben«, erklärte der Kommissar, als die junge Kellnerin mit zwei großen Stücken Torte eintrat.

»Wir haben nichts bestellt«, sagte Lykke.

»Die gehen aufs Haus«, erwiderte die Kellnerin. »Preben meint, Sie machen ausgezeichnete Polizeiarbeit. Dafür möchte er sich gern bedanken. Guten Appetit.«

»Wunderbar«, sagte Rudi auf Deutsch, dessen Augen beim Anblick der Tortenstücke strahlten. »Grüßen Sie unseren Wirt, wir danken von Herzen.«

Lykke schob ihren Teller über den Tisch, als sie wieder allein waren.

»Vielen Dank, aber ich bin pappsatt.«

»Diesen Zustand erreiche ich glücklicherweise selten.« Der Kommissar zog beide Teller zu sich heran. »Aber solange ich esse, kannst du ja reden.«

Sie lehnte sich in dem weichen Sessel zurück.

»Wir sind uns einig, dass es eine Verbindung zwischen den Verbrechen in Melum, dem Mord an Laumann und dem Verbrechen an Rosa gibt, oder?«

»Mmmm, mmm … verdammt, schmeckt dieser Kuchen gut! Uuuuhmm! Ja, sicher. Red weiter.«

»Ich finde, viele Details weisen auf Laurits Molberg hin. Rosa war seine Tochter, in der Ehe kriselte es, und die jüngere Tochter, Vibe, war ständig krank. Laurits Molberg arbeitete in Stamfeldts Fabrik, und er befand sich in psychiatrischer Behandlung. Außerdem ist er Alkoholiker und jetzt auch noch spurlos verschwunden. Er war nicht zu Hause, als Sara Graugård versuchte, ihn aufs Revier zu bringen, um die Trophäen zu identifizieren.«

»Mmm, mmm«, nickte Rudi. »Einverstanden. Gewichtige Argumente. Und er ist leicht erregbar, wie wir gesehen haben. Aber was ist mit Bjarke Laumann? Er war das erste Opfer seit Rosa, aber es passierte, fünfzehn Monate nachdem das Mädchen verschwand. Das ist eine lange Zeit, wenn Rache das Motiv sein soll. Bevor Laumann hierherzog, war Melum so friedlich wie ein Dorf der Amischen in Pennsylvania. Vielleicht gab es mal einen Spanner oder ein bisschen Schwarzarbeit, aber keine Gewaltkriminalität.«

»Bjarke war nicht pädophil. Das kann ich mir einfach nicht vorstellen. Er stand auf erwachsene Frauen. Er hat die Zigarrenkiste mit den Trophäen gefunden und wusste, wer der Täter war. Vielleicht hat er ihn erpresst. Schlechte Idee. Das ist meine Theorie.«

»Genau. Aber wenn er den Betreffenden erpresst und der Täter Laumann umgebracht hat, wie passen dann die Morde an den beiden Junkies ins Bild?«

»Alternative Theorie: Könnten Charlie Simonsen und Tina Fromm Laumann ermordet haben? Sie tranken und nahmen Drogen zusammen. Mord unter Alkoholabhängigen und Drogensüchtigen ist kein ganz seltenes Phänomen.«

»Nein, das erklärt nicht, wer die beiden umgebracht hat.«

Rudi wischte sich mit einer Serviette den Mund ab. Lykke trank einen Schluck Kaffee.

»Könnten es getrennte Fälle sein? Der Mord an Bjarke und die beiden anderen? Die Schachtel weist nur darauf hin, dass Bjarke möglicherweise herausfand, wer Rosas Mörder ist. Und Soffia Korlums.«

Rudi hielt einen Finger hoch.

»Wir dürfen den Einbruch am Klitvej nicht vergessen. Der Schnellläufer. Er suchte nach der Schachtel.«

»Das glaube ich auch.«

»Es war nicht Charlie Simonsen«, schmatzte Rudi. »Er war zu kräftig gebaut, ihn hätte ich bequem eingeholt.«

»Es war auch nicht Molberg. Er ist zu groß und zu schwer. Der Kerl, dem du nachgelaufen bist, war schlank, oder?«

»Wie ein Aal, wie ich.«

Lykke unterdrückte ein Grinsen. Der Kommissar sah sie verständnislos an.

»Was ist?«

»Nichts.«

Rudi schob den ersten leeren Teller beiseite und kratzte sich nachdenklich an seinem grauweißen Vollbart.

»Und wenn Bjarke nun Charlie und Tina erzählt hat, wer Rosas Mörder ist?«, schlug Lykke vor.

»Das könnte die Morde erklären, wenn der Täter es herausgefunden hätte, aber nicht, warum sie gefoltert wurden.«

»Vielleicht haben sie versucht, ihn zu erpressen.«

»Risky business.«

»Ist aber schon vorgekommen. Schließlich waren sie ständig pleite. Ihnen fehlte Geld für Rauschgift und Schnaps.«

»Würde man sie deshalb foltern? Er hätte sich damit begnügen können, sie zu dem Turm zu locken und umzubringen, sodass sie nicht mehr plaudern konnten. Sie müssen mehr gewusst haben.«

Sie spielten noch eine weitere Viertelstunde die Möglichkeiten durch, bis Lykke der Ansicht war, dass sie sich im Kreis drehten. Immer wieder kehrten sie zurück zu Laurits Molberg, obwohl es keinen Sinn ergab, dass der Mann seine eigene Tochter ermordet haben sollte. Natürlich könnte es ein Unfall gewesen sein, den er zu vertuschen versuchte.

»Ich werde Molberg um eine Liste der Leute bitten, die ihn regelmäßig zu Hause besucht haben«, sagte Lykke. »Der Täter könnte jemand sein, von dem wir bisher nichts gehört haben.«

»Das wird eine lange Liste, und vermutlich wird sie nicht vollständig sein.«

»Trotzdem.«

»Es ist besser, seine Exfrau zu fragen.« Rudi drehte den Teller, als würde er überlegen, von welcher Seite er das zweite Stück Kuchen angreifen sollte. »Wir wissen nicht, wieweit Molberg in die Sache verwickelt ist, und er muss in jedem Fall erst einmal wieder auftauchen.«

»Hm, ja, wenn er sich bis spätestens morgen nicht gemeldet hat, müssen wir ihn als Verdächtigen ansehen und nach ihm fahnden. Er erwähnte, dass seine Frau so eine Art Heilerin ist, die Alternativmedizin betreibt. Jonna Molberg hatte ihre Praxis im Haus. Wir brauchen eine Liste ihrer Patienten. Bei dieser Gelegenheit können wir sie uns auch einmal ansehen. Und es kommen regelmäßig Fremde mit Autos in Molbergs Werkstatt. Das sind viele Unbekannte. Es wird keine leichte Aufgabe.«

»Äh, dann habe ich dazu keine Lust«, antwortete der Kommissar mit vollem Mund.

Lykke lachte. Ihr ging es an diesem Abend deutlich besser, vielleicht weil sie sich mit dem Essen zurückgehalten hatte. Es war ihr unbegreiflich, wie Rudi so viel essen konnte. Er hatte einen kleinen Bauch, aber er war keineswegs übergewichtig. Tatsächlich war er für sein Alter ein attraktiver Mann.

»Der Täter könnte sich Rosa bei einem oder mehreren Besuchen ausgesucht haben. Er lernte sie kennen, ohne dass jemand Notiz davon nahm. Deshalb war sie im Wald so unvorsichtig.«

»Das wäre aber ein gefährlicher Plan.«

»Pädophile gehen dieses Risiko ein. Dazu sind sie gezwungen, wenn sie Kontakt zu fremden Kindern haben wollen. Das Risiko, entdeckt oder verdächtigt zu werden, ist hoch, besonders heutzutage, da man sich des Problems bewusst ist.«

Rudi rieb sich mit einem müden Gesichtsausdruck die Stirn.

»Puh, ich glaube, jetzt bin ich satt.«

»Verstehe ich nicht. Du hast doch bloß ein paar Riesenhacksteaks mit Beilagen und zwei Stück Torte gegessen.«

»Drei Hacksteaks«, grunzte er. »Ich hätte nicht so viele Erbsen essen sollen.«

Sie schüttelte den Kopf.

»Tja, das wird's sein.«

»Ich brauche jetzt frische Luft. Kommst du mit?«

»Klingt nach einer guten Idee.«

Sie gingen durch die Gaststube, in der nur noch ein jüngeres Paar saß. Es war nach neun, und Lykke war nach diesem Tag ziemlich müde, aber sie genoss die Gesellschaft des Kommissars und hatte keine Lust, schon auf ihr Zimmer zu gehen.

Vielleicht war es ein wenig freudianisch, aber Rudi repräsentierte auf seine eigene merkwürdige Art die Person, die sie in ihrer Kindheit so vermisst hatte. Inzwischen war sie erwachsen und selbstständig, aber wenn sie Rudi ansah, sah sie die »Löcher in der Luft«, die ihr Vater hätte ausfüllen sollen. Sie hatte nie ein enges Verhältnis zu ihm aufbauen können. Er war ein reisender Vertreter, und sie hatte ihn seltener gesehen als den Postboten. Ein Umstand, der in nachdenklichen Stunden den Nährboden für einen unangenehmen Verdacht lieferte. Denn Lykkes Mutter war eine attraktive Frau.

Tatsächlich endete es damit, dass Robert Teit nicht mehr nach Hause kam, weil er in Randers eine andere Frau kennengelernt hatte, sodass die Nachricht von seinem Verkehrsunfall, die Lykke am Ende ihrer Teenagerzeit erreichte, ambivalente Gefühle auslöste. Er war da gewesen und doch wieder nicht, flüchtig wie der Geruch von Zigarren, der zumindest hängen blieb.

Ein eiskalter Wind blies um die Ecken des alten, charmanten Gasthofs, als sie ins Freie kamen.

»Oh, das tut gut.« Rudi trat aus dem Licht. Er legte den Kopf in den Nacken. »Wow, ihr habt viele Sterne in Dänemark. So viele sind's in Flensburg nicht.«

»Wir bezahlen auch hohe Steuern für sie.«

Lykke schlang die Arme um sich. Der Wind fuhr ihr in die Haare, die wie die umherwirbelnden Blätter auf dem Hofplatz durcheinandergeweht wurden. Ihr ging ihr kleiner Sieg im Watt durch den Kopf. Hätte sie nicht insistiert, wäre die Schachtel vermutlich nie gefunden worden; Rudi hatte ihre Idee als »einen wichtigen Durchbruch« in dem Fall bezeichnet.

Lykke blickte in die Dunkelheit, wo der Wald an die Ausfahrt zur pechschwarzen Landstraße stieß. Von hier aus war kein Licht in Melum zu sehen. Vielleicht war der Wolf in der Nähe. Sie hätte ihn gern einmal gesehen. Schließlich hatte er auf seine Art etwas zu den Ermittlungen beigetragen.

Rudi atmete tief durch.

»Geht's besser?«

Er nickte und rülpste.

»Prost!«

»Du sprichst ja richtig gut Deutsch.«

»Aber ich bin nicht dick genug angezogen, um hier draußen zu stehen. Wollen wir nicht wieder reingehen?«

»Ich habe eine bessere Idee.«

Er zeigte auf das Wohnmobil, das er am anderen Ende des Hofs geparkt hatte.

»Wir trinken ein Gutenachtbier und überschlafen dann die Eindrücke des Tages.«

»Einverstanden, aber nur eins, sonst schlafe ich am Tisch ein.«

52

Der Wind riss ihm beinahe die Tür des Campingbusses aus der Hand, als er sie öffnete.

»Es ist wirklich Herbst geworden. Für morgen Abend ist ein steifer Wind mit Böen in Sturmstärke vorhergesagt. Über den Äußeren Hebriden liegt ein Tiefdruckgebiet. Es bewegt sich …«

»Mich interessiert der Wetterbericht nicht, Rudi. Ich brauche eine Heizung.«

»Die funktioniert nicht.«

»Ernsthaft?«

»Natürlich funktioniert sie. Der Wagen ist schließlich nach DIN gebaut.«

»Din?«

»Deutsches Institut für Normung.«

Rudi holte zwei kalte Dosen Flensburger Pilsener aus dem kleinen Kühlschrank. Sie setzten sich an den Tisch, zogen die Lasche auf, prosteten sich zu und tranken.

»Ist es warm genug?«

»Ja, wunderbar. Ein schönes Wohnmobil.«

»Ich hatte selbst mal eins, aber das konnte ich im Dienst nicht gebrauchen. Meine Frau und ich haben überlegt, ein neues zu kaufen, wenn ich in Pension gehe. Wir wollen durch Europa fahren und im Winter im Süden bleiben. Beate hasst die Kälte.«

»Dann sind wir ja Mitglieder desselben Vereins.«

»Ich war einige Jahre beim Bundeskriminalamt und wurde in ganz Deutschland eingesetzt. Ich habe alle möglichen Fälle bearbeitet. In Berlin, Hannover, Frankfurt und München.«

»Mord?«

»Ja. Und einen Fall von Kidnapping. Eine junge Frau mit wohlhabenden Eltern verschwand. Die Verbrecher forderten eine Million Euro als Lösegeld. Wir spürten sie auf, und die Einsatzkräfte griffen in einer aufgelassenen Fabrik zu. Es war eine tragische Geschichte.«

»Ihr habt sie nicht gefunden?«

»Doch, aber sie wurde während des Zugriffs von einer Kugel getroffen. Die Kidnapper starben, aber die junge Frau leider auch. Sehr traurig.«

»Das kann ich mir vorstellen.«

Rudi trank einen Schluck Bier.

»Entschuldigung, wenn meine Frage düstere Erinnerung in dir wachruft.«

»Das ist nicht meine düsterste Erinnerung. Ich habe eine, die noch düsterer ist.«

Sie wartete ab, ob er fortfuhr.

»Das haben viele von uns.«

Er sah sie mit einem abgeklärten Gesichtsausdruck an.

»Du hast großes Vertrauen gezeigt, als du mir von deiner Tochter erzählt hast. Ich werde dich in meinen heimlichen Kummer einweihen, weil ich dich mag. Du bist ein tüchtiger Bulle, Lykke, und du hast trotz deines jungen Alters große Erfahrung.«

»Danke.«

»Ich befasse mich seit fünfundzwanzig Jahren mit Schwerverbrechen. Ich war an der Aufklärung von beinahe hundertfünfzig Morden beteiligt. Einige Fälle waren leicht, und die Aufklärung dauerte nur wenige Tage, andere erforderten ein halbes – und in drei Fällen ein ganzes Jahr – lang eine Riesenmannschaft, aber es gibt einen ungeklärten Mord, der wie eine dunkle Wolke über meinem Kopf hängt. Der Mord an meinem Vater.«

Lykke sah ihn verblüfft an.

»Deinem Vater?«

»Und ich weiß, wer der Täter ist, aber ich kann ihn nicht finden.«

»Wer hat es getan?«

»Mein jüngerer Bruder.«

Rudi trank einen ordentlichen Schluck aus seiner Dose.

Lykke wusste nicht, was sie sagen sollte, aber Rudi sprach bereits weiter.

»Mein Vater wurde im Sommer 1920 geboren. Die Weimarer Republik existierte seit 1918, nachdem Deutschland den Ersten Weltkrieg verloren hatte und Kaiser Wilhelm abdankte. 1933 ernannte Hindenburg Hitler zum Reichskanzler, der Rest der Geschichte ist bekannt. Meine Eltern wuchsen wie Millionen andere Menschen in Armut auf. Es herrschten Hungersnot und eine große Arbeitslosigkeit. All das hat Hitler geändert, allerdings auf die völlig falsche Art und Weise.

Mein Vater war einer von vielen, die von der neuen Regierung begeistert waren. Er wurde Mitglied des Jungvolks, der Hitler-Jugend und später der NSDAP. Ich glaube, er sah eine Möglichkeit, dass sich Deutschland wie Phönix aus der Asche erheben könnte, aber es wurde eine teuer erkaufte Wiedergeburt. Ich glaube, meine Mutter war gegen das Regime, aber das durfte man nicht ungestraft sagen, nachdem die Nazis an die Macht gekommen waren.

Mein Vater interessierte sich für klassische Architektur und Möbelkunst und eröffnete bereits mit achtzehn Jahren ein kleines Geschäft in Hamburg. Als Parteimitglied genoss er Vorteile und wurde vom Regime unterstützt, aber er hatte einen größeren, älteren und sehr viel wohlhabenderen Konkurrenten, Joseph Goldberg. Er verkaufte Möbel, Lampen, Kunst und Antiquitäten. Goldberg hatte offensichtlich Verbindungen, die ihm zu besseren und hübscheren Dingen verhalfen, als mein Vater sie besorgen konnte, der sich eher auf die praktischen, industriell produzierten Stühle und Tische verlegte. Aber mein Vater sah auch, wie wohlhabend Goldberg war, und er hatte den Ehrgeiz, seinen Laden um Antiquitäten zu erweitern. Er schlug Goldberg vor zu fusionieren, statt Konkurrenten zu bleiben. Goldberg hatte daran kein Interesse. Er sah in meinem Vater keine Bedrohung, womit er teilweise recht hatte. Dennoch.

Als die Judenverfolgungen zunahmen, begriff mein Vater, dass es nur eine Frage der Zeit war, bis Goldberg fliehen musste. Er hat ihm mehrfach angeboten, sein Geschäft zu kaufen, aber Goldberg wollte nicht verkaufen.

Eines Nachts wurde plötzlich die Tür der Familie Goldberg eingeschlagen, und die Gestapo stürmte die Wohnung. Alle wurden mitgenommen. Goldberg, seine Frau, seine Mutter und seine ältesten Töchter. Beim Verhör wurde Goldberg vorgeworfen, antinationalsozialistische Propaganda verbreitet und sich gegen Hitler ausgesprochen zu haben. Goldberg leugnete alles, aber es änderte nichts an der Tatsache, dass sein Geschäft und sein übriger Besitz beschlagnahmt wurden. Einen Tag später war sein Möbelgeschäft geschlossen.

Eine Woche später wurde mein Vater zu einem Gespräch mit der SS vorgeladen, nachdem einer seiner guten Bekannten, der Obersturmbannführer August Wilner, sich seine Akte angesehen hatte. Klaus Jürgen Lehmann zeigte sich darin als ein wahrer Patriot, er war Mitglied der Partei und in den Augen des Regimes ein politischer Musterbürger. Daher wurde ihm angeboten, Goldbergs Geschäft für einen Pappenstiel zu übernehmen, unter der Voraussetzung, dass er weiterhin für Nazideutschland und Hitler kämpfen würde, was mein Vater sofort versprach. Er selbst verstand sich als glühender Nationalsozialist, Hitler hielt er für den Erlöser der Nation. Er träumte vom Dritten Reich, einem neuen Großdeutschland.«

Rudi hielt kopfschüttelnd inne, um den Rest seines Biers zu trinken.

»Du musst nicht mehr erzählen, Rudi …«

Er unterbrach sie mit einem Wink.

»Das ist wichtig für mich. Es hat keinerlei Bedeutung für unsere Zusammenarbeit, aber es ist für mich von Bedeutung.«

»Das merke ich.«

Er holte zwei weitere Dosen Bier aus dem kleinen Kühlschrank.

»Danke, ich habe noch«, lehnte Lykke ab.

Der Kommissar öffnete seine Dose.

»Wir machen einen Sprung ans Ende der Siebzigerjahre. 1979, um genau zu sein. Die Menschen laufen noch immer mit langen Stiefeln herum, aber jetzt sind sie mit Glitzersternchen verziert, sie tragen Pagenfrisuren und hören Abba. Eine Welt so fern von Nazideutschland, wie man es sich nur vorstellen kann. Mein Bruder Dieter und ich waren Teenager und wuchsen in Westdeutschland auf, es fehlte uns an nichts.

Nach der Schule begann ich meine Ausbildung bei der Polizei, Dieter studierte Psychologie an der Universität in Hamburg. Er war ein strammer Linker und diskutierte regelmäßig mit unserem Vater über Politik. Er meinte, wir hätten besser in Ostdeutschland aufwachsen sollen, und das brachte meinen Vater zur Weißglut. Es gab ewige Streitereien über die Unterstützung der Nazis durch meinen Vater. Bei Familienfesten tolerierten sie einander, das war aber auch alles. Es endete damit, dass Dieter auszog, ich wohnte noch zu Hause.

Mein Vater hat nie verheimlicht, dass er nach wie vor an den Nationalsozialismus glaubte, aber er hatte gelernt, seine Ansichten für sich zu behalten, nicht zuletzt aus Rücksicht auf meine Mutter und den Rest der Familie.

An der Universität lernte Dieter eine wesentlich ältere Frau kennen. Rachel, eine Kunsthistorikerin. Sie war Anfang vierzig, hübsch und sehr intellektuell. Genau Dieters Typ, aber es gab einen Altersunterschied von fast zwanzig Jahren zwischen ihnen. Trotzdem fanden sie sich anziehend, es entwickelte sich eine intensive Liebesbeziehung. Alles wäre gut gewesen, hätte Rachel nicht unter Traumata aus ihrer Kindheit gelitten. Dieter fragte natürlich danach. Anfangs wollte sie nichts sagen, aber nach und nach öffnete sie sich, und er erfuhr, dass Rachel Goldbergs dritte Tochter war, die als Baby in der Nacht, als die Gestapo die Wohnung gestürmt hatte, zufällig bei einem Mitglied der Familie untergebracht war. In aller Eile wurde sie aus Deutschland nach Dänemark und weiter nach Schweden gebracht, wo sie bis Kriegsende bei Bekannten lebte.

Dieter fing an, dem Fall nachzugehen, und er fand heraus, dass die ganze Familie Goldberg nach Auschwitz-Birkenau deportiert worden war und niemand überlebt hatte. Rachel hatte deswegen heftige Schuldgefühle. Sie meinte, sie hätte ihre Familie im Stich gelassen, weil sie nicht mit ihnen in den Tod gegangen war. Es quälte sie ihr ganzes Leben, und zeitweise hatte sie so heftige Depressionen, dass sie eingewiesen wurde und nicht einmal von Dieter besucht werden wollte.

Eines Tages ertrug sie ihr Grübeln nicht mehr. Rachel beging während eines Aufenthalts in einem Sanatorium Selbstmord. Sie hatte einen Abschiedsbrief hinterlassen. An Dieter. Sie schrieb, sie liebe ihn, aber sie könne nicht mit ihren Gedanken leben und müsse alldem ein Ende setzen. Auf irgendeine Weise hatte Rachel herausgefunden, dass unser Vater mithilfe der Nazis das Möbelgeschäft ihres Vaters übernommen hatte. Sie machte meinem Bruder, der ja zu diesem Zeitpunkt noch gar nicht geboren war, keine Vorwürfe, aber dieser seltsame Zufall quälte sie. Sie konnte sich den Tatsachen nicht entziehen, aber sie hatte sich auch nicht dazu durchringen können, Dieter die Wahrheit zu erzählen.«

Rudi hielt erneut inne. Seine Augen glänzten. Lykke streckte den Arm aus und legte ihre Hand auf seine.

»Rudi …«

»Ist schon okay. Ich schaff das. Du hast bestimmt erraten, wie es ausging. Dieter begriff den Zusammenhang erst 1991. Die Behörden entschieden nach dem Fall der Mauer, dass die Öffentlichkeit Akteneinsicht in die Sünden der Vergangenheit nehmen konnte. Mein Bruder fand die Wahrheit auf einem vergilbten Stück Papier der Hamburger SS-Abteilung: Klaus Jürgen Lehmann, unser Vater, hatte Goldberg angezeigt und falsche Gerüchte über den armen Mann verbreitet, um ihn als Konkurrenten auszuschalten.

Was genau passierte, ist mit einer gewissen Unsicherheit behaftet, aber ich weiß so viel, dass Dieter meinen Vater in seiner Wohnung in Berlin aufsuchte. Meine Mutter war einige Jahre zuvor an einer Krankheit gestorben. Mein Vater war zu diesem Zeitpunkt längst in Rente. Die Ironie des Schicksals war, dass das Möbelgeschäft während der Bombardierung Hamburgs durch die Alliierten zerstört worden war. Nach dem Krieg hatte er aber für die Stadt gearbeitet und bezog eine kleinere Rente.

Dieter erschoss meinen Vater mit seiner eigenen Pistole. An diesem fatalen Abend gab es einen Zeugen. Ein Nachbar hörte eine über zwanzig Minuten lange Diskussion durch ein offenes Fenster, bei der Dieter brüllte und schrie und meinen Vater des Massenmords bezichtigte. Irgendwann fiel ein einzelner Schuss, kurz darauf verließ mein Bruder das Haus. Er floh nicht, er ging ganz ruhig hinaus, setzte sich auf sein Fahrrad und fuhr davon. Seither hat ihn niemand mehr gesehen. Jedenfalls niemand, den ich kenne.

Die Polizei fand meinen Vater in seinem Sessel sitzend, getötet durch einen Schuss ins Herz. Seine alte Luger lag zusammen mit einer Fotokopie der Anzeige gegen Goldberg bei der Gestapo auf dem Fußboden. Dieter hatte weder die Fingerabdrücke entfernt noch andere Versuche unternommen, seine Tat zu verschleiern. Im Gegenteil.«

Rudi ließ die Schultern fallen, als wäre eine große Last von ihnen genommen.

Lykke wusste nicht, was sie sagen sollte. Nichts an dem sonst so munteren Polizisten hatte auf einen derart düsteren familiären Hintergrund hingewiesen.

»Das ist ja schrecklich, Rudi. Ich …«

Er lächelte müde.

»Ich bin nur dankbar, dass du meine Geschichte hören wolltest und mir deine erzählt hast. Jetzt kennen wir uns besser.«

»Wie alt ist Dieter heute?«

»Er wurde 1963 geboren, also ist er achtundfünfzig, drei Jahre jünger als ich, wenn er noch lebt.«

»Und du hast seither nichts von ihm gehört?«

»Nicht einen Mucks, und wenn ich etwas hören würde, wüsste ich nicht, wie ich reagiere. Klaus Jürgen Lehman war nicht der beste Vater der Welt, und ich distanziere mich in jeder Hinsicht von seinen Haltungen und Handlungen, aber das gibt niemandem das Recht, einen alten Mann zu erschießen.«

»Glaubst du, dein Bruder ist tot?«

»Darüber grübele ich jeden Tag.«

»Wird noch immer nach ihm gefahndet?«

»Er stand jahrelang auf der *Most Wanted*-Liste von Interpol, vielleicht steht er immer noch drauf. Ich habe es nicht überprüft, aber die Frage ist, ob er überhaupt erkannt werden kann. Wenn er noch lebt, muss er seinen Namen geändert haben. Anders kann man sich in unserer Informationsgesellschaft nicht verstecken. Er war technisch begabt, bestimmt kann er gut mit Computern umgehen. Es gab zwei Hinweise, dass er gesehen wurde, aber das war Mitte der Neunzigerjahre. Einmal in einem Supermarkt in Belgien, da hatte eine Frau sein Foto in der Zeitung gesehen. Und vor ein paar Jahren kam eine Nachricht aus Buenos Aires in Argentinien, wo die alten Nazis sich versteckt hielten. Aber da Dieter das genaue Gegenteil ist, glaube ich nicht daran.«

»Du tust mir sehr leid, Rudi.«

»Ich muss dir nicht leidtun, Lykke. Ich wollte dich nicht betrüben, aber nun kennst du den Grund, warum ich manchmal meinen Gedanken nachhänge oder abwesend wirke.«

»Und ich dachte schon, es handele sich um Senilität.«

»Ha! Das könnte der andere Grund sein.«

Lykke sah auf die Uhr.

»Es ist spät. Wir müssen morgen arbeiten. Ich muss ins Bett.«

»Ja, ich brauche meinen Schönheitsschlaf auch.«

Sie drückte sich aus der Sitzbank.

»Ich danke dir sehr für dein Vertrauen, Rudi. Das bleibt natürlich unter uns.«

Sie öffnete die Tür, kalter Wind fuhr herein.

»Wir sehen uns beim Frühstück. Gute Nacht.«

»Gute Nacht, Lucky. Schlaf schön.«

Sie wagte sich hinaus in den Wind, der wie ein übermütiger Schuljunge an ihren Haaren zerrte. Rudi sah aus dem Fenster. Sie winkte ihm zu und lief zum Eingang. Der Hund lag an der Rezeption, die Pfote auf der Treppe. Er hob den Kopf und wedelte mit dem Schwanz, blieb aber liegen. Sie näherte sich und sah ihn entschlossen an.

»Ich bin's nur. Ich tu dir nichts.«

Der Hund rührte sich nicht, als sie die Treppe hinaufhuschte.

In ihrem Zimmer krabbelte sie in ihr Bett und versuchte, noch ein bisschen in ihrem Roman zu lesen, aber ihr fielen ständig die Augen zu. Plötzlich hing ein großer Wolfskopf über ihrem Bett, der Sturm erfasste das Dach, und sie riss japsend die Augen auf. Das Buch war auf die Bettdecke gefallen. Sie legte es auf den Nachttisch, löschte die Lampe und schlief sofort wieder ein.

53

Lykke erwachte um Viertel vor sieben und fühlte sich ausgeruht. Sie schrieb Rudi eine SMS, dass sie um acht Uhr zum Frühstück kommen würde. Nach einer erfrischenden Dusche schrieb sie einen ausführlichen Bericht über ihre vorläufige Arbeit und schickte ihn an Odín.

Zwei Minuten nach acht ging sie beinahe schnurgerade an dem Hund des Gasthofes vorbei.

»Guten Morgen, Vaks.«

Der Hund wedelte mit dem Schwanz, blieb aber liegen.

Im Restaurant goss sie sich eine Tasse schwarzen Kaffee und ein großes Glas frisch gepressten Orangensaft ein. Sie wartete fünf Minuten, aber als der Kommissar noch immer nicht auftauchte, sah sie keinen Grund, länger zu warten. Sie hatte Hunger, daher schickte sie ihm eine weitere SMS, in der sie ihm mitteilte, dass sie schon mit dem Frühstück anfangen würde. Gegen ihre Gewohnheit versorgte sie sich mit Eiern, Bacon und Baked Beans und schmierte sich ein Schwarzbrot mit kräftigem Käse und einem Stück Paprika.

Während sie aß, ging sie noch einmal die zahlreichen Fakten des Falls durch. Sie war überzeugt, dass es einen Zusammenhang zwischen den Verbrechen in Melum und Rosa Molbergs Tod geben musste.

Der Dreh- und Angelpunkt war die Zigarrenkiste. Wer hatte die Trophäen darin gesammelt? Rosas Leiche wurde bekleidet gefunden, nur das Armband hatte der Täter dem Opfer direkt abgenommen. Die Unterwäsche und das Polaroidfoto waren bei ihr zu Hause gestohlen worden, und im Haus der Molbergs verkehrten viele Menschen. Lykke wollte prüfen, ob es sich im Fall Soffia Korlum ähnlich verhielt. Vielleicht kannten sich die beiden Familien oder waren in anderer Weise miteinander verbunden.

Sie wurde in ihren Überlegungen unterbrochen, als Preben Skovsen plötzlich an ihrem Tisch stand. Mit einem breiten Lächeln hielt er die Kaffeekanne bereit.

»Guten Morgen. Noch etwas Kaffee?«

»Ja, danke.«

»Nanu, Sie frühstücken heute allein?«

Lykke sah auf die Uhr. Es war nach halb neun.

»Mein Kollege ist sicher müde. Wir haben gestern bis in die Nacht an den Mordfällen gearbeitet. Bei uns gibt's leider keine festen Arbeitszeiten.«

»Natürlich nicht.« Der Wirt schenkte nach. »Sind Sie einer Lösung nähergekommen?«

Er sah sie neugierig an.

»Wir arbeiten weiterhin daran. Es gibt zahlreiche Hinweise und Spuren, denen wir folgen müssen.«

»Das kann ich mir denken. Einen Mord aufzuklären ist vermutlich genauso, wie ein Puzzle zu legen. Wenn man alle Teile richtig angeordnet hat, wird das Bild des Mörders sichtbar.«

Lykke lächelte.

»So einfach ist es leider nicht. Man findet selten sämtliche Teile, und es gibt auch kein Bild auf der Verpackung, das man sich zum Vorbild nehmen könnte.«

»Klingt kompliziert … Soll ich für Ihren Kollegen Kaffee einschenken?«

Lykke schaute zum Fenster. Von ihrem Sitzplatz aus konnte sie das Wohnmobil nicht sehen. Sie überprüfte ihr Telefon. Rudi hatte nicht geantwortet. Ihn hatte die dramatische Geschichte seiner Familie sehr mitgenommen. Sie spürte, wie ein besorgter Knoten in ihrem Zwerchfell wuchs.

»Warten Sie«, sagte sie. »Ich gehe mal rüber und wecke ihn, damit er nicht den ganzen Tag verschläft.«

»Nehmen Sie die Kanne und eine Tasse mit. Dann wacht er schneller auf.«

»Danke. Das ist nett von Ihnen.«

»Einen guten Tag und geben Sie auf sich acht, wenn Sie nach draußen kommen. Es zieht ein sehr kräftiger Sturm auf. Wie Sie hören, hat es bereits angefangen. Ich habe am frühen Morgen einen großen Ast auf dem Hof gefunden.«

Lykke trank rasch ihre Tasse aus und ging über den Hof. Der Wind zerrte an den Bäumen und peitschte die welken Blätter in kleinen Wirbeln auf. Das Wohnmobil stand an seinem Platz, die Gardinen waren vorgezogen. Auf dem Dach lag ein großer Zweig. Er ragte über die Kante und erinnerte Lykke an Rosas aus der Erde ragenden Arm. Sie klopfte mit der Kaffeekanne an die Tür, erst gedämpft, doch als es keinerlei Reaktion gab, pochte sie mit der Faust dagegen.

»Rudi! Hallo, jemand zu Hause?«

Sie fasste an die Klinke, die Tür war verschlossen. Nach einer Minute intensiven Hämmerns waren schwere Schritte zu hören, und die Tür ging langsam auf. Der Kommissar glich einem alten Bären, der aus seinem Winterschlaf geweckt worden war. Er trug lediglich Boxershorts und sein dichtes, halblanges Haar gab dem Wind noch mehr zum Spielen. Er blinzelte ins graue Oktoberlicht.

»Was ist denn los?« Er räusperte sich. »Brennt der Wagen?«

»Es ist fast neun. Hast du Urlaub?«

Er sah sich verwirrt um, als müsse er erst einmal verstehen, wo er war, dann fuhr er sich mit der Hand durch seine Mähne.

»Entschuldige, ich war weit weg. Komm rein.«

Er ließ die Tür weit offen stehen, der Wind drohte sie zuzuwerfen. Lykke trat ein. Eine übel riechende Dreieinigkeit von verschwitztem Mann, Bier und sauerstoffarmer Luft schlug ihr entgegen. Rudi verschwand auf die kleine Toilette. Sie zog die Gardinen auf und öffnete die Fenster, damit die Zugluft die Atmosphäre ein wenig auffrischte. Zum Glück ging es schnell, sodass sie die Tür kurz darauf wieder schließen konnte. Die leeren Bierdosen vom gestrigen Abend standen noch da. Sie hatten Gesellschaft von fünf weiteren Dosen und einer halb leeren Flasche Johnny Walker bekommen. Die Bettdecke lag zerknüllt auf dem Bett, das Kopfkissen war auf den Boden gefallen.

Die Spülung wurde betätigt, der Kommissar kam mit einem müden Gesichtsausdruck aus de Toilette. Er hatte sich die Haare mit Wasser gekämmt, aber die Augen waren noch immer rot. Lykke setzte sich an den Tisch, während er in seinen Boxershorts durch den Camper schlurfte und ein zerknittertes Hemd aus dem Schrank holte.

»Ich habe dir Kaffee mitgebracht.« Lykke versuchte, nicht auf Rudis behaarten Bauch zu starren. »Soll ich dir eine Tasse einschenken?«

»Schwarzer Kaffee ist genau das, was ich jetzt brauche. Au, mein Kopf.«

Er zog sich eine Hose an und sah einigermaßen akzeptabel aus. Dann warf er die Dosen in eine Plastiktüte und stellte die Whiskyflasche in einen Schrank.

»Ich glaube, ich muss dich etwas fragen, Rudi.«

»Die Antwort ist Nein, mehr nicht. Ich *hatte* vor Jahren ein Alkoholproblem. Manchmal, sehr selten, habe ich einen Rückfall. Wie gestern Abend. Du wirst das nicht noch einmal erleben. Das verspreche ich.«

Sie zuckte die Achseln.

»Du wurdest von alten Erinnerungen verführt. Das ist schon okay. Hässliche Gedanken. Die habe ich auch jeden Tag. Trauer,

Schuldgefühle, Hass auf Hundebesitzer, die einfach ... ja, den Schwanz zwischen die Beine klemmen und verschwinden. Ich kenne das alles.«

Er nahm eine dampfende Tasse entgegen.

»Ich habe das vermutlich schon mal gesagt, Lucky. Du bist eine patente Frau.«

Hätte Odín dasselbe gesagt, wäre sie sauer geworden, aber Rudi war Rudi, und sie wusste, dass er scherzte.

»Und du weißt genau, wie du deinen Charme bei Frauen einsetzen musst.«

»Meine Spezialität. Ernsthaft: Entschuldigung. Ich hätte dir vielleicht nicht von meiner Familie erzählen sollen, aber es war mir wichtig, weil du mich mit deiner Geschichte ins Vertrauen gezogen hast. Das macht uns zu Verbündeten und damit stärker. Wir sind ein Team, oder?«

»Klar. Und ich bin froh, dass du es getan hast. Jetzt ist das Soziale geklärt, aber eigentlich sind wir hier, um zu arbeiten.«

»Hast du etwas aufgeklärt, während ich besoffen war?«

»Unser Wirt hustet, und er ist ein großer Mann. Das waren Details, an die sich Villads Geertsen bei dem Kidnapper erinnern konnte.«

»Die Beschreibung passt auf viele Männer. Es ist Herbst, die Zeit der Erkältungen, und die Jütländer werden hier in der Gegend recht groß.«

»Sie müssen sich ja auch euch Deutschen widersetzen, wenn ihr versucht, ins Land einzufallen, oder?«

Er zeigte mit dem Finger auf sie und kniff ein Auge zu.

»Ich reiße hier die Deutschenwitze, nicht du.«

»Trink deinen Kaffee. Ich finde, wir sollten den Tag nutzen – oder was davon noch übrig ist –, um zu untersuchen, woher die einzelnen Teile aus der Zigarrenkiste ursprünglich stammen. Wenn das Foto von Soffia Korlum aus ihrem Elternhaus gestohlen wurde, war der Täter in Aalborg und hier in Melum. Wieso die große Entfernung? Ist es ein Fernfahrer? Ein Pendler? Ein Handwerker? Wir müssen herausfinden, wer Zutritt zu beiden Elternhäusern hatte.«

»Hervorragend. Vielleicht ist es sogar derselbe Fotograf.«

Er leerte die Tasse mit einem »Aaah« und sah etwas frischer aus.

»Außerdem müssen wir mit den Jungs in Esbjerg reden. Ich rufe Krogh an.«

»Dann putze ich mir inzwischen die Zähne.«

Er stand auf.

»Rudi?«

»Ja?«

»Ich bin nicht deine Mutter, aber es wäre eine gute Idee, unter die Dusche zu gehen, bevor wir fahren.«

»Rieche ich?«

»Wie der Gorilla im Zoo.«

54

Während Rudi im Gasthof duschte, rief Lykke Mogens Krogh an, um in Erfahrung zu bringen, wo die Gegenstände aus der Zigarrenkiste sich befanden.

»Hier auf dem Revier«, teilte ihr der Ermittlungsleiter mit, der ausgesprochen freundlich klang. »Molberg hat angerufen. Er war auf einer längeren Sauftour, ist jetzt aber nüchtern. Als ich ihm von dem Fund erzählte, kam er, um sich die Sachen anzusehen. Er bestätigte, dass das Armband, die Unterwäsche und das Polaroidfoto aus der Wohnung der Molbergs stammen. Das Foto kannte er, wusste aber nicht, dass es gestohlen wurde. Er will seine Exfrau fragen, ob sie bemerkt hat, dass es verschwunden war.«

»Haben Sie Molberg auch die Gegenstände aus dem Fall Sofﬁa Korlum gezeigt?«

»Ja, aber sie sagten ihm nichts.«

»Okay, wir kommen in circa einer Stunde vorbei. Wir würden uns die Sachen gern noch einmal ansehen.«

»Sehr gern, es gibt auch Kaffee.«

Lykke beendete das Gespräch in dem Moment, als Rudi mit nassen Haaren und nach Seife riechend zurückkam.

»Meine Güte, es kommt noch der Tag, an dem Mogens Krogh menschlich wird.«

Sie erzählte ihm von ihrem Gespräch.

»Lass uns aufbrechen.« Rudi warf den Schlüssel auf den Tisch. »Du fährst. Ich kann es in den nächsten paar Stunden nicht auf einen Alkoholttest ankommen lassen.«

Lykke schüttelte den Kopf und machte eine abwehrende Handbewegung.

»*No way.*«

»Hast du keinen Führerschein?«

»Doch, aber ich habe nur einen Fiat Punto. Ich kann keinen Lastwagen fahren.«

»Das hier ist auch ein Fiat. Du darfst ihn mit dem normalen Führerschein fahren.«

Sie sah sich zögernd um.

»Er ist ziemlich groß, Rudi.«

»Normalerweise hätte ich jetzt einen blöden Witz gemacht, aber dafür haben wir keine Zeit. Wir sind heute Morgen ohnehin spät dran. Sonst müssen wir den Bus nehmen oder ein Taxi bestellen.«

Sie blickte nachdenklich auf den Fahrersitz.

»Ich kann's ja mal versuchen.«

»Es ist ganz einfach. Ganz normale Schaltung. Der fährt wie im Traum. Das Einzige, worauf du achten musst, ist die Länge, wenn du abbiegst.«

Lykke wischte sich die Handflächen an der Hose ab und setzte sich auf den Fahrersitz. Rudi schloss die Außentür und stieg neben ihr ein. Das Armaturenbrett sah normal aus. Sie gab die Adresse des Polizeipräsidiums ins Navi ein.

»Tower meldet: *Ready to take off, captain.*«

Sie kuppelte aus, drückte den Anlasser und verspürte ein kitzelndes Gefühl in der Magengrube, als würde eine Achterbahn starten. Der Motor schnurrte leise und geschmeidig. Ein Heulton setzte ein.

»Anschnallen. Denk dran, wir sind die Polizei. Und wenn wir angehalten werden, sagen wir bloß, wir sind Bekannte von Krogh.«

»Bist du sicher, dass ich den Camper fahren darf?«

»Ich habe es dir erlaubt.«

»Du weißt, was ich meine.«

»Komm schon, Lucky. Das ist kein Greyhoundbus.«

Sie atmete tief durch, legte den ersten Gang ein und rollte langsam über den Hofplatz. Rudi hatte recht. Das Wohnmobil war leicht zu bedienen. An der Ausfahrt sah sie sich sorgfältig um. Nicht einmal ein Fahrrad war in der Nähe. Sie fuhren in Richtung Norden. Durch Melum ging es problemlos, obwohl sie über den Kreisel fahren mussten, aber sobald sie den geschützten Ortsbereich verlassen hatten, spürten sie den Seitenwind.

»Wow, das ist heftig.«

»Ganz ruhig, das ist kein Modell der Familie Feuerstein. Er kippt nicht um«, beruhigte er sie und schenkte sich noch eine halbe Tasse Kaffee ein. »Tja, jetzt haben wir vergessen, die Kanne im Gasthof zurückzugeben.«

Als Lykke auf einem der leeren Plätze vor dem Präsidium parkte, war sie bereit, selbst ein Wohnmobil zu kaufen, abgesehen davon, dass sie es sich bei ihrem begrenzten Budget nicht leisten konnte.

»Der ist toll, Rudi. Hat Spaß gemacht.«

»Ich habe doch gesagt, dass es leicht ist. So wie Verbrechen aufzuklären. Man muss nur wissen, wie es geht.«

Sie gingen zur Spurensicherung, wo Frank Joveen und Krogh sie erwarteten. Die Gegenstände lagen auf dem Tisch: Rosas selbst gebasteltes Armband mit den Plastikperlen, ihr Höschen und das Foto, bei dem es Lykke erneut kalt den Rücken hinunterlief, weil das Mädchen Gry so ähnlich sah.

»Was hat Molberg zu dem Fund gesagt?«, fragte Rudi und massierte sich diskret die Schläfen, um den Kater zu vertreiben.

»Er hat die Sachen sofort identifiziert«, antwortete Mogens Krogh. »Ich hatte ihm am Telefon von dem Foto erzählt, und er hatte den Rest dabei.«

»Den Rest?«

»Eine kleine Serie von Sommerfotos, die mit einer alten Polaroidkamera geknipst wurden. Kein Zweifel, dass sie zusammengehören.«

»Was ist auf den anderen Fotos zu sehen?«

Der Ermittlungsleiter zuckte die Achseln.

»Dasselbe.«

»Rosa?«

»Ja, und ihre kleine Schwester. Sie spielen am Strand Ball. Es gab auch ein paar Fotos von der Mutter und ihren Kindern beim Mittagessen. Auf einem lassen die Kinder mit ihrem Vater einen Drachen steigen. Ganz unschuldig. Erinnerungen an den Sommer. Sonst nichts.«

»Wie viele Fotos waren es insgesamt?«

Krogh sah Joveen an.

»Sechs und dieses hier?«

»Ja.«

»War Rosa auf einem der anderen Fotos allein zu sehen?«, erkundigte sich Rudi.

»Nein, nur auf diesem«, antwortete Joveen.

»Warum wollen Sie das wissen?« Krogh sah Lykke und Rudi an.

Lykke antwortete.

»Er fand alle Fotos, wählte dieses eine Bild aus und ließ die anderen liegen – in der Hoffnung, dass niemand das Fehlen eines einzigen Fotos bemerkte.«

»Er?«

»Der Täter.«

»Und was sagt uns das?« Rudi stellte die Frage.

Es wurde still im Raum. Auf dem Nachbartisch stand ein Kolben, aus dem eine dunkle Flüssigkeit tropfte. Ein Test, der zu einem anderen Fall gehörte. Krogh sperrte die Augen auf.

»Jetzt habe ich es kapiert. Der Täter ging davon aus, dass er die Wohnung auch weiterhin betreten würde. Sonst hätte er alle Fotos mitnehmen können, es hätte ihm egal sein können, ob es bemerkt würde.«

»Das gilt auch für Rosas Unterwäsche«, fügte Lykke hinzu. »Wer weiß schon genau, wie viele Unterhosen er besitzt?«

»Ich«, behauptete Rudi. »Ich habe nur die, die ich gerade anhabe.«

Frank Joveen lachte. Selbst Krogh musste schmunzeln. Er schüttelte den Kopf.

»Für einen Deutschen sind Sie ziemlich komisch, Lehmann.«

»Tatsache ist«, nahm Lykke den Faden wieder auf, »dass der Täter mehrfach bei den Molbergs zu Hause war, und er hatte genügend Zeit, sowohl das Foto als auch die Unterwäsche zu stehlen. Entweder hat er unglaubliches Glück gehabt, oder es war jemand, den niemand verdächtigte.«

»Wir haben bisher nicht überprüft, ob es bei den Molbergs noch weitere Familienmitglieder gibt, oder?«, erkundigte sich Rudi.

»Nein«, erwiderte Krogh. »Ich kümmere mich darum.«

»Molberg identifizierte also das Armband, das Höschen und das Polaroidfoto«, fasste Lykke zusammen. »Was ist mit der Zigarrenkiste?«

»Die hat er sich auch angesehen«, berichtete Krogh. »Merkwürdigerweise interessierte er sich fast mehr für die Kiste als für ihren Inhalt. Das wunderte mich ein wenig.«

»Was meinen Sie?«

Wieder zuckte der Ermittlungsleiter die Achseln.

»Er hielt sie eine Weile in der Hand. Es war so auffällig, dass ich ihn fragte, ob die Schachtel ihm gehöre. Er hat es verneint, aber er war ausgesprochen interessiert an der Kiste. Das war offensichtlich.«

»Hat er sie geöffnet?«, fragte Rudi.

»Ja.«

»War sie da bereits leer?«

»Ja, ja, aber er sah sich trotzdem die Innenseiten genau an und rieb daran, was ich auch ein bisschen komisch fand, denn, wie gesagt, sie war leer. Es gab jedenfalls nichts, was er hätte herausnehmen oder kaputt machen können.«

Lykke sah Rudi an.

»Er erkannte sie wieder.«

»Vielleicht, oder er weiß etwas, was wir übersehen.«

»Was denn?«, wollte Krogh wissen.

»Mit welchen Zigarrenrauchern haben wir gesprochen?«, wandte sich Rudi an Lykke.

»Julius Stamfeldt.«

»Und wem gehört der Wald und der Schuppen, unter dem Rosas Leiche gefunden wurde?«

»Julius Stamfeldt.«

Frank Joveen starrte sie an.

»Der Gedanke ist absurd. Sie sind auf einer falschen Fährte.«

Lykke nahm Krogh die Zigarrenkiste aus der Hand und sah sie sich an, während Rudi fortfuhr.

»Laumann hat die Schachtel irgendwo in die Finger bekommen. Wir müssen annehmen, dass die Trophäen bereits darin lagen, und das bedeutet, die Schachtel und der Inhalt stammen vom Täter. Laumann hat den Betreffenden vermutlich erpresst. Es hat ihn das Leben gekostet, aber vorher könnte er Charlie Simonsen und Tina Fromm von seinem Fund erzählt und verraten haben, wer der Täter ist. Sie haben dann versucht, die Erpressung fortzusetzen.«

»Sie hatten doch gar keine Beweise«, gab Joveen zu bedenken.

»Das war zweitrangig. Wenn sie die Schachtel und die darin enthaltenen Trophäen beschreiben konnten, könnte der Täter ihnen geglaubt haben. Er lockte sie in eine Falle und versuchte, aus ihnen herauszubekommen, wo die Kiste ist, bevor er sie tötete. Aber die beiden konnten es ihm aus gutem Grund nicht erzählen. Weil sie nicht wussten, wo Laumann sie versteckt hatte.«

»Klingt plausibel«, räumte Krogh ein.

»Sehen Sie mal.« Lykke stand mit der Zigarrenkiste am Fenster. Die drei Männer gingen zu ihr. Die Kiste war mit einem kräftigen weißem Papier gefüttert, der üblichen Verpackung von Zigarren. In einer Ecke klebte eine gemusterte Zeichnung, es sah aus wie ein halbes Markenzeichen oder ein Logo. Der Durchmesser betrug weniger als einen Zentimeter.

»Sieht aus wie aufgedruckt«, meinte der Chef der Spurensicherung. »Vielleicht ein Stempel.«

»Es sind keine Buchstaben oder Zahlen«, sagte Rudi. »Es sieht eher abstrakt aus.«

»Vielleicht hat dort irgendetwas anderes gelegen, das auf das

Papier abgefärbt hat, jedenfalls stammt es nicht von einer der Trophäen.«

»Tinte?«, schlug Krogh vor. »Oder ein Stück Zeitung?«

»Es ist schwächer«, sagte Rudi.

Lykke fuhr mit einem kleinen Finger vorsichtig die Kante der Zeichnung entlang.

»Man kann es abwischen. Haben wir ein Vergrößerungsglas?«

Frank Joveen nahm die Schachtel mit zu einem Mikroskop, zog das Papier heraus und legte es unter das Objektiv. Er stellte den Apparat scharf, sodass der Abdruck als ein hübsches und sehr feinmaschiges Muster aus dünnen Fäden hervortrat, die kreuz und quer in einem kaleidoskopischen Wirrwarr miteinander verwoben waren.

»Das ist ... ich weiß nicht«, begann Joveen. »Ich glaube, dort hat ein Stück von einem Blatt gelegen, das abgefärbt hat. Wahrscheinlich ein Tabakblatt. Das wäre logisch.«

Lykke hielt die Kiste nun unter eine eingeschaltete Schreibtischlampe. Das Muster war nur auf dem Papier zu erkennen, nicht auf dem Boden der Zigarrenkiste.

»Was ist denn das Schwarze da?« Krogh zeigte darauf.

Lykke schüttelte die Schachtel ein wenig, bis das Schwarze in der Mitte des Bodens lag.

»Ein Haar, glaube ich.«

»Kein Kopf- oder Schamhaar. Es ist dick und kurz und hat die falsche Form. Es ist gerade und hat einen kleinen Knubbel am Ende.«

»Vielleicht eine Wimper?«, vermutete Joveen. »Möglicherweise mit der DNA des Täters.«

Lykke reichte ihm die Schachtel. Joveen nahm das Haar mit einer Pinzette heraus und legte es auf einen Glasträger, den er unter das Objektiv schob.

»Das ist kein Haar. Ich glaube, es ist das Fühlhorn eines

Insekts. Das Muster könnte ein Staubabdruck eines Schmetterlingsflügels sein, der in der Kiste gelegen hat.«

Es entstanden die berühmten zwei Sekunden Stille. Rudi äußerte sich, bevor Lykke dazukam.

»Theodor Stamfeldt sammelt Schmetterlinge. Und er ist laut Jens Geertsen der Hausarzt der Familie Molberg.«

55

Die vier Polizisten sahen sich nacheinander das vergrößerte Fühlhorn an. Wortlos betrachteten Lykke und Rudi Krogh und Joveen, die ausgesprochen überrascht zu sein schienen.

»Theodor Stamfeldt?«, wiederholte Frank Joveen skeptisch. »Dieser Gedanke ist noch verrückter als der alte Stamfeldt. Theodor Stamfeldt ist einer der respektabelsten Bürger hier in der Gegend. Er ist der Arzt meiner Frau. Vater und Sohn sind beide auf ihre Weise Männer, die mit vorgegebenen Mustern gebrochen haben. Sie unterstützen eine Menge wohltätiger Organisationen finanziell und setzen sich für den Erhalt der Natur ein.«

»Das ist natürlich erfreulich, aber eine gute Herkunft ist nicht unbedingt gleichbedeutend mit gutem Benehmen«, meinte Rudi.

»Laurits Molberg hat uns erzählt, ihr Hausarzt hätte regelmäßig nach Rosas kleiner Schwester Vibe gesehen, die oft krank war«, erklärte Lykke. »Angeblich hat sie eine Phobie vor Krankenhäusern und Arztpraxen, daher kam der Arzt zu ihnen nach Hause. Uns war nicht klar, dass er von Stamfeldt sprach. Rosa hat ihn also gekannt, und sie hatte Vertrauen zu ihm, ebenso wie der Rest der Familie. Denn wer ist glaubwürdiger als ein Arzt? Der Täter kopierte Peik Gravesens Art und Weise, die Schuhe seiner Opfer zu hinterlassen, und Stamfeldt ist Experte für pädophile Straftaten, er hat sogar seine Dissertation über Gravesen geschrieben. Und er sammelt Schmetterlinge. Das stempelt ihn nicht endgültig zum Besitzer der Zigarrenkiste, aber es sind schon eine Reihe bemerkenswerter Übereinstimmungen.«

Joveen wusste nicht, was er sagen sollte. Es war offensichtlich, dass es ihm schwerfiel, die Fakten zu akzeptieren. Krogh war bereitwilliger.

»Die Stamfeldts waren schon immer ziemlich aufgeblasen, um einen Ausdruck meines Sohns zu verwenden. Wähnen sich auf dem Gipfel. Der Alte war bei der Königin zu Gast, als er den Dannebrog-Orden bekam. Ich meine … für eine Getreidefabrik?«

»Deswegen kann man einen Mann wohl kaum verurteilen.«

»Das sag ich ja auch gar nicht. Aber er ist einfach nicht mein Fall.«

»Aber du säst gern Zweifel?«

»Ich will den Schuldigen für diese Verbrechen finden.«

»Können wir die Diskussion ein wenig versachlichen?«, schlug Rudi vor und massierte sich die Schläfen. »Ich habe schon genug Kopfschmerzen. Selbstverständlich ist es kein schlagender Beweis, dass in der Schachtel *vielleicht* ein toter Schmetterling gelegen hat, aber wir müssen den Spuren nachgehen, die sich uns zeigen. Der Täter ist intelligent und sehr vorsichtig. Er hat wahrscheinlich vier Personen ermordet und einen Jungen gekidnappt, ohne dass wir ihn gefunden haben. Theodor Stamfeldt ist mittelgroß und dünn, wie der Einbrecher, den ich verfolgt habe. Er sah aus, als sei er gut in Form, als wir mit ihm in der Universität sprachen.«

»Konnte Kresten Osmann herausfinden, ob Rosa Molberg vergewaltigt wurde?«, wollte Lykke wissen.

»Nein«, antwortete Krogh. »Die Leiche lag zu lange in der

Erde, aber wir müssen es vermuten. Warum sollte ein Pädophiler sonst ein kleines Mädchen entführen?«

»Was wissen Sie sonst noch über Theodor Stamfeldt?« Rudi wandte sich an Joveen und Krogh.

»Er ist mit einer hübschen Frau verheiratet und hat zwei Jungen, die noch zur Schule gehen«, begann Joveen. »Privat verkehren sie mit dem Bürgermeister. Und wie Mogens schon sagte, wurde Julius Stamfeldt vor ein paar Jahren mit dem Dannebrog-Orden ausgezeichnet.«

»Das ist für ein Käseblatt interessant, aber Lykke hat die übereinstimmenden Punkte ja bereits aufgezählt. Sie vergaß nur eine Frage, die ich gern geklärt wüsste: Hat Theodor Stamfeldt je woanders gewohnt als in Südjütland?«

Krogh hob die Augenbrauen.

»Ich denke, das müsste im *Who's who* der feinen Leute stehen. Augenblick.«

Er ging zu einem freien Computer und rief die Homepage von Kraks Blå Bog auf, dem Verzeichnis prominenter Dänen. Nach einigen Tastendrücken lehnte er sich zurück.

»Das gibt's doch nicht!«

Rudi und Lykke schauten ihm über die Schulter, Krogh hatte einen Abschnitt auf dem Bildschirm farbig markiert, der zu Theodor Stamfeldts Biografie gehörte:

Mediziner mit Schwerpunkt Psychologie. Schrieb seine Doktorarbeit über Pädophilie, Ausgangspunkt waren die von den Medien besonders beachteten Gravesen-Morde, bei denen zwei minderjährige Mädchen entführt und ermordet wurden. Arbeitete von 2012 bis 2014 in der Psychiatrie des Aalborger Universitätskrankenhauses in Nordjütland. Seit 2015 Facharzt für Psychiatrie, Kinderpsychologie und Allgemeinmedizin in Ribe.

Krogh sah sie mit einem besorgten Gesichtsausdruck an.

»Verflucht, ich glaube, Sie sind da auf etwas gestoßen.«

»Wann verschwanden die Mädchen?«

»Ich habe es hier«, rief Joveen von seinem Platz aus. »Maja Ekstrøm im Sommer 2012, Mynte Iversen ein Jahr später.«

»Und Soffia Korlum?«

Der Chef der Spurensicherung suchte einen Moment auf dem Schirm.

»Frühjahr 2014.«

»Stamfeldt lebte in Nordjütland, als die drei Mädchen verschwanden«, hielt Rudi fest.

Wieder breitete sich Stille im Labor aus.

»Hat Molberg gesagt, wo er hinwollte?«, fragte Lykke. »Er hatte es offenbar eilig?«

Krogh versuchte, ihn anzurufen.

»Er geht nicht ran. Ich schicke einen Streifenwagen. Wir müssen die Sache im Griff behalten.«

Lykke wandte sich an Rudi.

»Und wir müssen mit Stamfeldt reden.«

»Ja, ich freue mich darauf zu hören, wo er war, als Laumann und die beiden Junkies getötet wurden.«

»Eine Sache noch«, sagte Joveen. »Laut Villads Geertsen war der Kidnapper ein ziemlicher Brocken. Das stimmt nicht mit Theodor Stamfeldt überein. Er ist lediglich mittelgroß und dünn. Das haben Sie selbst gesagt, Lehmann.«

»Es herrschte dichter Nebel«, erwiderte Rudi. »Alle Proportionen wurden verzerrt, und der Junge war in Panik. Unter diesen Bedingungen würde sogar Toulouse-Lautrec zu Frankensteins Monster werden.«

»Soll ich fahren?«, fragte Lykke auf dem Parkplatz.

Der Kommissar lächelte.

»Du bist offenbar verliebt in mein Wohnmobil.«

»Ich hätte gern auch so eins, wenn ich es mir irgendwann einmal leisten kann. Was kosten sie in Deutschland?«

»Die Hälfte.«

Sie stiegen ein. Lykke fand die Adresse von Theodor Stamfeldts Praxis und ließ den Motor an. Der Himmel hing grauschwarz und drohend über dem Präsidium. Zwischen den Häusern von Esbjerg waren sie einigermaßen geschützt, aber sobald sie auf die Landstraße nach Ribe kamen, erfasste der Sturm sie mit aggressiven Böen.

»Gut, dass wir nicht über irgendwelche Brücken müssen.«

»Brücken?«

Sie zeigte nach draußen. Rudi blickte aus dem Seitenfenster. Der Horizont war ein dramatisches Muster aus schweren Wolkenformationen und kilometerhohen Regengardinen, die wie lange Fangarme von verborgenen Riesenquallen über die Nordsee trieben.

»Stamfeldt ist bei diesem Wetter vermutlich nicht unterwegs, um Schmetterlinge zu jagen.«

»Das ist ohnehin eine kranke Idee«, erwiderte sie und hielt konzentriert das Lenkrad fest. »Hübsche Tiere zu fangen, sie in ein Glas mit Äther zu stecken und ihre toten Körper dann auf Nadeln aufzuspießen.«

»Das macht den Mann nicht zu einem Pädophilen oder Kindermörder, aber …«

»Was?«

Rudi klatschte sich auf dem Beifahrersitz mit der flachen Hand auf den Schenkel.

»Stamfeldt senior erzählte, dass Ornithologen und Insektensammler in seinen Wald kommen, oder?«

»Ja.«

»Und sie hätten nichts von dem Bau des Schuppens gewusst,

aber wenn Theodor Stamfeldt einer von ihnen ist, könnte er durchaus die Ausnahme von der Regel sein. Es ist der Wald seines Vaters. Warum sollte er nicht von den Plänen gehört haben, ein Jagdhaus zu bauen?«

Lykke fuhr langsamer, als sie sich einem Ort näherten.

»Es passt auch von der Zeit her. Der Schuppen wurde nur einen Monat nach Rosas Verschwinden gebaut. Vielleicht hatten die Vorbereitungen bereits begonnen, die Bäume waren gefällt, und das Gelände war bereits vermessen. Theodor Stamfeldt kann davon gewusst haben, weil er regelmäßig in den Wald kam. Vielleicht hat er sogar die Entwürfe für die Jagdhütte gesehen. Es ist ein perfekter Ort, um eine Leiche zu verstecken, und es bestand kein Risiko, dass sie durch Zufall ausgegraben würde, wenn die Jagdhütte erst einmal an ihrem Platz stand.«

»Abgesehen davon, dass er sich verrechnete, weil der Schuppen wegen ein paar unfähiger Pfuscher kleiner wurde, als ursprünglich geplant war.«

»Und ein Wolf vorbeikam und den entscheidenden Hinweis lieferte.«

56

Als Lykke den Campingbus am Ärztehaus in Ribe parkte, sah es fast so aus, als hätte Mogens Krogh eine Abkürzung genommen. Ein Streifenwagen versperrte die Einfahrt, und zwei Beamte auf Motorrädern versuchten, einen kleineren Menschenauflauf am Haupteingang auf Abstand zu halten.

»Sieht aus, als wollten heute alle zum Arzt«, meinte Rudi.

Als sie auf das Haus zugingen, fuhr ein weiterer Streifenwagen auf den Bürgersteig, und zwei uniformierte Beamte sprangen heraus. Die Fahrerin war die junge Sara Graugård. Sie erkannte ihre Kollegen.

»Was ist denn hier los?«, erkundigte sich Lykke.

»Wir erhielten einen Anruf, dass es in einer Arztpraxis einen Überfall gegeben habe. Ein bewaffneter Mann sei eingedrungen und habe eine oder mehrere Personen als Geiseln genommen. Mehr wissen wir nicht.«

Sie liefen an dem Wachposten vorbei die Treppe hinauf zum Empfang, wo zwei Beamte vor einer geschlossenen Tür standen; Theodor Stamfeldt stand auf einem hübschen Emailleschild. Im Wartezimmer waren mehrere Stühle und ein kleiner Tisch umgeworfen worden, als hätte ein Kampf stattgefunden, ein Bild war heruntergefallen, der Fußboden mit Glasscherben übersät. Hinter dem Empfangstisch stand eine dunkelhaarige Frau und hielt sich ein blutiges Taschentuch vors Gesicht.

Der jüngere der beiden Beamten presste sein Ohr gegen die Tür, während der andere mit Krogh telefonierte.

»So, Lukas«, sagte Sara Graugård und legte ihm eine Hand auf die Schulter. »Briefing. Situation?«

Der Beamte beendete das Gespräch.

»Ein bewaffneter Mann ist in die Praxis gestürmt und hat den Arzt als Geisel genommen. Ist das korrekt?«

Die Sekretärin nickte, den Tränen nah.

»Ja. Er kam mit einem Gewehr ins Wartezimmer und ging direkt auf Dr. Stamfeldts Tür zu. Alle gerieten in Panik und flohen. Ich lief ins Hinterzimmer, stolperte über meine Tasche und stieß mit dem Kopf gegen einen Stuhl. Ich glaube, ich war einen Moment bewusstlos, denn als ich wieder zu mir kam, hörte ich, wie die Tür zur Praxis zugeworfen und abgeschlossen wurde. Aus dem Sprechzimmer drangen heftige Diskussionen, Rufe und Schreie, daher habe ich sofort 110 angerufen.«

»Wie lange seid ihr schon hier?« Sara Graugård wandte sich an die beiden Beamten.

»Seit fünf Minuten, nicht wahr, Klaus?«

»Ja, ungefähr.«

»Wurde auf eure Zurufe reagiert?«

»Nein.«

»Vielleicht will der Mann verhandeln«, meinte die Sekretärin.

»Er wird ja wohl kaum seine Telefonnummer hinterlassen haben«, erwiderte Rudi. Es war sarkastisch gemeint, die Frau nahm es allerdings absolut ernst.

»Nein, aber ich habe sie hier im Computer. Es ist Laurits Molberg. Einer von Dr. Stamfeldts Patienten.«

»Es meldet sich nur der Anrufbeantworter«, erklärte Sara Graugård, nachdem sie versucht hatte, Molberg anzurufen. »Es spricht viel dafür, das Spezialeinsatzkommando einzuschalten. Aber bevor ich sie alarmiere, will ich noch das Gebäude überprüfen. Lukas, du kommst mit mir.«

»Ich komme auch mit«, sagte Lykke. »Bleibst du hier, Rudi?«

»Ja, mir ist jetzt nicht nach Laufen zumute.«

Die drei Beamten liefen die Treppe hinunter. Auf dem Platz vor dem Haupteingang standen Neugierige und Besucher des Ärztehauses. Sara informierte die Beamten auf den Motorrädern. Dann gingen sie um das Haus herum. Auf der Rückseite gab es einen großen Garten und einen Privatparkplatz. Theodor Stamfeldts Praxis lag im ersten Stock, es war nicht möglich, in die Fenster zu schauen. Es war auch nicht nötig, denn die Tür zu einer Hintertreppe stand weit offen, und der Rasen war von tiefen Reifenspuren durchpflügt. Jemand war durch die Hecke und über den Bürgersteig gefahren und in der nächsten Seitenstraße verschwunden.

»Der Vogel ist ausgeflogen«, bemerkte Lykke.

»Vielleicht.« Sara zog ihre Heckler & Koch aus dem Halfter. »Lukas?«

»Ich bin bereit.«

Sara sah Lykke an.

»Sind Sie bewaffnet?«

»Nein.«

»Dann halten Sie sich hinter uns.«

Sie schlichen die enge Hintertreppe zum ersten Stock hoch und horchten. Alles war still. Eine Tür stand einen Spaltbreit offen. Sara schob sie vorsichtig auf. Ein Flur führte zu weiteren Räumen. Alles war still. Die Beamten schlichen hinein, Lykke wartete an der Treppe. Von ihrer Position aus konnte sie sehen, wie Sara und Lukas sämtliche Räume überprüften. Dann senkte Sara ihre Pistole.

»Freie Bahn.«

Theodor Stamfeldts Praxis war menschenleer, aber die Szenerie glich dem Wartezimmer. Der Stuhl des Arztes war umgefallen, ein Teil der Gegenstände vom Schreibtisch lag über den Boden verstreut, der Spiegel über dem Waschbecken hatte einen Sprung, am Glas waren Blutspuren. An den Wänden hingen Kästen mit bunten Schmetterlingen. Alle unversehrt.

»Er wurde nicht erschossen«, stellte Sara fest. »Sonst sähe es hier anders aus.«

»Richtig«, bestätigte Lykke und zog ein Haar aus dem Sprung im Spiegel. »Molberg hat ihm offenbar einen Schlag mit dem Spiegel versetzt oder gegen den Spiegel gestoßen. Entweder hat er Theodor Stamfeldt bewusstlos rausgeschleppt, oder er hat ihn mit dem Gewehr gezwungen, die Hintertreppe hinunterzugehen, während Ihre Kollegen den Empfang bewachten.«

Lukas zog den Kopf ein und schloss hastig die Tür zum Wartezimmer auf. Sara Graugård zuckte bedauernd die Achseln.

»Sie sind unerfahren. Es ist erst ihr zweiter Einsatz bei einem Gewaltverbrechen.«

»Vergessen Sie es. Jetzt geht es darum, Molberg so schnell wie möglich zu finden, denn ich fürchte, Theodor Stamfeldt befindet sich in höchster Lebensgefahr.«

57

»Wir müssen jetzt denken wie Molberg.« Lykke wandte sich an Rudi. »Du bist Vater, Rudi. Was würdest du tun, wenn du herausgefunden hättest, wer deine kleine Tochter vergewaltigt und ermordet hat?«

»Ihn verhaften, damit er vor Gericht gestellt und zu einer lebenslangen Gefängnisstrafe verurteilt wird.«

»Und wenn du kein Gewissen oder nichts zu verlieren hättest?«

»Würde ich Rache nehmen. Ihn umbringen.«

»Genau.« Lykke saß am Steuer des Wohnmobils. »Laurits Molberg nimmt das Gesetz selbst in die Hand. Ich glaube, er hat genau wie wir den Abdruck in der Zigarrenkiste entdeckt und zwei und zwei zusammengezählt. So viele Leute gibt es auch wieder nicht, die Schmetterlinge sammeln.«

»Vielleicht hat ihm die Zigarrenkiste ja auch etwas gesagt. So etwas sieht man schließlich nicht mehr so häufig. Wer weiß, vielleicht versorgt Julius Stamfeldt seinen Sohn mit Zigarrenkisten zum Aufbewahren der Schmetterlinge. Ich glaube, er hat eine Sin Cara geraucht, als wir ihn besuchten. Ich habe den Geruch erkannt.«

»Vielleicht hat Stamfeldt Molberg mal bei einem seiner Hausbesuche erzählt, dass er Schmetterlinge sammelt. Er kam ja regelmäßig, um sich mit Vibe zu unterhalten. Es kann gut sein, dass ein verzweifelter und deprimierter Mann seine eigenen Schlüsse zieht. Molberg fürchtet möglicherweise, dass Stamfeldts Schuld nicht bewiesen werden kann, und selbst wenn, reicht ihm eine Gefängnisstrafe nicht. Der Mörder seiner Tochter muss sterben.«

»Wenn er nur sterben soll, hätte er ihn in der Praxis erschießen und sich ergeben können.«

»Deswegen bin ich ja so besorgt. Wo ist er mit ihm hingefahren?«

Rudi hatte wieder einen klaren Kopf, die Kopfschmerzen waren verschwunden.

»Vermutlich möchte er, dass Rosas Mörder so leiden soll, wie er selbst gelitten hat? Er soll die Schmerzen bis auf die Knochen spüren. Das wäre eine typische Reaktion, wenn man auf Rache aus ist.«

»Er könnte in den Wald gefahren sein, um Stamfeldt auf der Lichtung zu erschießen. Als ein symbolisches Ende.«

»Das ist aber nicht sonderlich schmerzhaft, es sei denn, er schießt ihn an und begräbt ihn dann lebend.«

»Und Schüsse machen Krach.«

»Das ist ihm vermutlich egal. Er will Stamfeldt umbringen, aber er kann nicht wissen, ob die Polizei noch immer im Wald ist, und die Rache darf nicht schiefgehen.«

Lykkes Telefon klingelte.

»Hej, Sara … Was? … Ah ja … Wie weit? Okay, danke für den Anruf.«

»Molbergs Geländewagen wurde auf einer Straße südlich von Ribe gesehen. Ein Streifenwagen versuchte, ihn aufzuhalten, aber es gelang ihm, an einem Bahnübergang zu entkommen. Sie glauben, er versucht, über die Grenze zu fahren. Alle Grenzübergänge sind informiert.«

»Auch wenn er Deutschland erreicht, hilft es ihm nichts. Es gibt ein Auslieferungsabkommen. Es ist nicht wie in Amerika, wo man in einen anderen Bundesstaat fliehen kann.«

Lykke trommelte aufs Lenkrad.

»Warum sollte er nach Deutschland wollen?«

»Er könnte sich dort einen diskreten Ort suchen, um Stamfeldt umzubringen. Wenn er es hinter sich hat, ist er zumindest außerhalb der dänischen Grenzen.«

»Das ist eine lausige Theorie, Rudi. Du hast gerade gesagt, es gibt ein Auslieferungsabkommen.«

»Ich entschuldige mich für meine Fantasielosigkeit. Ich bin noch immer etwas angeschlagen. Ich habe das Gefühl, als sei mein Kopf voller Sand. Vier Jahre lang habe ich keinen Whisky mehr angerührt …«

Es sah aus, als würde Lykke auf dem Fahrersitz in die Höhe hüpfen.

»Ich weiß, wo er ist!«

Sie ließ den Motor an.

»Ich darf doch fahren, oder?«

58

Sobald sie auf der Straße südlich von Ribe waren, trat Lykke das Gaspedal durch.

Rudi sah sie besorgt an.

»Das ist kein Sportwagen, Lucky.«

»Das Leben eines Mannes hängt davon ab, ob wir ihn rechtzeitig finden«, erwiderte sie und hielt den Blick stur auf die Fahrbahn gerichtet.

Das Wohnmobil hatte einen kräftigen Motor und ging schnell, aber es war doch ein ganz anderes Gefühl als in ihrem kleinen Fiat. Regelmäßig erfassten Windstöße die Karosserie. Besonders heftig war der Westwind auf den freien, ungeschützten Flächen.

»Hast du etwas dagegen, mich einzuweihen, wohin wir eigentlich fahren?« Rudi klammerte sich an den Handgriff über der Beifahrertür.

»Zum Wattenmeer natürlich.«

»Warum?«

»Dort hat Molberg Bjarke Laumann getötet.«

»Molberg? Du meinst, Theodor Stamfeldt?«

»Villads Geertsens Aussage ist mir plötzlich klar geworden. Er beschrieb den Mann im Nebel als groß, und Molberg ist groß. Er hustete, und Molberg hustete auch, als wir ihn besuchten.«

»Das trifft auch auf unseren Wirt und die Hälfte der männlichen Bevölkerung von Melum zu. Wenn Molberg Laumann getötet hat, warum hat er dann die Zigarrenkiste nicht an sich genommen?«

»Entweder wusste er nichts von deren Existenz, oder er hat sie nicht finden können. Er könnte wie wir geglaubt haben, dass Bjarke sie vergraben hat, und es gibt noch ein anderes Detail, das meine Theorie untermauert. Nachdem Rosas Leiche gefunden wurde, ist er direkt zu dem Fundort im Wald von Frekved gefahren, ohne dass er jemanden nach dem Weg hätte fragen müssen.«

»Hm, ja, okay, aber du glaubst doch wohl nicht, dass der Mann seine eigene Tochter vergewaltigt und umgebracht hat?«

»Nein, aber er wusste, wo der Schuppen steht. Es war ein relativ sicherer Ort, um den Jungen zu verstecken. Villads meinte, das Auto des Kidnappers hätte einen Dieselmotor. Molbergs Geländewagen ist ein Diesel.«

»Warum sollte Molberg den Jungen kidnappen …?«

»Finden wir ihn, Rudi, dann kannst du ihm selbst all diese Fragen stellen. Wenn ich recht habe, hängt Theodor Stamfeldts Leben an einem seidenen Faden. Such den schnellsten Weg zum Fundort von Bjarke heraus.«

Der Kommissar rief Google Maps auf seinem Telefon auf.

»Möglicherweise gibt es einen Zugang an der Vidåsluse, der Schleuse bei Højer, aber ich kann nicht erkennen, ob man mit dem Auto dorthin kommt.«

»Andere Möglichkeiten?

»Es gibt einen Weg an der Innenseite des vorgeschobenen Deichs, aber es ist ebenfalls schwer zu erkennen, ob man dort mit dem Auto fahren kann. Das ist wohl auch nicht der Sinn der Sache. Das Wattenmeer gehört den Austern und Quallen.«

»Wir fahren den Grenzweg hinunter, wo wir gestern gehalten haben. Von dort können wir das Seezeichen sehen.«

Der Kommissar setzte sich auf seinem Sitz zurecht und starrte besorgt auf die Straße, wo die Fahrbahnmarkierungen immer schneller unter dem Wagen zu verschwinden schienen.

Lykke war so angespannt wie schon lange nicht mehr. Seit Grys Tod hatte sie sich in einer Art mentaler Selbstquälerei beherrscht, doch nun sah sie ein, wie dumm dies eigentlich war. Sie dachte jeden Tag an ihre Tochter und an den Mann, der daran schuld war, dass Gry nicht mehr lebte, doch es gab Momente wie diesen, in denen sie sich zu hundert Prozent auf die aktuelle Situation konzentrieren musste, in denen ihr Gehirn ihrer chronischen Trauer den Laufpass geben musste, in denen sie für eine Weile das Grübeln und die Selbstvorwürfe vergessen und ausschließlich handeln musste. Eine solche Situation war jetzt eingetreten und versetzte sie in eine Art Rausch.

Rudi programmierte den Routenplaner und startete die Ansage. Sie sollten 7,4 Kilometer geradeaus fahren, dann rechts abbiegen. Er blickte auf.

»Du fährst hundertzwanzig Stundenkilometer, und da vorn ist ein Güllestreuer.«

Lykke fuhr unbeeindruckt weiter, ohne langsamer zu werden, bis sie direkt hinter dem Güllewagen war. Auf der entgegengesetzten Straßenseite kam ihnen ein Lastwagen entgegen, die Zugluft versetzte dem Campingbus einen Stoß. Dem Lastwagen folgte ein weiteres Auto. Lykke rutschte ungeduldig mit dem Fuß auf dem Gaspedal herum.

»Nun mach schon, du Bauernarsch!«

»Ruhig, Lucky.«

»Wenn meine Theorie stimmt, bekommst du eine Generalreinigung des ganzen Wagens auf meine Rechnung.«

»Ich würde lieber mein Leben behalten.«

Der Personenwagen fuhr an ihnen vorbei.

»So, jetzt schnapp ich ihn mir.«

Sie blinkte, gab Gas, überholte den Güllestreuer und brachte das Wohnmobil wieder auf Kurs. Die Tüte mit den leeren Bierdosen fiel um, irgendetwas klapperte in einem der Schränke.

»Mein Gott, ich habe mein Auto Calamity Jane überlassen!«

»Wie weit ist es noch bis zu der Stelle, wo wir rechts abbiegen sollen?«

»2,3 Kilometer, es sei denn, du nimmst die Abkürzung über die Felder.«

Lykke hörte nur den ersten Teil des Satzes. Sie war fest entschlossen, das Leben des Mannes zu retten, egal, welche Verbrechen er begangen hatte. Erneut beschleunigte sie.

»Ich kann die Grenzmarkierung auf dem Deich erkennen«, sagte Rudi. »Aber dort sind keine Autos.«

Sie rasten über den Siltoftvej auf die Grenze zu. Die Gegend war flach mit sich weit erstreckenden Weiden und langen Drahtzäunen auf beiden Seiten. Obwohl der vorgeschobene Deich nach Westen einen gewissen Schutz lieferte, fegte der Wind mit einer Wolke von losen Grashalmen über die Landschaft, während die Schafe dem Unwetter dicht gedrängt den Rücken zukehrten. Noch hatte es nicht angefangen zu regnen, aber das war nur eine Frage der Zeit.

»Wo ist dein Fernglas?«, fragte Lykke.

Rudi holte es aus dem Handschuhfach, aber der Wagen rüttelte zu sehr, um während der Fahrt etwas erkennen zu können.

»Das funktioniert nicht, das ist … He, halt mal kurz an.«

»Wieso?«

»Dort unten ist ein Auto. Es fährt wie der Teufel.«

»Ich habe das Gaspedal ebenfalls durchgedrückt.«

»Wir müssen wissen, ob er es ist, aber ich kann nichts erkennen. Es rumpelt zu sehr. Fahr mal rechts ran!«

Sie bremste hart, aber kontrolliert, sodass sich die Sicherheitsgurte strafften und lose Gegenstände durch das Wohnmobil rollten. Die Gefahr eines Auffahrunfalls bestand zum Glück nicht, sie waren in dieser surrealistisch öden Landschaft allein auf der Straße. Der Kommissar ließ das Seitenfenster herunter und steckte den Kopf hinaus. Der eiskalte Wind stahl blitzschnell die Wärme der Fahrerkabine.

»Das *ist* Molberg! Ein schwarzer Geländewagen mit gelbem Dach. Er ist fast an der Grenze, also fährt er doch nach … Nein, er fährt auf dem Grænsevej zum Deich, und das ist eine Sackgasse. Das wissen wir.«

Lykke sah den Wagen auch ohne Fernglas. Er glich einer mechanischen Wespe in dieser goldbraunen Herbstlandschaft. Sie vermutete, dass der Deich anderthalb bis zwei Kilometer entfernt war. Es war möglich, dem Geländewagen den Weg abzuschneiden, wenn er direkt auf den Deich zufuhr, aber Molberg war bewaffnet, verzweifelt und hatte vermutlich eine Geisel, es sei denn, Theodor Stamfeldt lag bereits tot in einem Straßengraben.

Ihr Jagdinstinkt steckte den Kommissar an.

»Wir schnappen ihn! Komm, Lucky!«

Sie beschleunigte mit quietschenden Reifen, schüttelte aber den Kopf.

»Das schaffen wir nicht allein. Wir sind nicht bewaffnet und …«

»Hallo? … Krogh?« Rudi rief den Ermittlungsleiter an. »Wir haben Molberg lokalisiert und verfolgen ihn im Augenblick hinunter zum Grænsevej nördlich des Rickelsbüller Koog. Wir brauchen Verstärkung … ja, schweres Geschütz. Er fährt wie ein Wahnsinniger … Nein, das weiß ich nicht, aber er muss aufgehalten werden. Vielleicht ist Stamfeldt noch am Leben … Genau, wir warten.«

Es war weiter bis zur Grenze, als sie vermutet hatte. Die Entfernungen täuschten auf der offenen Fläche, aber Lykke erreichte das Ende des Siltoftvej in weniger als fünf Minuten. Dort stand ein symbolisches Zollhaus mit einem vier Meter langen, ebenso symbolischen Schlagbaum, der allerdings nicht die Fahrbahn versperrte, sodass jeder ungehindert passieren konnte. Der Grænsevej zog sich als asphaltierter Strich nach rechts auf den Deich zu. Der Geländewagen hatte ihn beinahe erreicht, Lykke hielt an.

Zögernd trat sie aufs Gaspedal, hatte aber noch keinen Gang eingelegt.

»Was machen wir?«

»Natürlich fahren wir weiter.«

»Hast du nicht gerade zu Krogh gesagt, dass wir warten?«

»Ich habe gelogen … Gottverdammt!« Rudi hatte das Fernglas vor den Augen. »Er fährt über den Deich.«

Lykke sah ein paar Sekunden den schwarzen Punkt auf dem Scheitel des Deichs. Dann schien er dahinter zu versinken.

»Er ist auf die Außenseite gefahren. Gib Gas!«

Offensichtlich hatte Rudi seinen Kater vergessen. Auch Lykke wollte die Verfolgung nicht aufgeben. Sie hielt das Lenkrad fest in ihren Händen und fuhr in einem Tempo weiter, dass der Kommissar in seinem Sicherheitsgurt hin und her geworfen wurde. Der Camper rutschte in den Schotter am Straßenrand, fand aber problemlos zurück in die Spur.

Sie erreichten den Parkplatz am Saltvandssøen, auf dem sie gestern geparkt hatten, als sie die Zigarrenkiste fanden. Auch heute war hier weder ein Mensch noch ein Fahrzeug zu sehen. Rechts führte ein asphaltierter Weg hoch auf den Deich. Ein niedriges Doppeltor blockierte den Weg, aber Molberg hatte es durchfahren. Teile der zersplitterten Stoßstange des Geländewagens lagen über den Boden verstreut.

Lykke fuhr bis zu der Stelle.

»Langsam. Er könnte direkt auf der anderen Seite halten.«

»Vielleicht ist es klüger, erst einmal die Lage zu sondieren.«

»Einverstanden. Halt an, wir gehen zu Fuß weiter.«

Sie parkte den Campingbus und sprang hinaus. Sie liefen eine niedrige Hecke entlang und schlichen Schulter an Schulter bis zum Scheitel des Deichs. Ein paar Meter vorher gingen sie in die Knie und krochen das letzte Stück. Vorsichtig reckten sie die Köpfe über den Deich. Der kräftige Wind nahm ihnen beinahe den Atem und peitschte ihnen Sand ins Gesicht, sodass sie die Augen zusammenkneifen mussten. Es war schwer, unter diesen Bedingungen das Watt zu überblicken. Der Sturm dominierte. Der Himmel glich Vulkanasche, die enormen grauschwarzen Wolken schienen jeden Moment vor Regen zu platzen. Unter ihnen lag die sich weit erstreckende Fläche des Wattenmeers wie eine unfruchtbare, feuchte Wüste. Noch herrschte Ebbe, aber die Flut hatte bereits eingesetzt und kam schnell, kräftig unterstützt vom Sturm.

»Er ist weg«, sagte Lykke und schirmte die Augen mit den Händen ab. »Vielleicht ist er auf der Außenseite des Deichs am Strand weitergefahren.«

»Nein, er fährt dort hinaus!« Rudi wies mit dem Finger in Richtung Meer.

Lykke kniff die Augen beinahe ganz zu, um keinen Sand in die Augen zu bekommen, sie erahnte Molbergs Auto mehr, als sie es sah. Er fuhr in großen Bögen wild umher, um den kleinen Seen auszuweichen, die immer zurückbleiben, wenn das Meer sich zurückzieht.

»Zurück zum Bus!«, rief Rudi und lief voraus.

Lykke überholte ihn und sprang auf den Fahrersitz. Das Wohnmobil hatte gerade so Platz auf dem schmalen Weg. Sehr vorsichtig rollte sie die Außenseite des Deichs hinunter, wo der Sturm den Wagen sofort kräftig durchschüttelte.

»Ich sehe nicht, wo er rausgefahren ist.«

»Ich glaube, die Spur ist dort«, erwiderte Rudi und zeigte nach rechts. »Wenn er dort fahren kann, können wir es auch.«

Sie zögerte, trotz allem.

»Das hier ist kein Geländewagen.«

»Und auch kein Ferrari. Willst du lieber auf Krogh warten und Stamfeldts Leben riskieren?«

»Vielleicht ist er ja gar nicht im Wagen. Vielleicht fährt Molberg hinaus, um sich zu ertränken.«

Der Kommissar verschränkte demonstrativ die Arme.

»Gut, dann machen wir jetzt eine Pause. Soll ich eine Tasse Kaffee aufsetzen? Im Schrank liegen auch noch ein paar Illustrierte.«

»Ach, zum Teufel!«

Lykke biss die Zähne zusammen und gab Gas. Sie folgte der Spur des Geländewagens. Es war offensichtlich, dass das Wohnmobil auf dem Untergrund Schwierigkeiten hatte, aber der Sand schien hart genug zu sein. Bisher.

Gegen jede Vernunft wagten sie sich hinaus ins Watt, wo ihnen nur das Meer und das erschreckendste Unwetter, das Lykke je gesehen hatte, entgegenkamen. Ihr Pulsschlag hatte sich deutlich erhöht, aber direkt darunter spürte sie den Kick – das Adrenalin half bei der Aufgabe. Lykke fühlte sich mutig und trat aufs Gaspedal, aber nicht zu fest; Schultern und Oberschenkel waren angespannt, sie umklammerte das Lenkrad und behielt die gewundene Spur im Auge.

Plötzlich lief Wasser über die Frontscheibe, die ersten Tropfen fielen. Innerhalb von wenigen Sekunden wurde der Regen stärker. Sie schaltete die Scheibenwischer ein, erst in einer langsamen Stufe, aber schon bald in der höchsten Geschwindigkeit. Der heulende Wind klatschte Wogen von Flugsand in rasenden Salven gegen die Windschutzscheibe. Der Sand vermischte sich mit dem Regen zu einer Grütze, gegen die der Scheibenwischer einen harten Kampf führte.

»Jetzt wird uns der Lack poliert«, kommentierte Rudi das Wetter. »Ich hoffe nur, dass die deutsche Polizei gegen Fahren in den Gezeiten versichert ist.«

Lykke hörte ihn nicht. Sie kämpfte damit, der Reifenspur zu folgen, die immer schwächer wurde, um schließlich ganz zu verschwinden.

»Wir werden noch stecken bleiben. Ich kann seine Spur nicht mehr erkennen. Wir könnten ebenso gut unter der Meeresoberfläche sein. Ich sehe überhaupt nichts mehr.«

Ein rascher Blick in den Seitenspiegel verriet, dass sie sich mindestens einen Kilometer von der Küste entfernt hatten. Der Deich war im Regen beinahe verschwunden. Es wäre Wahnsinn weiterzufahren.

»Da draußen ist etwas«, erklärte Rudi, der erneut das Fernglas benutzte. »Ich kann seine Bremslichter sehen. Halt dich rechts, Lucky.«

»Da ist Wasser.«

»Dann fahr drumherum.«

Sie lenkte blindlings und hoffte das Beste, sie stellte sich vor, sie würde Grys Mörder verfolgen.

»Dort drüben ist es trocken. Mehr nach rechts.«

Lykke hielt sich rechts, sodass das Unwetter nun gegen ihre Seite des Wagens hämmerte. Für die Sicht war das jedoch besser, sie konnte sich wieder ein wenig orientieren. Nun sah auch sie die Rücklichter des Geländewagens in dem grauen Nichts. Er stand still. Sie hielt ebenfalls an.

Rudis Telefon klingelte. Der Ermittlungsleiter.

»Wir sind draußen im Watt, kurz vor der Grenze, Krogh. Ihr müsst zum Strand am Grænsevej. Das Tor zum Deich ist durchbrochen. Nur geländegängige Fahrzeuge, sonst fahrt ihr euch fest. Molberg hält im Augenblick still … nein, das können wir nicht sehen. Wir sind zu weit weg. Das Wetter ist ziemlich heftig, und die Flut kommt … Genau, wir warten.«

Er unterbrach die Verbindung.

»Weiter, während er hält, sonst verlieren wir ihn.«

»Hast du nicht gerade zum zweiten Mal zu Krogh gesagt, dass wir warten?«

»Ja, ich habe wieder gelogen. Wir können jetzt nicht aufgeben. Es geht um das Leben eines Menschen. Vielleicht zwei, wenn Molberg sich auch umbringen will.«

Der Regen fiel jetzt gleichmäßig, aber noch immer sehr dicht. Vor ihnen lag eine breite Sandbank, auf der Lykke die Spur des Geländewagens wiederfand.

Rudi blickte die ganze Zeit durch das Fernglas.

»Er ist ausgestiegen.«

»Kannst du Stamfeldt erkennen?«

»Nein … doch, warte. Die Heckklappe steht offen. Da liegt etwas neben dem Wagen. Fahr langsam.«

Sie verringerte das Tempo.

»Stopp!«, sagte Rudi, als sie ungefähr hundert Meter entfernt waren. »Er hat uns gesehen und das Gewehr angelegt. Fahr nicht näher heran.«

Sie warteten mit dem Motor im Leerlauf, während der Regen wieder stärker wurde und der Wind die Tropfen hart gegen die Frontscheibe und das Dach peitschte. Kaskaden von Wasser stürzten herab. Die Scheibenwischer klopften mit voller Kraft hin und her, sodass Molberg nur halb verwischt zu erkennen war und seine Bewegungen ruckartig erschienen.

»Was macht er?«

»Wie es aussieht, gräbt er.«

»Wonach?«

»Soll ich hingehen und fragen?«

Sie stöhnte irritiert auf.

»Wir können doch nicht einfach hier sitzen bleiben und zusehen. Du hast selbst gesagt, dass wir etwas unternehmen müssen.«

»Das werden wir auch tun, aber wir müssen von unseren Ruhmestaten auch noch erzählen können … Er hat das Gewehr hingelegt … Jetzt zieht er etwas über den Sand. Das … das ist Stamfeldt!«

»Siehst du, ob er am Leben ist?«

»Er bewegt sich nicht und blutet am Kopf. Molberg gräbt jetzt weiter.«

»Darf ich mal?«

Rudi reichte ihr das Fernglas. Lykke stellte es scharf.

Der Arzt lag ausgestreckt auf dem Rücken. Er trug seinen weißen Kittel. Molberg warf ihm einen kurzen Blick zu, dann grub er mit hektischen, raschen Stichen weiter. Der Wind wirbelte den Sand auf. Molberg behielt das Wohnmobil im Auge, dessen Fernlicht in dem zunehmend grauschwarzen Chaos etwas von der Szenerie erleuchtete.

»Was macht er denn da? Ist er wahnsinnig geworden?«

»Ich glaube, dasselbe wie bei Laumann«, vermutete Rudi.

Lykke gab ihm das Fernglas zurück, legte den Gang ein und rollte langsam weiter. Molberg hörte umgehend auf zu graben und griff nach seinem Gewehr.

»Halt an, Lykke!«

Sie blieb circa zwanzig Meter entfernt stehen. Molberg stand in dem peitschenden Regen und richtete seine Waffe auf sie.

»Er ruft irgendetwas.«

Rudi ließ das Seitenfenster herunter und steckte den Kopf in das Unwetter hinaus. Er schrie gegen den Sturm an.

»Hören Sie auf damit, Molberg! Sie können hier nicht entkommen!«

»Verschwindet, zum Teufel. Ich puste euch die Köpfe weg, wenn ihr näher kommt!«

Die Warnung wurde rasch vom Wind hinübergetragen.

»Lassen Sie uns darüber reden.«

Lykke fuhr ganz langsam weiter. Molberg marschierte entschlossen auf sie zu. Sie bremste. Das Gesicht des Mannes hatte einen verzerrten, tierischen Ausdruck, das ihn in der Kombination mit seinen struppigen Haaren und der durchnässten Kleidung aussehen ließ wie einen Troll aus ihren kindlichen Albträumen. Der Mann stellte sich wenige Meter vor dem Campingbus auf und richtete die Gewehrmündung direkt auf sie.

»Runter!«, schrie Rudi und versuchte, sich auf Lykke zu werfen, aber sein Sicherheitsgurt hinderte ihn daran.

Ein lauter Knall dröhnte durch den Sturm, gefolgt von einem pfeifenden Geräusch. Das Wohnmobil sackte auf der rechten Seite ein wenig ab.

Lykke wartete einige Sekunden, bevor sie sich aufrichtete. Molberg war auf dem Weg zu dem leblosen Arzt.

»Mist, er hat mir den Reifen zerschossen.«

Molberg legte das Gewehr auf den Rand des Kofferraums, damit es nicht nass wurde. Dann griff er wieder zur Schaufel und beendete die Grube, mit der er begonnen hatte. Er stellte die Schaufel beiseite, zog Stamfeldt in die Vertiefung und fing an, ihn mit Sand zu bedecken.

»Er begräbt ihn lebendig, genau wie Bjarke. Wir müssen etwas unternehmen.«

»Bleib hier.«

Der Kommissar wagte sich hinaus in den Sturm. Lykke öffnete die Fahrertür, oder besser, sie probierte es, da die starken Fallwinde hartnäckig versuchten, sie zuzudrücken.

»Bleib hier, Lykke! Wir müssen nicht beide erschossen werden.«

Molberg hatte die Schaufel weggeworfen. Er nahm die abgefeuerte Patrone aus dem Gewehr, griff hastig in die Hosentasche und legte eine frische Patrone ein. Es gab keine Zeit für Diskussionen. Rudi ging auf der rechten, Lykke auf der linken Seite. Es fiel ihr schwer, bei den aggressiven Windstößen nicht den Halt zu verlieren. Der Regen peitschte wie Trommelstöcke über den ganzen Körper, und sie hatte das Gefühl, als würde jemand versuchen, ihr die Beine wegzuziehen.

»Einen Schritt weiter, und ihr bekommt jeder eine Breitseite!«

»Sie begehen einen furchtbaren Fehler!«, schrie Rudi gegen den Wind an. »Stamfeldt ist unschuldig!«

»Halt's Maul, ich kenne den Zusammenhang! Das perverse Schwein hat meine kleine Rosa vergewaltigt und ermordet! Er wird, verdammt noch mal, sterben, dieser verfluchte Mistkerl!«

»Sie werden es den Rest Ihres Lebens bereuen, wenn Sie ihn umbringen!«, schrie Lykke und wischte sich den Regen aus dem Gesicht.

Molberg grinste, aber in seinem bleichen Gesicht waren die Züge des Teufels zu sehen.

»Nur die Ruhe, ich bringe ihn nicht um. Das erledigt die Natur, so wie sie es mit Schädlingen immer macht!«

Stamfeldt, der bisher kein Lebenszeichen von sich gegeben hatte, fing an, sich ein wenig zu bewegen und jämmerlich um Hilfe zu rufen. Er lag auf dem Rücken und starrte in die Luft. Molberg hatte so viel Sand auf ihn geschaufelt, dass nur der Kopf und die Spitzen seiner Wildlederschuhe aus dem Sand ragten. Ein Mann in normaler Verfassung hätte problemlos aufstehen können, aber der Arzt war halb bewusstlos, verletzt und blutete an der Stirn.

Lykke betrachtete die Szene mit Schaudern. Selten hatte sie sich so machtlos gefühlt. Das Urteil über den Arzt würde von der Flut vollstreckt, die schneller kam als normalerweise. Das Meer kroch bereits wie eine lebendige Decke um die Räder des Geländewagens. Es war auf dem Weg zu Theodor Stamfeldts offenem Grab unter der Oberfläche des Watts.

59

Lykke, Rudi und Laurits Molberg standen wie leblose Figuren auf der mächtigen Wattfläche und glichen einem bizarren Kunstwerk, während der Regen auf sie niederprasselte und das Meer sich um ihre Füße drängte. Sie befanden sich mitten im Zentrum des Unwetters, in dem alles grauschwarz und von heftigen Wassermassen durchweicht war.

Molberg stand mit dem Rücken im Wind. Der Kommissar trat zwei Schritte vor, er war jetzt höchstens fünf, sechs Meter von dem verzweifelten Mann entfernt. Molberg hob das Gewehr und zielte direkt auf ihn.

»Zurück, oder ich puste dir den Kopf weg!«

Sein Brüllen drang aggressiv durch den Sturm.

Lykke fand, es enthielt all den Schmerz und den Zorn, den sie selbst nach Grys Tod herausgeschrien hatte, wenn sie allein war und den Drang verspürt hatte, sich abzureagieren.

Rudi hielt abwehrend die Hände in die Höhe, blieb aber stehen.

»Sie haben bereits drei Menschen umgebracht. Finden Sie nicht, das reicht?«

»Sie starben wegen dieses Schweins hier!«, brüllte Molberg und richtete den Gewehrlauf auf Stamfeldts übel zugerichtetes Gesicht. »Sie wussten, wer meine kleine Rosa umgebracht hat, aber sie wollten es nicht sagen. Dafür mussten sie bezahlen.«

Der Arzt glotzte erschrocken auf seinen Peiniger. Er versuchte, sich aufzurichten, aber er war zu schwach.

»Du bleibst da still liegen und wartest auf deinen Tod, du verfluchtes Schwein!«, brüllte Molberg.

Er setzte einen schweren Stiefel auf Stamfeldts Gesicht und trat zu. Ein scharfes Knacken war zu hören, als würde ein Ast von einem Baum abgebrochen, als die Nase des Arztes brach und Blut in das steigende Wasser gepumpt wurde. Stamfeldt brüllte vor Schmerz und warf den Kopf hin und her. Rudi nutzte Molbergs Unaufmerksamkeit und trat näher heran. Für Lykke sah es aus, als würde er überlegen, sich auf den Mann zu stürzen, aber Molberg stand noch immer zu weit entfernt, und er hatte den Überblick nicht verloren. Im Gegenteil.

»Zurück!«, fauchte er. »Ich warne dich, Lehmann! Ich habe keine Angst, einen Deutschen zu erschießen. Mein Vater hat das während des Krieges getan, das liegt also in der Familie.«

»Jetzt kränken Sie mich.«

»Nein, ich puste dich einfach um, da, wo du stehst. Zurück!«

Rudi wich ein paar Schritte zurück.

Lykke wischte sich das Gesicht mit dem Ärmel ab, während sie wie eine Wahnsinnige über ein Ablenkungsmanöver nachdachte. Der Geländewagen stand so, dass die offene Heckklappe sie ein wenig abschirmte, wenn sie sich von Rudi entfernte. Sie duckte sich und schlich zum Kofferraum. Darin lag ein Engländer. Es war nicht die allerbeste Schlagwaffe der Welt, aber der Engländer war aus Metall. Sie nahm ihn und ging in der Hocke den Geländewagen entlang bis zur Front, die auf das Meer zeigte.

Molberg war damit beschäftigt, Rudi in Schach zu halten, aber er stand mehr als zwanzig Meter von ihr entfernt, und dazwischen gab es nichts, um sich dahinter zu verstecken. Sie blickte über den Kühler und gab Rudi ein Zeichen, der es so diskret registrierte, dass Molberg nichts bemerkte.

Der Kommissar trat langsam zur Seite. Molberg folgte der Drehung und stand nun mit dem Rücken zu Lykke. Im Laufe von wenigen Minuten würde die Flut die Stelle erreichen, an der Stamfeldt den Kräften der Natur ausgeliefert war.

Noch immer gab es keine Anzeichen an der Küste, dass die Polizei ihnen zu Hilfe kam, daher nahm sie all ihren Mut zusammen und schlich auf Molberg zu, während Rudi versuchte, ihn mit Reden abzulenken. Fünf, sechs Meter vor dem Ziel sah sie, wie ernst die Situation für Stamfeldt war. Das Gesicht des Arztes war eine zu Tode erschrockene Maske aus Sand und Blut. Sein wilder Blick flehte Lykke um Hilfe an. Sie fing an zu rennen, doch Molberg witterte die Gefahr und drehte sich in dem Moment um, als sie ihm das Gewehr aus den Händen schlagen wollte. Der Gewehrschaft traf sie mit einem heftigen Schlag an der Stirn, sie stolperte zurück und ließ den Engländer fallen. Rudi fing ebenfalls an zu laufen, aber Molberg war zu geistesgegenwärtig. Sofort richtete er den Gewehrlauf wieder auf den Kommissar, der mit erhobenen Händen stehen blieb.

»Ganz ruhig!«

»Hau ab, du verdammter Wurstfresser!«

»Ich esse keine Wurst, ich bin Vegeta…«

»Halt die Schnauze, Lehmann! Verschwinde, oder ich puste dir die Birne weg!«

Rudi musste wieder einige Schritte zurückgehen, er sah sich nach Lykke um, die benommen und blutend im eiskalten Wasser lag. Stamfeldt schrie jetzt lauter, er hatte eingesehen, dass die Situation hoffnungslos war.

»Hör auf mit diesem Geflenne, du pädophiler Drecksack!«, brüllte Molberg und drückte den Doppellauf direkt auf die Wange seines Opfers. »Nutz lieber deine letzten Sekunden, um darüber nachzudenken, warum du hier liegst!«

Stamfeldts Gesichtsausdruck veränderte sich plötzlich, als würde er sein Schicksal akzeptieren. Er wechselte von einer panischen zu einer beinahe berechnenden Miene.

»Okay. Erschieß mich. Ich gebe zu … ich war es … Rosa … sie … ich …«

Molbergs Gesicht verzog sich in schäumender Wut.

»Du Psychopath!«

Der Finger zitterte am Abzug. Das Wasser erreichte jetzt Stamfeldts Mund und die gebrochene Nase, er begann, zu husten und zu spucken. Der Arzt wand sich verzweifelt. Es gelang ihm, den Kopf ein wenig zu heben, aber das verzögerte lediglich das Unausweichliche. Rudi trat wieder näher heran.

»Zurück, Lehmann! Ich niete ihn um!«

»Erschieß mich, Laurits. Ich flehe dich an.«

Molberg zielte auf das Gesicht im Sand. Ihm kamen nun selbst die Tränen, doch in dem Regen sah man es nicht. Stamfeldt hustete und japste, während das Meer sein Gesicht mehr und mehr bedeckte. Er versuchte, den Kopf höher zu heben, aber es gelang ihm nicht. Molberg drückte den Gewehrlauf in den Mund des Arztes, dessen Gesicht einen beinahe zufriedenen Ausdruck zeigte. Stamfeldt nickte und schloss die Augen. Molbergs Finger zitterte noch immer am Abzug, doch dann entschied er sich anders und zog den Lauf wieder heraus.

»Nein, das werde ich nicht tun, du Arschloch! Du sollst von den Krabben gefressen werden!«

Stamfeldts Schrei verlor sich im Wasser.

Sein Bild flimmerte in den rinnenden Wasserströmen, als Lykke benommen auf die Beine kam. Also war es vorbei. Die Flut hatte gewonnen. Rosa Molbergs Mörder war unter der Meeresoberfläche verschwunden.

60

Das Geräusch von Sirenen drang durch den Sturm. Lykke drehte sich um und sah zwei Streifenwagen, die sich in hohem Tempo näherten, gefolgt von einem Krankenwagen. Das Blaulicht flimmerte stroboskopisch in den Regengardinen, hinter denen der Strand und der vorgeschobene Deich zum Teil verschwanden.

Molberg hatte noch immer das Gewehr auf den Mörder seiner Tochter gerichtet.

Die heranfahrenden Einsatzfahrzeuge gaben Rudi die Chance, auf die er gewartet hatte. Die Entfernung zwischen den beiden Männern betrug höchstens fünf, sechs Meter, und obwohl der korpulente Kommissar nicht mehr der Jüngste war, bewegte er sich jetzt ungewöhnlich schnell. Molberg sah es und richtete das Gewehr auf ihn, doch Rudi Lehmann warf sich auf ihn und brachte Molberg so sehr aus dem Gleichgewicht, dass er taumelte und rücklings zu Boden ging. Die beiden Männer kämpften um das Gewehr.

Lykke lief zu Stamfeldt, der mit offenem Mund und einem toten Gesichtsausdruck leblos vom Meeresboden in die Luft starrte. Sie ging in die Knie und steckte die Hände hinter dem Kopf des Arztes in das eiskalte Wasser. Sie zog ihn am Nacken. Ein roter Nebel breitete sich im Wasser aus. Im ersten Moment dachte sie, es läge an den Wunden in Stamfeldts Gesicht, doch dann spürte sie den schneidenden Schmerz der scharfen Rasiermessermuscheln, deren Schalen ihre Finger blutig geschnitten hatten. Sie zerrte Stamfeldts Kopf hoch, bis sein Kinn auf die Brust fiel, aber das Wasser stand jetzt bereits so hoch, dass sein Körper noch immer unter der Wasseroberfläche war. Molberg hatte bis zum Hals so viel Sand auf ihn geschaufelt, dass sie den Körper nicht aus dem Watt ziehen konnte. Sie wagte nicht, kräftiger zu ziehen, aus Angst, ihn noch schwerer zu verletzen. Stattdessen begann sie, die schweren Sandberge am Hals und an der Brust abzutragen und beiseite zu schieben. Noch immer gab Stamfeldt kein Lebenszeichen von sich.

Währenddessen kämpften Rudi und Molberg, der den Kommissar verfluchte und beschimpfte, um das Gewehr. Laurits Molberg war stark und kämpfte wie ein Berserker. Dröhnend entluden sich die Doppelläufe im Sturm, und eine gelblich weiße Lichtsäule leuchtete in Lykkes Augenwinkel auf. Alarmiert blickte sie auf. Rudi lag auf dem Boden, Molberg stand auf.

Der erste Streifenwagen hielt nur wenige Meter entfernt, die Türen wurden aufgestoßen, und Krogh, Sara Graugård und Jannick Johansen sprangen heraus. Krogh und Graugård liefen mit gezogenen Pistolen auf die Männer zu.

»Helfen Sie mir!«, rief Lykke.

Jannick Johansen beugte sich über Stamfeldt und steckte die Hände unter eine seiner Schultern, gemeinsam mit Lykke gelang es ihm, den Oberkörper des Arztes aus dem Sand zu befreien. Der Kopf hing schlaff im Nacken, das Wasser sickerte aus seinen

Haaren, der Regen fiel in die offen stehenden Augen, ohne dass Stamfeldt reagierte.

»Dort drüben«, sagte der Polizeiassistent und nickte in Richtung einer kleinen Sandbank, die noch aus dem Wasser ragte.

Lykke nahm Stamfeldts Beine, hob an und ging rückwärts. Dadurch hatte sie die Gelegenheit, zu verfolgen, wie sich die Situation um Molberg entwickelte.

»Der Erste, der mir zu nahe kommt, kriegt eine Breitseite!«, brüllte er.

Rudi war auf den Knien, die Hände im Wasser. Der Ermittlungsleiter und Sara Graugård hielten ihre Pistolen schussbereit in den Händen.

»Leg das Gewehr weg!«, befahl Krogh.

Molberg ging rückwärts, wobei er sie mit dem Lauf seines Gewehres in Schach hielt.

»Leckt mich am Arsch!«

»Schnappen Sie ihn!«, rief Rudi. »Er hat beide Läufe abgefeuert.«

Molberg warf rasend vor Wut sein Gewehr nach ihnen und rannte auf das graue Watt hinaus, das jetzt vollkommen von der Flut überschwemmt war.

»Grüßen Sie schön in England!«, rief Rudi ihm hinterher und erhob sich.

Krogh und Sara nahmen die Verfolgung auf und holten den verzweifelten Rächer ungefähr hundert Meter weit entfernt ein, wo ihre Gestalten mit dem strömenden Regen verschmolzen. Die beiden Beamten des zweiten Streifenwagens liefen ihnen nach. Molberg gab endlich auf, blieb stehen und beugte sich vor, die Hände auf die Knie gestützt. Sara Graugård griff nach seinem Arm, er schlug nach ihr, doch dann kamen die anderen Beamten dazu, und gemeinsam gelang es ihnen, dem Mann Handschellen anzulegen.

Um sich nicht festzufahren, hatte der Krankenwagen wesentlich näher an der Küste gehalten, aber zwei Rettungssanitäter liefen mit einer Bahre und weiterer Ausrüstung zu der Sandbank, auf die Lykke und Jannick Johansen Stamfeldts leblosen Körper gebracht hatten.

»Wir übernehmen ab jetzt«, sagte einer der Sanitäter außer Atem, als sie ihre Geräte vorbereiteten.

Lykke zog sich erleichtert zurück. Sie hatte sich schon darauf eingestellt, Stamfeldt von Mund zu Mund beatmen zu müssen. Das war glücklicherweise nicht nötig. Der Gedanke, einen pädophilen Kindermörder zu küssen, führte bei ihr zu einem schlechten Geschmack im Mund.

61

»Na, Laurits, bereit zu reden?«

Mogens Krogh stand an seinem Schreibtisch, die Hände in die Seiten gestützt, während Molberg in einer unkomfortablen Stellung davor saß, die Arme mit strammen Kabelbindern um die Handgelenke auf dem Rücken gefesselt. Er hatte einige Schrammen im Gesicht, das Blut war geronnen, und ein beeindruckendes blauviolettes linkes Auge war beinahe zugeschwollen und glich einer aufgeklebten Pflaume.

Achtzehn Stunden waren seit der dramatischen Verhaftung im Watt vergangen, und das Unwetter war nach Nordosten abgezogen. Es war noch immer stürmisch und kalt, aber die Sonne drang beinahe durch die Wolken.

Molberg saß reglos da und starrte mit seinem gesunden Auge vor sich hin, während die übrigen Anwesenden ihn beobachteten. Rudi Lehmann und Lykke Teit überließen dem Ermittlungsleiter die Vernehmung, der junge Jannick Johansen stand bereit, falls Molberg einen neuen Anfall bekommen sollte. Vor ein paar Stunden war es zu einem Wutausbruch gekommen, als man ihn tropfnass und verzweifelt ins Präsidium gebracht hatte und jemand erwähnte, dass die Rettungssanitäter Theodor Stamfeldt das Leben gerettet und ihn auf die Intensivstation des Esbjerger Krankenhauses gebracht hätten. Drei Beamte waren nötig gewesen, um Molberg festzuhalten. Es hatte zu einem mehrere Minuten langen Kampf am Empfang geführt, der damit endete, dass der Verhaftete mit dem Gesicht gegen einen Schrank stieß, bevor die Beamten ihn unter Kontrolle bringen und in eine Zelle sperren konnten. Später hatte ein Arzt den unglücklichen und verzweifelten Mann untersucht, die Verletzungen waren aber lediglich oberflächlich.

Am Vormittag hatte Molberg eingewilligt, ein Geständnis abzulegen, aber Mogens Krogh wollte noch immer kein Risiko eingehen. Der Mann war fast zwei Meter groß und bärenstark. Er starrte den Ermittlungsleiter mürrisch an, aber seine verkrampften Gesichtszüge entspannten sich ein wenig.

»Ich werde schon alles sagen«, erklärte er leise. »Aber wäre es möglich, die Kabelbinder gegen Handschellen auszutauschen? Sie schneiden mir in die Haut. Das tut verdammt weh. Ich verspreche, keinen Ärger mehr zu machen.«

»Nachdem du gestern die Hälfte des Empfangs demoliert hast, ist das keine besonders gute Idee«, erwiderte Krogh. »Einer meiner Leute musste zum Zahnarzt und außerdem genäht werden. Zusätzlich zu den übrigen Anschuldigungen wird dir tätlicher Angriff auf Vollstreckungsbeamte vorgeworfen. Außerdem hast du zwei Stühle und eine Schranktür zertrümmert.«

»Diese grässliche Bodenvase vom Dänischen Polizeisportbund habe ich verschont. War das ein Trostpreis?«

Lykke verabscheute Molbergs Handlungen, aber der Witz bewies einen Humor, der eine weit menschlichere Seite dieses Mannes zeigte.

»Mein Klient hat das Recht auf eine menschenwürdige Behandlung«, warf der Rechtsanwalt Jesper Sims ein, der ein wenig abseits auf einem Stuhl saß. »Laut der Menschenrechtskommission …«

»Ja, danke.«

Krogh unterbrach den Anwalt und warf Rudi und Lykke einen Blick zu. Dann wandte er sich wieder an Molberg.

»Wenn wir uns wieder mit dir prügeln müssen, wird das für dich üble Konsequenzen haben. Du steckst ohnehin schon bis zu den Ohrläppchen in der Scheiße.«

»Wenn ich dir mein Wort gebe, dann, um es zu halten«, erwiderte Molberg. »Ich möchte ein umfassendes Geständnis ablegen.«

Mogens Krogh nickte seinem Assistenten zu.

»Schneid ihn auf, Jannick.«

Der Ermittlungsleiter hatte offenbar zu viele amerikanische Serien gesehen. Der Polizeiassistent schnitt die Kabelbinder ab. Molberg zog stöhnend die Arme nach vorn, rollte mit den Schultern und streckte die Hände aus, um Handschellen angelegt zu bekommen, aber Krogh verscheuchte seinen Assistenten mit einer Handbewegung und stellte das Aufnahmegerät an.

»Dies ist die erste Vernehmung von Laurits Molberg. Außer dem Verhafteten sind Kriminalassistentin Lykke Teit von der Kopenhagener Polizei, Rudi Lehmann von der Flensburger Polizei, Rechtsanwalt Jesper Sims, Polizeiassistent Jannick Johansen und der unterzeichnende Mogens Krogh anwesend. Erzähl uns, wie es so weit kommen konnte, Laurits.«

Der große Mann rieb seine roten Handgelenke und trank einen Schluck aus dem Wasserglas, das vor ihm stand. Er hustete ein paarmal.

»Eines Abends vor einem Monat klingelte mein Telefon, eine unbekannte Nummer. Die Stimme am anderen Ende der Leitung klang elektronisch verzerrt, sodass ich nicht hören konnte, wer es war. Der Mann erklärte, er wisse, wer Rosa umgebracht habe, und er habe Beweise dafür. Es ging um den Kopenhagener, der ein Jahr zuvor in Børge Nielsens Haus am Klitvej eingezogen war. Ich hatte ein altes Auto für Laumann repariert und wusste, wer er war. Er hatte ein paarmal in meiner Küche gesessen, Kaffee getrunken und Zeitung gelesen. Die Stimme sagte, Laumann sei kriminell und habe eine Zigarrenkiste mit Trophäen. Kleine Dinge von Rosa. Dann wurde aufgelegt. Ich wusste nicht recht, was ich mit dieser Information anfangen sollte. Mich hatten schon vorher anonyme Anrufer belästigt, aber trotzdem begann ich, Laumann im Auge zu behalten. Schließlich entschloss ich mich, ihn mit den Informationen zu konfrontieren. Aber er war so gut wie nie allein, und ich wollte keine unnötige Aufmerksamkeit erregen.

Vor einigen Tagen fuhr Laumann dann runter zur Grenze und ging ins Watt, um Austern zu sammeln. Er glaubte offenbar, sie müssten ausgegraben werden, denn er hatte eine Schaufel mitgenommen. Ich beobachtete ihn vom Deich aus. Er suchte bei dem alten Seezeichen. Es gab noch andere Austernsammler, aber als die Sonne allmählich unterging, verließen alle anderen das Watt. Es sah so aus, als hätte Laumann darauf gewartet, allein zu sein, daher dachte ich mir, er hat wohl noch etwas anderes vor, als nur Austern zu sammeln.

Ich ging zu ihm hinaus. Er wusste, dass ich Rosas Vater bin, und wurde blass, als er mich sah. Er stank geradezu nach schlechtem Gewissen. Ich fragte ihn, ob er etwas über eine Schachtel mit Dingen von meiner Tochter wisse. Er bestritt es, aber ich sah, dass er log. Ich verlangte, er solle mir die Schachtel geben, aber behauptete weiterhin, keine Ahnung zu haben, wovon ich redete.

Ich packte ihn, um seine Erinnerung aufzufrischen, vielleicht ein bisschen hart, aber er riss sich los. Ich war ziemlich wütend. Er griff nach der Schaufel und schlug nach mir, aber ich wich dem Schlag aus und entriss ihm die Schaufel. Laumann versuchte zu fliehen, daher versetzte ich ihm einen Schlag auf den Hinterkopf. Ich muss zu fest zugeschlagen haben, denn er fiel um und kam nicht wieder zu Bewusstsein. Ich habe mein Ohr an seinen Mund gelegt und festgestellt, dass er nicht mehr atmete.«

»Er war nicht tot, als Sie ihn begraben haben«, warf Lykke ein. »Er wurde vom Sand erstickt.«

Molberg starrte sie an.

»Was? … Sind Sie sicher?«

»Das ist das Ergebnis der rechtsmedizinischen Untersuchung.«

»Das, das wusste ich nicht … ich schwöre. Ich dachte, er sei tot.«

Molberg stützte den Kopf auf die Hände und starrte auf den Schreibtisch. »Ich war verzweifelt. Ich habe wegen Rosa jede Nacht Albträume. Die letzten fünfzehn Monate waren eine ständige Hölle. Entschuldigung, Entschuldigung …«

»Okay, sprich weiter, Laurits«, forderte Krogh ihn auf.

Der große Mann lehnte sich erschöpft zurück und wischte sich die Tränen von den Wangen. Resigniert blickte er vor sich hin.

»Es war inzwischen stockfinster, und die Flut kam. Wenn ich Laumann liegen gelassen hätte, wäre seine Leiche an Land gespült worden, also grub ich ihn ein und lief von der Flut verfolgt zurück zur Küste. Ich fing an zu zweifeln, ob diese Zigarrenkiste überhaupt existierte. Laumann hatte sie jedenfalls nicht.

Ich fuhr nach Hause, nahm ein Bad, trank den ganzen Abend und schlief ein. Als ich erwachte, war es noch immer Nacht, und es stürmte, dass das Haus ächzte. Ich dachte an die Leiche im Wasser. Ich weiß, wie die Unterströmungen den Sand bewegen, und hatte Sorge, ob ich ihn tief genug vergraben hatte. Daher bin ich am nächsten Tag noch einmal hingefahren, um es zu überprüfen.

Vom Deich aus sah ich zwei Personen im Watt. Einen Mann und einen Jungen. Ich wagte nicht hinauszugehen, ich hatte Angst, erkannt zu werden. Aber plötzlich kam der Nebel, also habe ich die Chance ergriffen und mich näher herangewagt. Ich konnte niemanden sehen, aber ich konnte sie hören. Es klang, als hätten sie sich verloren. Der Mann rief den Jungen. Sie waren ganz in der Nähe des Seezeichens. Und dann passierte das, was nicht hätte passieren dürfen. Der Junge hatte die Leiche gefunden. Er schrie fieberhaft. Ich war verzweifelt und stieß auf ein altes, halb im Sand versunkenes Ruderboot. Eine Kette hing über der Reling. Ich nahm sie. Ich wollte sie nur erschrecken und verscheuchen, um die Leiche dann woanders zu vergraben, aber im Nebel unterschätzte ich die Länge der Kette. Sie traf den armen Lehrer ins Gesicht, der zu Boden stürzte. Der Junge floh. Ich hatte Angst, dass er mich identifizieren könnte, daher lief ich ihm nach. Er stolperte über einen Stein und fiel auf den Kopf. Er war nicht verletzt, nur ohnmächtig. Ich habe ihn zum Auto getragen, wo ich einen Erste-Hilfe-Kasten hatte. Darin war auch ein Betäubungsmittel für meine Tiere. Ich entschloss mich, dem Jungen eine Dosis zu geben, obwohl das unverantwortlich war.«

»Du hast also einen verletzten Mann dem Tod durch Ertrinken überlassen und ein ohnmächtiges Kind mit Tiernarkotika betäubt«, fasste Krogh zusammen.

Molberg kniff seine blassen Lippen zusammen, wobei er weiterhin starr vor sich hin blickte.

»Ich dachte, der Lehrer sei tot. Ich kann noch immer das Geräusch hören, als ihn die Kette traf. Ich geriet in Panik und konnte nicht klar denken. Außerdem war ich noch immer halb betrunken. Das ist keine Entschuldigung, ich weiß, aber ich war besessen von dem Gedanken, Rosas Mörder zu finden. Das Schwein sollte bezahlen, jetzt mehr als je zuvor, da meine Rache das Leben Unschuldiger gekostet hatte. Mir fiel der Schuppen im Wald von Frekved ein. Ich war an den Rodungsarbeiten der Lichtung beteiligt gewesen, als ich noch bei Stamfeldt arbeitete. Ein ausgezeichnetes Versteck. Der Bau war ein Irrtum, daher kam dort auch niemand hin. Der Junge schien okay zu sein und schlief, als ich ihn verließ. Ich packte ihn gut ein, damit es nicht zu einer Unterkühlung kam, legte ihn auf eine mitgebrachte Matratze und hoffte das Beste. Dann bin ich nach Hause gefahren.«

Molberg hielt inne und trank einen Schluck Wasser.

»Was ist mit Charlie Simonsen und Tina Fromm?«, fragte Krogh. »Warum mussten sie sterben?«

Molberg stieß ein heftiges Stöhnen aus.

»Ich wurde wieder angerufen, ein paar Tage nachdem Laumann gefunden worden war. Nun behauptete die anonyme Stimme, der Kopenhagener hätte seinen Freunden erzählt, wer Rosas Mörder war. Ich glaubte nicht daran. Ich hatte den falschen Mann umgebracht und den grauenhaften Verdacht, mit Rosas Mörder zu sprechen, aber ich wusste nicht, wer es war, und tat so, als würde ich mir nichts anmerken lassen, um ihn nicht zu verschrecken. Ich versuchte, Fragen zu stellen, aber er legte auf.

Die einzige Spur, die ich hatte, waren die beiden. Charlie und Tina. Theoretisch könnte Laumann ihnen durchaus von der Zigarrenkiste erzählt haben, daher lockte ich Charlie Simonsen unter dem Vorwand in den Aussichtsturm, ich hätte billiges Heroin, das ich dringend loswerden müsse, weil es heiß war. Ich gebe zu, ich habe ihn nicht geschont, aber ich wurde immer verzweifelter und wütender. Er wusste nichts. Das hörte ich. Leider erlitt er einen Herzstillstand, und als Tine fünf Minuten später zum Turm kam, hatte ich keine andere Wahl, als auch sie umzubringen. Trotzdem war ich nicht klüger geworden. Allerdings war ich nun überzeugt, dass die Stimme am Telefon Rosas Mörder gehörte. Er hatte mich manipuliert, diejenigen aus dem Weg zu schaffen, die ihn hätten enttarnen können.«

»Wieso bist du nicht zur Polizei gegangen?«, unterbrach ihn Krogh.

Molberg schnaubte. »Womit denn? Mit ein paar anonymen Anrufen und keinerlei Beweisen?«

»Du hättest uns deinen Verdacht mitteilen sollen, als du die Zigarrenschachtel gesehen hast.«

»Damit ihr ihn verhaftet und ein Richter ihm vier Jahre Gefängnis wegen des Mordes an meiner Tochter gibt? Das glaubst du doch selbst nicht, Krogh.«

»Wenn du uns von den anonymen Anrufen erzählt hättest, hätten wir das ernst genommen.«

»Nicht so ernst wie die Strafe, die dieses Schwein verdient hat. Außerdem hatte ich zu diesem Zeitpunkt selbst drei Menschen umgebracht. Ich musste sehr vorsichtig sein.«

»Sie haben es vergessen, als Rosa gefunden wurde«, warf Rudi ein. »Niemand hatte Ihnen den Weg zum Schuppen erklärt.«

Molbergs Gesicht bekam einen gequälten Ausdruck. Er schüttelte den Kopf.

»Ich ertrage den Gedanken kaum, dass sie unter dem Schuppen lag, in den ich den Jungen eingesperrt hatte.«

»Die Einbrüche in Laumanns Haus«, fragte Krogh weiter, »warst du das?«

»Ich habe furchtbare Dinge getan, bin aber niemals irgendwo eingebrochen.«

»Nur du kannst es gewesen sein, Laurits. Du kannst ebenso gut gleich alle Karten auf den Tisch legen.«

»Ich habe einen Freiwurf, darf ich?«, erkundigte sich Rudi.

»Einen *Ein*wurf«, flüsterte Lykke.

Krogh drehte sich um. »Bitte.«

»Als Charlie Simonsen stirbt und niemand Kontakt zu Theodor Stamfeldt aufnimmt, fühlt er sich sicherer, aber er ist noch immer auf der verzweifelten Suche nach der Zigarrenkiste. Angenommen, sie würde gefunden und es würden Fingerabdrücke oder DNA-Spuren darauf gefunden. Als er glaubt, die Luft ist rein, tut er so, als würde er joggen, und bricht ein, aber wir kommen zufällig vorbei und überraschen ihn, er muss flüchten. Aber er hätte die Kiste ohnehin nicht gefunden, denn sie lag draußen im Watt im Seezeichen.«

»Wer ist dann beim ersten Mal eingebrochen?«

»Das kann nur Charlie Simonsen gewesen sein«, antwortete Lykke. »Bjarke Laumann könnte ihm von der Schachtel erzählt haben, ohne zu verraten, wo sie ist. Und Charlie hat geglaubt, sie läge im Haus. Charlie hoffte wohl, dass sie etwas Wertvolles enthielt. Das tat sie ja auch, allerdings nicht in finanzieller Hinsicht. Haben Sie seine Fingerabdrücke nicht im Haus gefunden?«

Krogh setzte eine bedauernde Miene auf.

»Wir haben einige eingesammelt, aber sie wurden bisher noch nicht ausgewertet. Na, erzähl weiter, Laurits. Wann warst du sicher, dass Stamfeldt der Schuldige ist?«

»Gestern, hier im Präsidium. Natürlich hatte ich nicht den Mann in Verdacht, der meiner Familie am nächsten stand. Er ist Arzt, und zwar ein guter. Er hat sich bei uns viel mit Vibe unterhalten, und sie fand ihn nett. Und er war eine große Stütze für uns, als Jonna ihren Nervenzusammenbruch hatte und eingewiesen werden musste. Ich bin mit fliegenden Fahnen untergegangen, und er hat mir mit langen Gesprächen bei meinem Alkoholproblem geholfen, aber wenn ich jetzt zurückdenke, durchschaue ich seine Strategie. Ich fasse es nicht, dass man so gerissen und gemein sein kann, aber das ist wohl ein Kennzeichen von Psychopathen. Stamfeldt wollte Details über Rosa und Vibe hören. Er wollte auch mehrfach mit den Mädchen unter vier Augen ›reden‹. Ich Idiot habe zu spät eingesehen, dass er kein

Freund war, sondern das Gegenteil. Er frönte nur seinen kranken Gelüsten, um so das fürchterliche Ende einzuleiten.

Erst als ich den Abdruck des Schmetterlingsflügels in der Schachtel sah, fiel bei mir der Groschen. Ich weiß, dass Stamfeldt diese Zigarrenkisten benutzt, um seine Schmetterlinge aufzubewahren, bevor er sie in die Kästen setzt. Er hat mir selbst erzählt, dass sein Vater ihn mit den Kisten versorgt.

Ein daumendicker Pfeil zeigte auf ihn, seinen Schmetterlingsfetisch und seine Besessenheit von Pädophilie. Ich hatte alle Puzzlesteine. Warum habe ich das fertige Bild nicht gesehen? Wenn er zu Besuch war, hatte er manchmal Schmetterlinge dabei, die er den Mädchen zeigte. Alle waren begeistert von diesem charmanten Monster. Wer hätte denn wissen können, dass wir den Teufel persönlich zu Besuch hatten?«

62

»Theodor Stamfeldt hat ein vollständiges Geständnis über den Mord an Rosa Molberg und den Mord an Soffia Korlum abgelegt, den er beging, als er in Aarhus wohnte und dort seine Praxis hatte«, berichtete Mogens Krogh am Nachmittag, als er mit Lykke und Rudi in dem kleinen Kaffeesalon des Gasthofes saß.

Die Nachricht von Molbergs Verhaftung hatte sich im ganzen Ort herumgesprochen. Diverse Klatschgeschichten kursierten, die Presse versuchte, Stimmen und Kommentare zu sammeln, und Preben Skovsen und sein Personal taten ihr Bestes, um ein bisschen von dem Gespräch der drei Polizisten aufzuschnappen; Kaffee und Gebäck wurden besonders langsam serviert.

Krogh wartete geduldig, bis die neugierigen Ohren außer Hörweite waren, bevor er fortfuhr:

»Wie ich Ihnen bereits gestern Abend mitteilte, hat Stamfeldt detailliert beschrieben, wo er Soffia Korlums Leiche vergraben hat. Die Polizei von Aalborg und die Spurensicherung sind dabei, den Ort zu untersuchen. Der Arzt bittet demütig um Vergebung und hofft auf Gnade. Von wem, weiß ich nicht, von mir jedenfalls nicht. Stamfeldt hat erklärt, er hätte Soffia Korlums Schuhe in dem Süßigkeitengeschäft so aufgestellt, um den Verdacht auf Peik Gravesen zu lenken, der zu diesem Zeitpunkt ja noch auf freiem Fuß gewesen ist. Allerdings behauptete er, mit Rosas Schuhen nichts zu tun zu haben. Er hat sie überhaupt nicht gesehen. Er vermutet, dass das Mädchen sie selbst unter den Busch gestellt hat, um an dem Löschwasserteich zu spielen. Als er ihr begegnete, saß sie auf einem Baumstamm und plantschte im Wasser.«

»Hat er gesagt, warum er es getan hat?«, wollte Lykke wissen.

»Kein Wort, aber vielleicht analysiert er sich ja irgendwann mal selbst.«

Es lag ein schlecht verhohlener Ton von Boshaftigkeit in Kroghs Sarkasmus. Lykke konnte nicht behaupten, dass es sie störte.

»Wie ist sein Zustand?«, erkundigte sich Rudi. »Nicht, dass ich mir Sorge um ihn mache. Ich frage aus fachlichem Interesse, schließlich hängt es davon ab, wann er vor Gericht gestellt werden kann.«

Der Ermittlungsleiter wischte den Zucker von einem Stück Hefezopf aus dem Mundwinkel.

»Physisch geht es ihm den Umständen entsprechend gut. Er hat eine Gehirnerschütterung und zwei angebrochene Rippen aufgrund von Molbergs rabiatem Vorgehen im Ärztehaus. Und im Watt hat Molberg ihm die Nase gebrochen. Schlimmer sieht es auf der mentalen Seite aus. Die Ärzte gaben mir ein bisschen

Zeit, um ihm die dringendsten Fragen zu stellen. Es ist ein komplett veränderter Mann. Meine Frau war bei ihm Patientin. Sie hatte Theodor Stamfeldt immer in den höchsten Tönen gelobt. Das ist vorbei. Er hat die Rolle des sympathischen, ausgeglichenen und rationalen Psychiaters gespielt, aber der Mann, der jetzt im Krankenbett liegt, befindet sich im freien Fall. Er war bereits auf der Seite, von der man normalerweise nicht wieder zurückkommt. Nicht, dass er mit leidtäte, er hat es verdient, aber da war etwas in seinem Gesicht, über das ich mich erschrocken habe. Ich habe es schon ein paarmal bei Menschen gesehen, die tot waren und wiederbelebt wurden. Ihnen wurde ein Stempel aufgedrückt, den sie nicht haben wollen und den sie auch nicht wieder abwischen können.«

»In gewisser Weise hat Molberg den Täter also bestraft, wie er es wollte«, bemerkte Rudi.

»Tja, ich denke schon.«

»Wissen Sie, wann Stamfeldt vor Gericht gestellt werden kann?«

»Er muss zunächst psychiatrisch untersucht werden. Ich glaube nicht, dass er wahnsinnig ist, eher ein Psychopath, aber das wird ihm das Gefängnis nicht ersparen.«

»Ich hoffe, dass er wahnsinnig ist und in eine geschlossene Abteilung eingewiesen wird«, erklärte Lykke.

»Sonst wartet Molberg auf ihn, wenn er wieder herauskommt.«

»Rosas Vater«, sagte Rudi, »wird sich wegen dreifachen Mordes, Mordversuchs, gewalttätigen Überfalls und Kidnapping verantworten müssen. Das ist eine verdammt lange Liste.«

Mogens Krogh senkte die Stimme und beugtee sich über den Kaffeetisch.

»Ich darf das hier nicht laut sagen, aber wenn jemand meiner Tochter so etwas antun würde … Ja, Molberg muss sich natürlich verantworten.«

Lykke dachte an einen bestimmten Mann, der mit einem Kampfhund im Park verschwunden war, in dem ihre Tochter auf einem Kiesweg starb.

»Wir sind erst einmal am Ende«, erklärte der Ermittlungsleiter und aß sein zweites Stück Hefezopf. »Wir hatten es ja zunächst nicht ganz leicht miteinander, aber Sie waren wirklich eine unschätzbare Hilfe. Herzlichen Dank für Ihre Unterstützung. Wie es aussieht, sind sämtliche Fälle auf einmal geklärt.«

Krogh erhob sich, um zu gehen.

»Ein Detail gibt es noch«, hielt Rudi ihn auf und steckte die Hand in seine Jacke. Er zog einen gelben Zettel heraus und legte ihn auf den Tisch.

»Ein Bußgeld wegen Falschparkens. Was soll ich damit?«

»Es bezahlen. Sie haben versprochen, das Bußgeld zu übernehmen, wenn wir den Fall zuerst klären, und wenn man es genau nimmt, haben Sie dem Parkwächter ja auch den Hinweis gegeben, mich aufzuschreiben.«

Mogens Krogh setzte eine unschuldige Miene auf.

»Was meinen Sie damit, dass *ich* …? Dann grinste er. »Ach, ihr Preußen seid aber auch immer so schnell beleidigt. Okay, ich bezahle ihn, aber Sie parken nicht wieder auf meinem Parkplatz, verstanden?«

»Ach so, da lag der Hund begraben.«

Krogh stopfte den Zettel in die Tasche.

»So, was wird jetzt aus Ihnen beiden? Zurück auf die Teufelsinsel, Lykke, und Sie wieder nach Flensburg?«

»Ich hoffe, ich kann morgen nach Hause fahren«, antwortete Rudi. »Der Abschleppdienst hat meinen Campingbus heute Morgen an Land gezogen. Hoffentlich bleibt es bei einem Loch im Reifen, aber der Mechaniker muss sich ansehen, wie viel Salzwasser der Patient geschluckt hat. Er hustete ein wenig, als ich den Motor anließ.«

»Ich drücke die Daumen, dass ich Sie so schnell wie möglich wieder los bin«, erwiderte Krogh, aber mit einem herzlichen Blinzeln in den Augen. »Geben Sie mir die Nummer der Werkstatt, dann sorge ich dafür, dass die Reparatur umgehend erledigt wird.«

63

»War's das?«, fragte Lykke. »Hier trennen sich unsere Wege?«

»Vermutlich«, entgegnete Rudi auf Deutsch.

»Entschuldigung?« Sie fragte ebenfalls auf Deutsch.

Der Kommissar lachte.

»Pardon, manchmal verfalle ich ins Deutsche, ohne darüber nachzudenken. In der Regel, wenn ich mich in netter Gesellschaft befinde. Das muss dir doch aufgefallen sein?«

Lykke war ein wenig verlegen, sie schlug den Blick nieder. Rudi Lehmann, der Mördern und Psychopathen in die Augen gesehen hatte, ohne zu blinzeln, glich einem Schuljungen, der in eine Ferienkolonie geschickt wurde, zum ersten Mal für längere Zeit getrennt von seinen Eltern.

Sie standen vor dem Haupteingang des Bahnhofs von Esbjerg, einem großen, hübschen Backsteinbau mit zwei eingebauten Türmen in der Mitte. Es war ein Uhr. Am Vortag hatten sie den Fall Bjarke Laumann endgültig abgeschlossen. Und den Fall Rosa Molberg. Kurz zuvor hatten sie das Wohnmobil aus der Werkstatt abgeholt. Der Vorderreifen war ausgewechselt, man sah noch einen kleineren Schussschaden am Kotflügel, aber der Motor lief, und die Karosserie hatte durch das Salzwasser keinen Schaden genommen. Der Mechaniker empfahl allerdings möglichst bald eine gründliche Wäsche.

»Vielleicht ist das richtig gut mit den Einschusslöchern«, meinte Rudi mit einem philosophischen Lächeln. »Wenn meine Vorgesetzten das sehen, denken sie sicher, ich hätte es mit einem besonders schwierigen Fall zu tun gehabt.«

Sie waren gerade am Bahnhof angekommen, als Lykkes Telefon klingelte. Es war Mogens Krogh. Die Polizei von Aalborg hatte die Überreste einer Kinderleiche in einem Waldstück südlich der Stadt gefunden. Aufgrund des weitgehend skelettierten Zustands der Leiche hatte der Rechtsmediziner bereits am Fundort erklärt, es handele sich um ein sechs- bis siebenjähriges Kind, das fünf oder sechs Jahre in der Erde gelegen hatte.

Für die hinzugezogenen Ermittler gab es nichts mehr zu tun. Krogh und seine Leute würden ab jetzt übernehmen, der Rest blieb den Gerichten überlassen.

Die Arbeit von Rudi Lehmann und Lykke Teit war beendet. Sie standen eine Weile vor dem Bahnhof und wussten nicht so genau, was sie sagen sollten. Lykke strich sich die Haare aus den Augen, sodass das Pflaster an der Stirn zu sehen war. Der Wind blies die Haare sofort zurück und verdeckte es wieder.

»Wie ist es … tut es weh?«

»Nein, das ist nur eine Schramme.«

Er nickte und schüttelte sich in seinem dünnen Mantel, der beim Kampf mit Laurits Molberg weiße Salzflecken bekommen hatte.

»Tja, wir werden uns wohl nicht wiedersehen«, meinte sie.

»Das will ich doch nicht hoffen. Aber ich habe genug von eurem Polarland, wo man keinen Unterschied zwischen Sommer und Winter erkennt.«

»Deutschland liegt ja nun auch nicht gerade in den Tropen. Ich erinnere mich an Sommerferien im Harz, als Teenager mit meinen Eltern und meiner Schwester. Nie im Leben habe ich je wieder so gefroren. Wir haben nicht ein einziges Mal die Sonne gesehen.«

»Ihr hättet nach Mallorca fliegen sollen. Aber das haben sich deine Eltern mit zwei Mädels im Teenageralter wahrscheinlich nicht getraut. Die Ballermann-Feste sind berüchtigt.«

»Klingt, als würdest du aus Erfahrung sprechen.«

Rudi lachte und schlug den Kragen hoch. Er hielt den Hut in der Hand.

»Ich war dort mit zwei Freunden. Wir haben eine Woche von Cuba Libre und Lumumba gelebt. Ich wäre beinahe von ein paar finnischen Ringern verprügelt worden, und es war nicht einmal meine Schuld. Nicht überall sind wir Deutschen gleichermaßen beliebt.«

Sie kniff ein Auge zu.

»Bist du sicher, es lag daran, dass ihr Deutsche wart?«

»Ach, es ging wohl auch um eine vollbusige Brünette.«

Lykke wurde ernst.

»Ich rechne es dir hoch an, dass du mir von deinem Vater und deinem Bruder erzählt hast.«

»Danke … und gleichfalls. Ich sage immer: Alle haben ihre Geschichte im Gepäck. Apropos Gepäck, hast du alles dabei? Ich habe keine Lust, bis nach Kopenhagen zu fahren, um dir deine Handschuhe zu bringen.«

»Ich habe nur den hier«, erwiderte sie, stieß mit dem Fuß an ihren kleinen Reisekoffer und sah auf die Uhr. »Mein Zug geht in sieben Minuten …«

»Wiedersehen, Lykke. Wenn du mal nach Flensburg kommst, musst du unbedingt anrufen, dann zeige ich dir alles, also ich meine, die ganze Stadt.«

Er streckte die Hand aus. Sie umarmte ihn stattdessen freundschaftlich, er erwiderte die Umarmung.

»Pass gut auf dich auf, Rudi.«

»Du auch.«

Sie griff nach ihrem Koffer.

»Du kannst dir ja ein Wohnmobil kaufen und kommst uns mit deinem Freund im Sommer besuchen.«

»Bist du verrückt? Bei meinem Hungerlohn kann ich mir keinen Campingbus leisten. Weißt du überhaupt, was so etwas in Dänemark kostet? Außerdem habe ich keinen Freund.«

Er breitete die Arme aus.

»Ganz einfach, such dir einen Freund mit Wohnmobil.«

Sie öffnete die Tür zur Bahnhofshalle. Rudi blieb stehen, bis sie sich ein letztes Mal umdrehte. Er lächelte linkisch, ohne etwas zu sagen. Sie lächelte zurück, spürte ein Stechen im Bauch und lief in die Halle.

64

Am nächsten Morgen ging auf Lykkes Telefon um fünf Minuten nach sieben eine SMS ein. Sie hatte eine Weile halb wach gelegen, weil ihr Nachbar auf die originelle Idee gekommen war, am frühen Morgen zu staubsaugen. Moderne Staubsauger sind ausgesprochen leise, trotzdem klang es, als würde über ihr ein Centurion-Panzer fahren.

Gähnend griff sie nach dem Telefon und hoffte, es wäre ein Gruß von Rudi. Es war eine Nachricht von Hans Odín. Sie hatte ihn am Abend zuvor informiert, dass sie nach erledigter Arbeit zurück in Kopenhagen sei, nun bat er sie um ein Treffen im Polizeipräsidium um spätestens acht Uhr. In einem Keller der Innenstadt war eine Leiche gefunden worden. Es war Mord, es sei denn, der Bursche hätte selbst vierzehnmal mit einem Messer auf sich eingestochen, das nicht gefunden worden war.

Sie wälzte sich aus dem Bett, setzte Kaffee auf und sprang

rasch unter die Dusche. In der Küche verschlang sie ein Käsebrot, spülte mit dem Kaffee nach und dachte an Rudi und das Wohnmobil. In gewisser Weise war es, als hätte sie Urlaub gehabt. Ein Aufenthalt im Gasthof, neue Eindrücke und jede Menge frische Luft, was man Kopenhagen nicht unbedingt vorwerfen konnte. Sie putzte sich gerade die Zähne, als noch eine SMS einging.

Thomas schlug vor, eine Zeit für den kommenden Sonntag zu verabreden, um Grys Grab auf dem Assistens Kirkegård zu besuchen. Nur sie beide. Sie hielt das für keine gute Idee. Aus mehreren Gründen. Am liebsten wäre es ihr gewesen, Gry wäre anonym bestattet worden. Sie ertrug es nicht zu wissen, wo die Asche derjenigen lag, die sie am meisten liebte. Das verstanden weder Thomas noch ihre ehemalige Schwiegermutter. Lykke hatte Myrna nie gemocht, und das beruhte auf Gegenseitigkeit. Das Weibsstück hatte mehr als angedeutet, dass Lykke ein kalter Fisch sei, von dem sich ihr perfekter Sohn am besten scheiden lassen sollte. Das fand Lykke auch – retrospektiv gesehen.

Der Fall in Melum hatte glücklicherweise viele dieser Gedanken und Überlegungen beiseitegeschoben. Zusammen mit Rudi hatte sie gespürt, dass sie wieder ein bisschen lebte, obwohl es auf Kosten der tragischen Schicksale anderer Menschen ging, aber so war ihre Arbeit nun einmal.

Als sie die Treppe hinunterlief, fiel ihr ein, dass ihr Fahrrad gestohlen und das Auto noch immer in der Werkstatt war, aber als sie auf die Straße trat, sah sie zu ihrer Überraschung ihr Fahrrad am gewohnten Ort stehen. An der Klingel steckten eine kleine Blume und ein Stück Papier.

Sie faltete es auseinander und las die schräge Handschrift.

Liebe Lucky,
ich habe mir neulich Dein Fahrrad geliehen, ohne Dir Bescheid zu sagen. Du weißt ja, dass ich den Zweitschlüssel noch habe. Ich musste mich beeilen, um rechtzeitig zu einer Besprechung zu kommen, und dachte, Du nimmst den Wagen, aber dann fiel mir ein, dass er ja in der Werkstatt ist. Ich habe angerufen und eine Menge SMS geschickt, aber irgendetwas ist mit meinem Telefon nicht in Ordnung. Ich habe ein ganz schlechtes Gewissen. Vergib mir. Hast Du Lust, Samstag bei mir vorbeizuschauen? Es kommen ein paar Leute zum Abendessen. Sivert hat einen Kollegen eingeladen, der total attraktiv und Single ist. Ich finde, Du solltest ihn kennenlernen. Vielleicht ist er es wert, »verhaftet« zu werden. Sag mir Bescheid, ob du kommst.
Entschuldige den Diebstahl noch mal vielmals.
Hug
Signe

Lykke lächelte und steckte den Zettel in die Tasche. Sie schloss das Fahrrad auf, zog den Reißverschluss ihrer Jacke zu und fuhr die Istedgade in Richtung Hauptbahnhof.

Als sie das Präsidium erreichte, war die Wolkendecke aufgerissen. Es sah aus, als versuchte die Sonne, sie zu durchbrechen.